Երկինք
(Ա.)

«Աստուծոյ փառքը ունէր եւ անոր լուսաւորութիւնը խիստ պատուական քարի նման էր,
ակնվանիի երեւոյթով յասպիս քարի պէս»:
(Յայտնութիւն 21.11)

Երկինք

(Ա.)

Բիւրեղի նման Պայծառ ու Գեղեցիկ

Դոկտ. Ճէյրոք Լի

URIM BOOKS

Երկինք (Ա.) Բիւրեղի նման Պայծառ ու Գեղեցիկ Դոկտ. Ճէյրոք Լիի կողմէ
Հրատարակուած է Ուրիմի Գիրքերու կողմէ (Ներկայացուցիչ՝ Սէոնկքէոն Վին)
73, Շինտայպանկ Տօնկ 22, Տօնկճաք Կու, Սէուլ, Քորէա
www.urimbooks.com

Բոլոր իրաւունքները վերապահուած են: Այս գիրքը կամ անկէ մասեր, որեւէ ձեւով պէտք չէ որ վերարտադրուին, պահուին վերստացման դրութեամբ, կամ փոխանցուին որեւէ ձեւով կամ որեւէ միջոցով՝ ելեկտրոնային, մեքենական, լուսապատճէնով, արձանագրութեամբ կամ այլապէս, առանց նախապէս գրաւոր արտօնութիւն առնելու հրատարակիչէն:

Հեղինակի իրաւունք © 2020 Դոկտ. Ճէյրոք Լիի կողմէ

Միջազգային թուանշան (ISBN):
979-11-263-0619-0 979-11-263-0618-3(set) 04230

Թարգմանութեան Իրաւունք © 2011 Դոկտ. Եսթեր Քուլեանկ Չանկի կողմէ: Կը գործածուի՝ արտօնութեամբ:

Նախապէս Քորէական լեզուով հրատարակուած է Ուրիմի Գիրքերու կողմէ՝ 2002 թուականին

2020 Ապրիլ, առաջին Հրատարակութիւն

Խմբագրուած է Դոկտ. Կէյումսան Վինի կողմէ
Ուրուագծուած է Ուրիմի Գիրքերու Խմբագրական Գրասենեակին կողմէ
Տպագրուած է Եէուօն Տպագրական Ընկերութեան կողմէ
Յաւելեալ տեղեկութիւններու համար դիմել՝ urimbook@hotmail.com ելեկտրոնային հասցէին:

Նախաբան

Միրոյ Աստուածը ոչ միայն ամէն մէկ հաւատացեալ կ՛առաջնորդէ դէպի փրկութեան ճամբան, այլ նաեւ Ան երկնքի գաղտնիքները կը յայտնէ:

Կեանքի մէջ գոնէ մէկ անգամ, մարդ արարածը այսպիսի հարցումներ կը հարցնէ, ինչպէս՝ «Ո՞ւր պիտի երթամ այս աշխարհին մէջ ապրելէս ետքը» կամ «Արդեօք երկինքը եւ դժոխքը իսկապէս գոյութիւն ունի՞ն»:

Շատ մարդիկ այսպիսի հարցումներու պատասխաններ գտնելէ առաջ իսկ կը մեռնին, կամ եթէ նոյնիսկ անոնք հաւատան մահուընէ ետք գոյութիւն ունեցող կեանքին, ոչ ամէն մարդ երկնքի կը տիրանայ, որովհետեւ ոչ ամէն մարդ պէտք եղած յարմար գիտելիքները ունի այդ մասին: Երկինքը եւ դժոխքը երեւակայութիւն կամ տարօրինակ գաղափարներ չեն, այլ անոնք իրականութիւն են՝ հոգեւոր աշխարհի մէջ:

Մէկ կողմէ, երկինքը այնքան գեղեցիկ տեղ մըն է որ

չկրնար բաղդատուիլ այս աշխարհի մէջ ուրիշ որեւէ մէկ բանի հետ: Մասնաւորաբար Նոր Երուսաղէմի մէջ, ուր Աստուծոյ Աթոռը կայ, գեղեցկութիւնը եւ ուրախութիւնը չեն կրնար պատշաճ ձեւով նկարագրուիլ, որովհետեւ Նոր Երուսաղէմը շինուած է լաւագոյն ատաղձներով եւ երկնային հմտութեամբ:

Միւս կողմէ, դժոխքը լեցուն է անվերջանալի, ողբերգական ցաւով, եւ յաւիտենական պատիժով. անոր սարսափելի իրականութիւնը մանրամասնութեամբ բացատրուած է *Դժոխք* գիրքին մէջ: Երկինքը եւ Դժոխքը սկսան ճանչցուիլ Յիսուսի եւ Առաքեալներուն միջոցաւ, եւ նոյնիսկ այսօր, անոնք մանրամասնութեամբ կը յայտնուին այնպիսի Աստուծոյ մարդոց կողմէ՝ որոնք անկեղծ հաւատք ունին Իր մէջ:

Երկինքը այն վայրն է ուր Աստուծոյ զաւակները յաւիտենական կեանք կը վայելեն, եւ հոն աներեւակայելի, գեղեցիկ ու հիանալի բաներ պատրաստուած են անոնց համար: Ուստի դուն կրնաս մանրամասնութեամբ գիտնալ երկնքի մասին՝ երբ Աստուած թոյլատրէ եւ զայն ցոյց տայ քեզի:

Ես եօթը տարիներ աղօթեցի եւ ծոմ պահեցի որպէսզի գիտնամ այս երկնքին մասին եւ անկէ ետք սկսայ պատասխաններ ստանալ Աստուծմէ: Հիմա Աստուած շատ աւելի խորունկ ձեւով գաղտիքներ ցոյց կու տայ ինծի հոգեւոր աշխարհի մասին:

Որովհետեւ երկինքը տեսանելի չէ, շատ դժուար է զայն նկարագրել այս աշխարհի լեզուով եւ գիտութեամբ: Նաեւ, կրնան անհասկացողութիւններ ըլլալ այդ մասին: Ասոր համար է որ Պօղոս առաքեալ չկրցաւ մանրամասնութեամբ պատմել Երրորդ Երկնքի մէջ եղող Դրախտին մասին, զոր ինք տեսեր էր տեսիլքի մը մէջ:

Նաեւ Աստուած ինծի շատ գաղտնիքներ սորվեցուց երկնքի մասին, եւ ամիսներ շարունակ ես քարոզեցի այն ուրախ կեանքին եւ զանազան վայրերուն ու երկնքի վարձատրութիւններուն մասին, որոնք կը տրուին ամէն մէկուն հաւատքի չափին համեմատ: Այնուհանդերձ, ես չկրցայ քարոզել այն ամէնը՝ որ մանրամասնութեամբ սորված եմ երկնքի մասին:

Պատճառը՝ որ Աստուած ինծի թոյլ կու տայ հոգեւոր աշխարհի գաղտնիքները յայտնաբերելու այս գիրքին միջոցաւ այն է՝ որպէսզի որքան կարելի է աւելի շատ հոգիներ փրկուին եւ առաջնորդուին երկինք, որ պայծառ ու գեղեցիկ է բիւրեղի մը նման:

Ես ամբողջ շնորհակալութիւնը եւ փառքը կու տամ Աստուծոյ, որ ինծի թոյլ տուաւ հրատարակելու *Երկինք (Ա.): Բիւրեղի նման Պայծառ ու Գեղեցիկ*, նկարագրութիւնը այն վայրին որ պայծառ եւ գեղեցիկ է բիւրեղի մը նման, եւ լեցուն՝ Աստուծոյ փառքով: Ես կը յուսամ որ դուն պիտի անդրադառնաս Աստուծոյ մեծ սիրոյն որ քեզի ցոյց կու տայ երկնքի գաղտնիքները, եւ բոլոր մարդիկը կ'առաջնորդէ դէպի փրկութեան ճամբան, որպէսզի դուն ալ կարենաս տիրանալ անոր: Կը յուսամ որ դուն պիտի վազես դէպի յաւիտենական կեանքի նպատակակէտը՝ Նոր Երուսաղէմ:

Ես շնորհակալութիւն կը յայտնեմ Կէյումսան Վինի՝ Խմբագրական Գրասենեակի Տնօրէնուհիին եւ իր աշխատակիցներուն, ինչպէս նաեւ Թարգմանչական Գրասենեակին, այս գիրքի հրատարակութեան գործին մէջ իրենց կատարած ծանր աշխատանքին համար: Տէրոջը անունով եւ կ'աղօթեմ որ այս գիրքին միջոցաւ բազմաթիւ հոգիներ փրկուին եւ յաւիտենական կեանքը վայելեն Նոր Երուսաղէմի մէջ:

Ճէյրոք Լի

Ներածական

Յուսալով որ ձեզմէ ամէն մէկը պիտի անդրադառնայ Աստուծոյ համբերատար սիրոյն, պիտի կատարելագործէ հոգիի ամբողջութիւնը, եւ պիտի վազէ դէպի Նոր Երուսաղէմ:

Ես ամբողջ շնորհակալութիւնը եւ փառքը կու տամ Աստուծոյ, որ անհամար թիւով մարդիկ առաջնորդած է յատուկ կերպով ճանչնալու հոգեւոր աշխարհի մասին, եւ վազելու դէպի նպատակակէտ՝ երկնքի յոյսով, *Դժոխք* գիրքի եւ *Երկինք*՝ երկու-հատորնոց գիրքի հրատարակութեամբ:

Այս գիրքը բաղկացած է տասը Գլուխներէ եւ քեզի թոյլ կու տայ յստակօրէն գիտնալու երկնային կեանքի եւ գեղեցկութեան, եւ երկնային տարբեր բնակավայրերուն մասին, ինչպէս նաեւ վարձատրութիւններուն մասին, որոնք կը տրուին հաւատքի չափին համեմատ: Այս է այն ինչ որ Աստուած յայտնած է Արժանապատիւ Դոկտ. Ճէյրոք Լիի, Սուրբ Հոգւոյն ներշնչումով:

Գլուխ 1. «Երկինք. Բիւրեղի նման Պայծառ ու Գեղեցիկ» կը նկարագրէ երկնային յաւիտենական ուրախութիւնը, ակնարկ մը նետելով անոր ընդհանուր երեւոյթներուն վրայ, ուր պէտք պիտի չըլլայ որեւէ արեւի կամ լուսինի որ անոնք փայլին կամ լոյս տան:

Գլուխ 2. «Եդեմի Պարտէզը եւ Երկնքի Սպասման Վայրը» կը բացատրէ դիրքը, տեսքը, եւ կեանքը՝ Եդեմի Պարտէզին մէջ, որպէսզի դուն կարենաս աւելի լաւ հասկնալ երկինքը: Այս Գլուխը նաեւ կը պատմէ Աստուծոյ ծրագիրին եւ Անոր նախասահմանութեան մասին՝ բարիի ու չարի գիտութեան ծառը դնելուն, եւ մարդ արարածները հոգեւորապէս մշակելուն համար: Անկէ զատ, անիկա քեզի կը պատմէ Սպասման Վայրին մասին, ուր փրկուած մարդիկ կը սպասեն մինչեւ Դատաստանի Օրը, այդ վայրին մէջի կեանքին հետ միատեղ, եւ թէ ի՞նչ տեսակի մարդիկ ուղղակի կը մտնեն Նոր Երուսաղէմ, առանց հոն սպասելու:

Գլուխ 3. «Եօթը-տարուայ Հարսանեկան Խնճոյքը» կը բացատրէ Յիսուս Քրիստոսի Երկրորդ Գալուստը, Եօթը-տարուայ Մեծ Նեղութիւնը, Տէրոջը դարձեալ երկիր վերադառնալը, Հազարամեակը, եւ անկէ յետոյ յաւիտենական կեանքը:

Գլուխ 4. «Երկնքի Գաղտնիքները Պահուած՝ Ստեղծագործութենէն Իվեր» կը խօսի երկնքի գաղտնիքներուն մասին, որոնք յայտնաբերուած են Յիսուսի առակներէն, եւ կը բացատրէ թէ դուն ի՞նչպէս կրնաս տիրանալ երկնքի՝ ուր կան բազմաթիւ բնակավայրեր:

Գլուխ 5. «Ի՞նչպէս Պիտի Ապրինք Երկինքը» կը բացատրէ հոգեւոր մարմնին բարձրութիւնը, ծանրութիւնը, եւ մորթին գոյնը, եւ թէ մենք ի՞նչպէս պիտի ապրինք հոն: Երկնային ցնծութեան կեանքի զանազան օրինակներով, այս Գլուխը նաեւ կը մղէ քեզ որ բռնի ուժով արշաւես դէպի երկինք, մեծ յոյս ունենալով անոր նկատմամբ:

Գլուխ 6. «Դրախտ» կը բացատրէ Դրախտը՝ որ երկնքի ամենէն ցած մակարդակն է, եւ սակայն շատ աւելի գեղեցիկ եւ ուրախ՝ քան այս աշխարհը: Նաեւ ան կը նկարագրէ այն տեսակի մարդիկը որոնք Դրախտ պիտի մտնեն:

Գլուխ 7. «Երկնքի Առաջին Թագաւորութիւնը» կը բացատրէ Առաջին Թագաւորութեան կեանքին եւ վարձատրութիւններուն մասին, ուր պիտի բնակին անոնք՝ որոնք Յիսուս Քրիստոսը ընդունեցին եւ որոնք փորձեցին Աստուծոյ Խօսքին համեմատ ապրիլ:

Գլուխ 8. «Երկնքի Երկրորդ Թագաւորութիւնը» կը մխրճուի Երկրորդ Թագաւորթեան մէջ եղող կեանքին եւ վարձատրութիւններուն մէջ, ուր պիտի մտնեն անոնք որոնք ամբողջութեամբ չէ որ սրբութիւն իրագործեցին, հապա անոնք միայն իրենց պարտականութիւնները կատարեցին: Նաեւ կը շեշտէ հնազանդութեան կարեւորութեան մասին, եւ մէկու մը իր պարտականութիւնը կատարելուն:

Գլուխ 9. «Երկնքի Երրորդ Թագաւորութիւնը» կը բացատրէ Երրորդ Թագաւորութեան գեղեցկութեան եւ փառքին մասին, որը չկրնար բաղդատուիլ Երկրորդ Թագաւորութեան հետ: Երրորդ Թագաւորութիւնը միայն անոնց տեղն է՝ որոնք իրենց անձնական ջանքերով եւ Սուրբ Հոգւոյն օգնութեամբ ձերբազատուած են իրենց մեղքերէն, նոյնիսկ իրենց բնաւորութեան մէջ եղող մեղքերէն: Ան կը նկարագրէ Աստուծոյ սէրը՝ որ թոյլ կու տայ քննութիւններ եւ փորձութիւններ:

Վերջապէս՝ Գլուխ 10. «Նոր Երուսաղէմ» կը ներկայացնէ Նոր Երուսաղէմը՝ երկնքի ամենէն գեղեցիկ եւ փառաւոր վայրը, ուր կայ Աստուծոյ Աթոռը: Ան կը նկարագրէ այն տեսակի մարդիկը՝

որոնք պիտի մտնեն Նոր Երուսաղէմ: Այս Գլուխը կ՛աւարտի՝ ընթերցողներուն յոյս հայթայթելով, տալով բնակարաններու օրինակները երկու մարդոց՝ որոնք Նոր Երուսաղէմ պիտի մտնեն:

Աստուած բիւրեղի նման պայծառ ու գեղեցիկ երկինքը պատրաստած է Իր սիրելի զաւակներուն համար: Ան կ՛ուզէ որ կարելի եղածին չափ շատ մարդիկ փրկուին եւ մեծ ակնկալութեամբ կը սպասէ տեսնելու համար որ Իր զաւակները Նոր Երուսաղէմ կը մտնեն:

Տէրոջը անունով ես կը յուսամ որ բոլոր ընթերցողները՝ *Երկինք 1: Բիւրեղի նման Պայծառ ու Գեղեցիկ* գիրքին, պիտի անդրադառնան Աստուծոյ մեծ սիրոյն, պիտի իրագործեն հոգիի ամբողջութիւնը՝ Տէրոջը սրտով, եւ մեծ կորովով պիտի վազեն դէպի Նոր Երուսաղէմ:

Կէյումսան Վին
Խմբագրական Գրասենեակի Տնօրէնուհի

Բովանդակութիւն

Նախաբան

Ներածական

Գլուխ 1 Երկինք. Բիւրեղի նման Պայծառ ու Գեղեցիկ • 1

1. Նոր Երկինք եւ Նոր Երկիր
2. Կեանքի Ջուրի Գետը
3. Աստուծոյ եւ Գառնուկին Աթոռը

Գլուխ 2 Եդեմի Պարտէզը եւ Երկնքի Սպասման Վայրը • 25

1. Եդեմի Պարտէզը Ուր Ադամ Ապրեցաւ
2. Մարդիկ Երկրի Վրայ Կը Մշակուին
3. Երկնքի Սպասման Վայրը
4. Մարդիկ Որոնք Չեն Մնար Սպասման Վայրին մէջ

Գլուխ 3 Եօթը-տարուայ Հարսանեկան Խնճոյքը • 59

1. Տէրոջը Վերադարձը եւ Եօթը-տարուայ Հարսանեկան Խնճոյքը
2. Հազարամեակը
3. Դատաստանի Օրէն Ետք Երկինքը Կը Տրուի որպէս Հատուցում

Գլուխ 4 Երկնքի Գաղտնիքները Պահուած՝ Ստեղծագործութենէն Իվեր • 89

1. Երկնքի Գաղտնիքները Կը Յայտնուին Յիսուսի Ատենէն Իվեր
2. Երկնքի Գաղտնիքները Յայտնաբերուած՝ Ժամանակի Վերջաւորութեան
3. Իմ Հօրս Տունը Շատ Բնակարաններ Կան

Գլուխ 5 Ի՞նչպէս Պիտի Ապրինք Երկինքը • 123
1. Ընդհանուր Ապրելակերպ մը՝ Երկինքը
2. Հագուելիք՝ Երկնքի մէջ
3. Կերակուր՝ Երկնքի մէջ
4. Փոխադրամիջոցներ՝ Երկնքի մէջ
5. Զուարճութիւն՝ Երկնքի մէջ
6. Պաշտամունք, Ուսում, եւ Մշակոյթ՝ Երկնքի մէջ

Գլուխ 6 Դրախտ • 157
1. Դրախտի Գեղեցկութիւնը եւ Ուրախութիւնը
2. Ինչ Տեսակի Մարդիկ Դրախտ Կ՚երթան

Գլուխ 7 Երկնքի Առաջին Թագաւորութիւնը • 177
1. Անոր Գեղեցկութիւնը եւ Ուրախութիւնը
   Կը Գերազանցէ Դրախտը
2. Ինչ Տեսակի Մարդիկ Կ՚երթան Առաջին Թագաւորութիւն

Գլուխ 8 Երկնքի Երկրորդ Թագաւորութիւնը • 193
1. Գեղեցիկ Անձնական Տուն Կը Տրուի Ամէն Մէկուն
2. Ինչ Տեսակի մարդիկ Կ՚երթան Երկրորդ Թագաւորութիւն

Գլուխ 9 Երկնքի Երրորդ Թագաւորութիւնը • 215
1. Հրեշտակները Կը Ծառայեն Ամէն Մէկ Աստուծոյ Զաւակի
2. Ի՞նչ Տեսակի մարդիկ Երրորդ Թագաւորութիւնը կ՚երթան

Գլուխ 10 Նոր Երուսաղէմ • 235
1. Նոր Երուսաղէմի մէջ Մարդիկ Դէմ առ Դէմ Կը Տեսնեն
   զԱստուած
2. Ի՞նչ Տեսակի Մարդիկ Նոր Երուսաղէմ Կ՚երթան

Գլուխ 1

Երկինք. Բիւրեղի նման Պայծառ ու Գեղեցիկ

1. Նոր Երկինք եւ Նոր Երկիր
2. Կեանքի Ջուրի Գետը
3. Աստուծոյ եւ Գառնուկին Աթոռը

Ինծի կեանքի ջուրի գետ մը ցուցուց
ակնվանիի պէս պայծառ,
որ Աստուծոյ ու Գառնուկին աթոռէն կ'ելլէր:
Այն քաղաքին հրապարակին մէջ ու
այն գետին մէկ կողմէն ու միւս կողմէն
կենաց ծառ մը կար,
որ տասներկու կերպ պտուղ կը բերէր:
Ամէն ամիս իր պտուղը կու տար:
Այն ծառին տերևները
հեթանոսներուն բժշկութիւն կ'ըլլային:
Ա՛լ բնաւ նզովք պիտի չըլլայ:
Անոր մէջ պիտի ըլլայ
Աստուծոյ ու Գառնուկին աթոռը:
Անոր ծառաները պիտի պաշտեն զանիկա:
Անոր երեսը պիտի տեսնեն ու
Անոր անունը իրենց ճակատներուն վրայ
պիտի ըլլայ: Հոն ա՛լ գիշեր պիտի չըլլայ
եւ ճրագ ու արեւու լոյս պէտք չէ.
քանզի Տէր Աստուած պիտի լուսաւորէ
զանոնք
եւ յաւիտեանս յաւիտենից պիտի
թագաւորեն:

- Յայտնութիւն 22.1-5 -

Բազմաթիւ մարդիկ իրենք-իրենց հարց կու տան ըսելով. «Կ՚ըսուի թէ մենք կրնանք յաւիտենապէս ուրախ կեանք մը ունենալ երկինքը - ի՞նչ տեսակի տեղ մըն է անիկա»: Եթէ մտիկ ընես վկայութիւնները անձերու՝ որոնք երկինք գտնուած են, կը լսես որ անոնց մեծ մասը երկար փապուղիէ մը անցած են: Պատճառը՝ որովհետեւ երկինքը կը գտնուի հոգեւոր աշխարհին մէջ, որը շատ տարբեր է այս աշխարհէն, ուր դուն կ՚ապրիս:

Անոնք որոնք կ՚ապրին այս երեք-ծաւալի աշխարհին մէջ, մանրամասնութեամբ չեն գիտեր երկնքի մասին: Դուն կը գիտնաս այս հիանալի աշխարհին մասին միայն այն ատեն՝ երբ Աստուած քեզի պատմէ անոր մասին, կամ երբ քու հոգեւոր աչքերդ բացուին: Եթէ դուն մանրամասնութեամբ գիտնաս այս հոգեւոր աշխարհին մասին, այն ատեն ոչ միայն քու հոգիդ պիտի ցնծայ, այլ նաեւ քու հաւատքդ ալ շուտով պիտի աճի եւ դուն պիտի սիրուիս Աստուծմէ: Ուրեմն, Յիսուս շատ առակներու միջոցաւ խօսեցաւ երկնքի գաղտնիքներուն մասին, եւ Յովհաննէս Առաքեալ մանրամասնութեամբ բացատրեց երկնքի մասին՝ Յայտնութիւն Յովհաննու Գիրքին մէջ:

Ուրեմն ի՞նչ տեսակի տեղ մըն է երկինքը, եւ մարդիկ ի՞նչպէս պիտի ապրին հոն: Հակիրճ ձեւով ակնարկ մը պիտի նետենք երկնքի մասին, որ բիւրեղի նման պայծառ ու գեղեցիկ է, եւ որ Աստուած պատրաստած է որպէսզի յաւիտենապէս Իր սէրը բաժնեկցի Իր զաւակներուն հետ:

1. Նոր Երկինք եւ Նոր Երկիր

Առաջին երկինքը եւ առաջին երկիրը որ Աստուած ստեղծեց՝ բիւրեղի նման պայծառ ու գեղեցիկ էին, բայց անոնք անիծուեցան Ադամի՝ առաջին մարդուն անհնազանդութեան հետեւանքով: Նաեւ, արագընթաց ու ընդարձակ արդիւնաբերութիւնը, եւ գիտութեան ու արուեստագիտութեան յաջացումը ապականեցին երկիրը, եւ այս օրերուն մարդիկ աւելի եւս բնութեան պաշտպանութեան համար կոչ կ՛ընեն:

Ուրեմն, երբ ժամանակը գայ, Աստուած մէկդի պիտի դնէ առաջին երկինքն ու առաջին երկիրը, եւ նոր երկինք ու նոր երկիր պիտի յայտնաբերէ: Հակառակ որ այս երկիրը ապականած ու փտտած է, անիկա տակաւին անհրաժեշտ է որպէսզի հոն խնամուին Աստուծոյ ճշմարիտ զաւակներ, որոնք կրնան եւ պիտի մտնեն երկինք:

Սկիզբէն Աստուած երկիրը ստեղծեց, եւ յետոյ՝ մարդը, եւ մարդուն առաջնորդեց դէպի Եդեմի Պարտէզ: Աստուած մարդուն առաւելագոյն չափով ազատութիւն եւ առատութիւն տուաւ, թոյլատրելով իրեն ամէն բան, բացի բարիի եւ չարի գիտութեան ծառէն ուտելը: Այսուհանդերձ, մարդը բռնաբարեց այն միակ բանը որ Աստուած արգիլած էր իրեն, եւ հետեւաբար մարդը Եդեմի Պարտէզէն դուրս վռնտուեցաւ՝ դէպի այս երկիրը, այսինքն դէպի առաջին երկինքն ու առաջին երկիրը:

Որովհետեւ ամենակարող Աստուած գիտէր թէ մարդկային ցեղը դէպի մահուան ճամբան պիտի երթար, Անիկա Յիսուս Քրիստոսը պատրաստեր էր նոյնիսկ ժամանակի սկիզբէն առաջ, եւ յարմարագոյն ժամանակին Աստուած Զինք ղրկեց վար՝ դէպի երկիր:

Ուրեմն, ով որ Յիսուս Քրիստոսը կ'ընդունի, որ խաչուեցաւ եւ յարութիւն առաւ, անիկա նոր ստեղծուած մը պիտի դառնայ եւ պիտի երթայ դէպի նոր երկինք եւ նոր երկիր, եւ հոն յաւիտենական կեանք պիտի վայելէ:

Նոր Երկնքի Կապոյտ Երկրնակամարը Բիւրեղի նման Պայծառ

Աստուծոյ պատրաստած Նոր երկնքի երկնակամարը լեցուած է մաքուր օդով, որպէսզի զանիկա իսկապէս պայծառ, զուտ, եւ մաքուր դարձնէ. այս երկրին մէջ եղող օդէն բոլորովին տարբեր: Երեւակայեցէք պայծառ ու բարձր երկնակամար մը՝ զուտ ճերմակ ամպերով: Ո՜րքան հրաշալի եւ սիրուն պիտի ըլլայ անիկա...

Ուրեմն ինչո՞ւ համար Աստուած նոր երկնակամարը կապոյտ պիտի ընէ: Հոգեւորապէս, կապոյտ գոյնը քեզ զգալ կու տայ խորութիւն, բարձրութիւն, եւ մաքրութիւն: Ջուրը այնքան զուտ կ'ըլլայ որքան եթէ ան կապոյտ երեւնայ: Մինչ կը նայիս կապոյտ երկնակամարին, դուն կրնաս քու սիրտդ ալ զովացած զգալ: Աստուած այս աշխարհի երկնակամարը կապոյտ երեւնալ տուաւ որովհետեւ Ինք քու սիրտդ մաքուր շինած է եւ քեզի տուած է այն սիրտը՝ որով դուն կը նայիս Ստեղծիչին: Կապոյտ, պայծառ երկնակամարին նայելով, եթէ դուն կարենաս խոստովանիլ ըսելով. «Իմ Ստեղծիչս հոն վերը պէտք է ըլլայ: Ինքն է որ ամէն բան այսքան շատ գեղեցիկ ըրաւ», այն ատեն քու սիրտդ պիտի մաքրուի եւ դուն պիտի հարկադրուիս բարի կեանք մը ապրելու:

Ի՞նչ կրնար պատահիլ եթէ ամբողջ երկնակամարը դեղին եղած ըլլար: Փոխանակ հանգիստ զգալու, մարդիկ անհանգիստ եւ շուարած պիտի զգային, եւ կարգ մը ուրիշներ կրնային նոյնիսկ մտային հարցերէ տառապիլ: Նոյն ձեւով, տարբեր գոյներու նայելով, մարդոց մտքերը կրնան ցնցուիլ, նորոգուիլ, կամ խանգարուիլ: Այս պատճառով է որ Աստուած նոր երկնքի երկնակամարը կապոյտ ըրած է, եւ զուտ ճերմակ ամպեր դրած է հոն որպէսզի Իր զաւակները կարողանան ուրախութեամբ ապրիլ, բիւրեղի նման պայծառ ու գեղեցիկ սրտերով:

Երկնքի Նոր Երկիրը Շինուած՝ Զուտ Ոսկիէ եւ Գոհարեղէններէ

Ուրեմն, երկնքի մէջ ի՞նչ բանի պիտի նմանի նոր երկիրը: Նոր երկրին վրայ՝ երկինքը, զոր Աստուած բիւրեղի նման պայծառ ըրած է, հող կամ աւազ չկայ: Նոր երկիրը բաղկացած է միայն զուտ ոսկիէ եւ թանկարժէք գոհարեղէններէ: Ո՜րքան հմայիչ պիտի ըլլայ երկինքը ուր կան փայլուն ճամբաներ՝ զուտ ոսկիով եւ գոհարեղէններով շինուած...

Այս երկիրը հողէ շինուած է, որ կրնայ ժամանակի ընթացքին փոխուիլ: Այս փոփոխութիւնը քեզի թոյլ կու տայ ճանչնալու անիմաստութեան եւ մահուան մասին: Աստուած արտօնեց որ բոյսերը աճին, պտուղ կրեն եւ մեռնին հողին մէջ, որպէսզի անդրադառնաս որ այս աշխարհին մէջ կեանքը վերջ մը ունի:

Երկինքը շինուած է զուտ ոսկիէ եւ գոհարեղէններէ՝ որոնք չեն փոխուիր, որովհետեւ երկինքը ճշմարիտ եւ յաւիտենական աշխարհ մըն է: Նաեւ, ճիշդ ինչպէս որ բոյսերը երկրի վրայ կ՚աճին, անոնք նաեւ պիտի աճին երկինքը՝ երբ ցանուին: Ամէն պարագայի, երկնքի բոյսերը բնաւ պիտի չմեռնին կամ պիտի չփճանան, բոլորովին տարբեր՝ այս աշխարհի բոյսերէն:

Ասկէ զատ, այնտեղ նոյնիսկ բլուրները եւ դղեակները շինուած են զուտ մաքուր ոսկիով եւ գոհարեղէններով: Ո՜րքան փայլուն եւ գեղեցիկ պիտի ըլլան անոնք... Դուն պէտք է ճշմարիտ հաւատք ունենաս որպէսզի չփախցնես երկնքի այս գեղեցկութիւնը եւ ուրախութիւնը, որոնք չեն կրնար բաւարար կերպով արտայայտուիլ՝ որեւէ տեսակի բառերով:

Առաջին Երկնքի եւ Առաջին Երկրի Անհետացումը

Ի՞նչ պիտի պատահի առաջին երկնքին եւ առաջին երկրին՝ երբ այս գեղեցիկ նոր երկինքը եւ նոր երկիրը երեւնան:

> *Մեծ ճերմակ աթոռ մը տեսայ, որուն վրայ մէկը նստած էր: Անոր երեսէն երկիր ու երկինք փախան եւ տեղ չգնուեցաւ անոնց* (Յայտնութիւն Յովհաննու 20.11):

Երբ երկրի վրայ մշակուած մարդիկը դատուին բարիի եւ չարի միջեւ, առաջին երկինքը եւ առաջին երկիրը պիտի անցնին: Այս կը նշանակէ թէ անոնք ոչ թէ ամբողջովին պիտի անհետանան, այլ փոխարէնը անոնք ուրիշ տեղ մը պիտի տեղադրուին:

Ուրեմն, ինչո՞ւ համար Աստուած առաջին երկինքը եւ առաջին երկիրը պիտի փոխադրէ՝ փոխանակ անոնցմէ բոլորովին ձերբազատուելու: Պատճառը՝ որովհետեւ Աստուծոյ զաւակները որոնք երկնքի մէջ կ՚ապրին՝ պիտի կարօտնան առաջին երկինքն ու առաջին երկիրը՝ եթէ Աստուած ամբողջովին վերցնէ զանոնք: Հակառակ որ անոնք վիշտ եւ տառապանք կրեցին առաջին երկնքին ու առաջին երկրին վրայ, անոնք երբեմն պիտի կարօտնան անոնց, որովհետեւ ժամանակ մը այնտեղ իրենց բնակավայրն էր: Ուրեմն, այս գիտնալով, սիրոյ Աստուածը զանոնք կը փոխադրէ տիեզերքին մէջ ուրիշ տեղ մը, եւ ոչ թէ ամբողջովին կը ձերբազատուի անոնցմէ:

Տիեզերքը՝ ուր դուն կ՛ապրիս, անվերջանալի աշխարհ մըն է, եւ կան նաեւ շատ աւելի ուրիշ տիեզերքներ: Ուստի Աստուած տիեզերքներու մէկ անկիւնը պիտի փոխադրէ առաջին երկինքը եւ առաջին երկիրը եւ թոյլ պիտի տայ որ Իր զաւակները այցելեն այնտեղ՝ պէտք եղած ժամանակ:

Հոն Արցունքներ, Վիշտ, Մահ, կամ Հիւանդութիւններ Չկան

Նոր երկինքն ու նոր երկիրը, ուր պիտի ապրին հաւատքով փրկուած Աստուծոյ զաւակները, դարձեալ անէծքի տակ չեն, եւ լեցուն են ուրախութեամբ: Յայտնութիւն 21.3-4-ի մէջ կը տեսնենք թէ այնտեղ արցունքներ, վիշտ, մահ, սուգ, կամ հիւանդութիւններ չկան, որովհետեւ Աստուած հոն է:

Ու երկնքէն մեծ ձայն մը լսեցի, որ կ՛ըսէր. «Ահա՛ Աստուծոյ խորանը մարդոց մէջ: Անիկա հոն պիտի բնակի եւ անոնք Անոր ժողովուրդը պիտի ըլլան եւ Աստուած Ինք անոնց հետ պիտի ըլլայ իբրեւ անոնց Աստուածը եւ Ինք անոնց աչքերէն բոլոր արցունքները պիտի սրբէ եւ ա՛լ մահ պիտի չըլլայ: Ո՛չ սուգ եւ ո՛չ աղաղակ եւ ո՛չ ցաւ պիտի ըլլայ անկէ յետոյ, վասն զի առաջուան բաները անցան»:

Ո՜րքան տխուր բան է երբ դուն սովամահ կ՚ըլլաս եւ քու զաւակներդ կու լան ուտելիքի համար, որովհետեւ անոնք անօթի են: Ի՞նչ օգուտ կ՚ունենայ եթէ մէկը գայ եւ քեզի ըսէ. «Դուն այնքան անօթի ես որ արցունքներ կը թափես», եւ այս ըսելով ան կը սրբէ քու արցունքներդ, բայց քեզի որեւէ բան չտար: Ուրեմն ի՞նչ է իսկական օգնութիւնը այստեղ: Անիկա պէտք է քեզի ուտելիք բան մը տայ որպէսզի դուն ու քու զաւակներդ սովամահ չըլլաք: Միայն անկէ յետոյ է որ քու եւ զաւակներուդ արցունքները պիտի դադրին:

Նմանապէս ըսել՝ թէ Աստուած ամէն արցունք պիտի սրբէ քու աչքերէդ, կը նշանակէ որ եթէ դուն փրկուած ես եւ երկինք երթաս, հոն այլեւս մտահոգութիւններ կամ հարցեր պիտի չըլլան, որովհետեւ արցունքներ, վիշտ, մահ, սուգ, կամ հիւանդութիւններ չկան երկինքը:

Մէկ կողմէն, հոգ չէ թէ Աստուծոյ կը հաւատաս կամ ոչ, երկրի վրայ դուն ստիպուած ես տեսակ մը վիշտով ապրելու: Աշխարհային մարդիկ չափէն աւելի կը տրտմին երբ պզտիկ կորուստ մը ունենան: Միւս կողմէն, հաւատացեալները սիրոյ հոգիով եւ ողորմութեամբ կը սգան անոնց համար՝ որոնք տակաւին պէտք է փրկուին:

Ամենայնդէպս, անգամ մը որ դուն երկինք երթաս, այլեւս պէտք չես ունենար մտահոգուելու մահուան մասին, կամ ուրիշներու մեղանչելուն եւ անոնց յաւիտենական կորուստի դատապարտուելուն համար: Դուն ալ պէտք չես ունենար տառապելու մեղքերու համար. ուրեմն հոն որեւէ տեսակի վիշտ չկրնար ըլլալ:

Երկրի վրայ դուն կը հեծեծաս, երբ տխրութեամբ լեցուիս: Սակայն երկինքը պէտք պիտի չըլլայ հեծեծալու, որովհետեւ հոն որեւէ տեսակի մտահոգութիւն կամ հիւանդութիւններ պիտի չըլլան: Այնտեղ միայն յաւիտենական ուրախութիւն պիտի ըլլայ:

2. Կեանքի Ջուրի Գետը

Երկնքի մէջ, Կեանքի Ջուրին Գետը, բիւրեղի նման պայծառ, կը հոսի հրապարակին կեդրոնը: Յայտնութիւն Յովհաննու 22.1-2 կը բացատրէ այս Կեանքի Ջուրի Գետին մասին, եւ դուն պէտք է ուրախանաս զանիկա երեւակայելով:

> *Ինծի կեանքի ջուրի գետ մը ցուցուց ակնվանիի պէս պայծառ, որ Աստուծոյ ու Գառնուկին աթոռէն կ'ելլէր: Այն քաղաքին հրապարակին մէջ ու այն գետին մէկ կողմէն ու միւս կողմէն կենաց ծառ մը կար, որ տասներկու կերպ պտուղ կը բերէր: Ամէն ամիս իր պտուղը կու տար: Այն ծառին տերեւները հեթանոսներուն բժշկութիւն կ'ըլլային:*

Ես մէկ անգամ լողացած եմ Խաղաղականի շատ պայծառ ծովու մը մէջ, եւ այնտեղ ջուրը այնքան յստակ էր որ ես կրնայի բոյսերը եւ ձուկերը տեսնել անոր մէջ: Անիկա այնքան գեղեցիկ էր որ ես շատ ուրախ էի հոն ըլլալով: Նոյնիսկ երկրի վրայ, դուն կը զգաս թէ քու սիրտդ կը սկսի կազդուրուիլ եւ մաքրուիլ՝ երբ պայծառ ջուրին նայիս: Ո՜րքան աւելի ուրախ պիտի ըլլաս երկինքը՝ ուր Կեանքի Ջուրի Գետը, որ բիւրեղի նման պայծառ է, կը հոսի մեծ հրապարակին կեդրոնը...

Կեանքի Ջուրի Գետը

Նոյնիսկ այս աշխարհին մէջ, եթէ մաքուր ծովը դիտես, կը տեսնես արեւու լոյսը՝ որ ծփծփալով կը ցոլայ եւ գեղեցիկ կերպով կը փայլի: Երկնքի մէջ, Կեանքի Ջուրի Գետը հեռուէն կապոյտ կ՚երեւնայ, բայց եթէ աւելի մօտէն դիտես զայն, անիկա այնքան պայծառ, գեղեցիկ, անարատ եւ մաքուր է, որ կրնաս զայն արտայայտել ըսելով «բիւրեղի նման պայծառ»:

Ուրեմն ինչո՞ւ համար Կեանքի Ջուրի Գետը Աստուծոյ ու Գառնուկին աթոռէն կ՚ելլէ: Հոգեւորապէս, ջուրը կ՚ակնարկէ Աստուծոյ Խօսքին, որ կեանքի կերակուրն է, եւ դուն յաւիտենական կեանք կը ստանաս Աստուծոյ Խօսքին միջոցաւ: Յիսուս կ՚ըսէ Յովհաննու 4.13-14-ի մէջ. *«...ո՛վ որ խմէ այն ջուրէն որ Ես անոր պիտի տամ, յաւիտեան պիտի չծարաւի: Այն ջուրը, որ Ես անոր պիտի տամ, պիտի ըլլայ անոր ներսիդին ջուրի աղբիւր մը՝ որ յաւիտենական կեանքի համար կը բղխի»:* Աստուծոյ Խօսքը Յաւիտենական Կեանքի Ջուրն է որ քեզի կեանք կու տայ, եւ անոր համար է որ Կեանքի Ջուրի Գետը կը բղխի Աստուծոյ եւ Գառնուկին աթոռէն:

Ուրեմն ի՞նչպէս պիտի ըլլայ Կեանքի Ջուրին համը: Անիկա այնքան անուշ բան մըն է՝ որուն կրկնութիւնը չես կրնար ունենալ այս աշխարհին մէջ, եւ անգամ մը որ խմես զայն՝ դուն ուժովցած պիտի զգաս ինքզինքդ: Աստուած Կեանքի Ջուրը տուաւ մարդ արարածներու, բայց Ադամի անկումէն ետք, երկրի վրայի ջուրը անիծուեցաւ, միւս բոլոր բաներուն հետ միասին: Անկէ իվեր, մարդիկ կարող չեն եղած համտեսելու Կեանքի Ջուրը այս երկրի վրայ: Դուն միայն երկինք երթալէդ յետոյ է որ պիտի կարենաս զայն համտեսել: Երկրի վրայ մարդիկ ապականած ջուր կը խմեն, եւ անոնք ջուրի փոխարէն արուեստական ըմպելիքներ կը փնտռեն ինչպէս՝ կազային թեթեւ ըմպելիքներ: Նմանապէս, երկրի վրայ եղող ջուրը երբե՛ք չկրնար յաւիտենական կեանք տալ, բայց երկնքի Կեանքի Ջուրը, այսինքն Աստուծոյ Խօսքը, յաւիտենական կեանք կու տայ: Անիկա մեղրէն աւելի անուշ է եւ մեղրախորիսխի կաթիլներէն աւելի, եւ անիկա ուժ կու տայ հոգիիդ:

Գետը Կը Հոսի Ամբողջ Երկնքի Շուրջը

Կեանքի Ջուրի Գետը, որ կը բղխի Աստուծոյ եւ Գառնուկին Աթոռէն, ճիշդ կը նմանի արիւնի, որ կեանքը կը պահպանէ՝ մարմնիդ մէջ շրջան ընելով: Անիկա կը հոսի բոլոր երկնքին շուրջը՝ հրապարակին կեդրոնը, եւ յետոյ դարձեալ Աստուծոյ Աթոռին կը դառնայ: Ուրեմն ինչո՞ւ համար Կեանքի Ջուրի Գետը կը հոսի ամբողջ երկնքի շուրջ՝ հրապարակին կեդրոնը:

Ամէն բանէ առաջ, Կեանքի Ջուրի Գետը ամենէն դիւրին ձեւն է Աստուծոյ Աթոռին կողմը երթալու: Ուրեմն, Նոր Երուսաղէմ երթալու համար, ուր կը գտնուի Աստուծոյ Աթոռը, դուն պարզապէս կը հետեւիս զուտ ոսկիէ շինուած փողոցին՝ գետին երկու կողմերէն:

Երկրորդ, երկնքի Ճամբան Աստուծոյ Խօսքին մէջմ է, եւ դուն կրնաս երկինք մտնել միայն այն ատեն՝ երբ Աստուծոյ Խօսքին այս Ճամբուն հետեւիս:

Յովհաննու 14.6-ի մէջ Յիսուս կ՛ըսէ. *«Ես եմ ճամբան ու ճշմարտութիւնը եւ կեանքը. մէկը Հօրը քով չի գար՝ եթէ ոչ ինծմով»*, այնտեղ՝ Աստուծոյ ճշմարտութեան Խօսքին մէջ է երկնքի ճամբան: Երբ դուն Աստուծոյ Խօսքին համեմատ գործես, այն ատեն դուն կրնաս մտնել երկինք՝ ուր կը հոսի Աստուծոյ Խօսքը, այսինքն Կեանքի Ջուրի Գետը:

Նմանապէս, Աստուած երկինքը ծրագրեց այնպիսի ձեւով մը, որ միայն պարզապէս Կեանքի Ջուրի Գետին հետեւելով, դուն կրնաս հասնիլ Նոր Երուսաղէմ՝ ուր կը գտնուի Աստուծոյ Աթոռը:

Ոսկիէ եւ Արծաթէ Աւազներ՝ Գետեզերքին վրայ

Ի՞նչ պիտի ըլլայ Կեանքի Ջուրի Գետեզերքին վրայ: Սկիզբը կը նկատես որ ոսկիէ եւ արծաթէ աւազներ տարածուած են՝ հեռու եւ ընդարձակ: Երկնքի մէջ աւազը կլոր է եւ այնքան կակուղ՝ որ անիկա բնաւ չփակիր հագուստին վրայ, նոյնիսկ եթէ անոր վրայ գլտորելով խաղաս:

Նաեւ, հոն բազմաթիւ հանգստաւէտ նստարաններ կան, որոնք ոսկիով եւ գոհարեղէններով զարդարուած են: Երբ նստարանին վրայ նստիս քու սիրելի ընկերներուդ հետ միասին, եւ երբ դուք օրհնութեամբ լեցուն խօսակցութիւններ ունենաք, սիրուն հրեշտակներ պիտի ծառայեն ձեզի:

Այս երկրի վրայ դուն կը սքանչանաս հրեշտակներուն վրայ, բայց երկինքը՝ հրեշտակները քեզի «տէր» պիտի կոչեն եւ քու ցանկութեանդ համեմատ պիտի ծառայեն քեզի: Եթէ կը փափաքիս քիչ մը պտուղ ունենալ, հրեշտակը քեզի պտուղ պիտի բերէ՝ գոհարեղէններով կամ ծաղիկներով զարդարուած կողովի մէջ, եւ անմիջապէս կողովը քեզի պիտի յանձնէ:

Ասկէ զատ, Կեանքի Ջուրի Գետին երկու կողմերը զանազան գոյներով գեղեցիկ ծաղիկներ, թռչուններ, միջատներ, եւ կենդանիներ կան: Անոնք ալ քեզի կը ծառայեն որպէս տէր, եւ դուն կրնաս քու սէրդ բաժնեկցիլ անոնց հետ: Ո՜րքան հրաշալի եւ գեղեցիկ է այս երկինքը՝ Կեանքի Ջուրի Գետին հետ միասին...

Կենաց Ծառը՝ Գետին Երկու Կողմերը

Յայտնութիւն 22.1-2 մանրամասնութեամբ կը բացատրէ Կեանքի Ջուրի Գետին երկու կողմերը եղող կենաց ծառը:

Ինծի կեանքի ջուրի գետ մը ցուցուց ակնվանիի պէս պայծառ, որ Աստուծոյ ու Գառնուկին աթոռէն կ՛ելլէր: Այն քաղաքին հրապարակին մէջ ու այն գետին մէկ կողմէն ու միւս կողմէն կենաց ծառ մը կար, որ տասներկու կերպ պտուղ կը բերէր: ամէն ամիս իր պտուղը կու տար: Այն ծառին տերեւները հեթանոսներուն բժշկութիւն կ՛ըլլային:

Ուրեմն ինչո՞ւ համար Աստուած կենաց ծառը դրած է, որ տասներկու տեսակ պտուղի բերք կը կրէ՝ գետին մէկ կողմէն ու միւս կողմէն:

Նախ եւ առաջ, Աստուած կ՛ուզէր որ Իր զաւակները, որոնք երկինք մտած են, զգան երկնքի գեղեցկութիւնը եւ կեանքը: Նաեւ, Աստուած կ՛ուզէր Իր զաւակներուն յիշեցնել որ երբ իրենք Աստուծոյ Խօսքին համեմատ գործէին, այն ատեն է որ Սուրբ Հոգիին պտուղը պիտի կրէին, ճիշդ ինչպէս որ իրենց կերակուրը կրնային միայն իրենց ճակտի քրիտինքովը ուտել:

Այստեղ մէկ բան նկատի պէտք է առնես: Տասներկու տեսակ պտուղ կրել չի նշանակեր թէ մէկ ծառը տասներկու տեսակ պտուղ կը կրէ, այլ կը նշանակէ թէ տասներկու տարբեր տեսակ ծառեր՝ ամէն մէկը մէկ տեսակ պտուղ կ՚արտադրէ: Աստուածաշունչին մէջ, կրնաս տեսնել թէ Իսրայէլի տասներկու ցեղեր կազմուեցան Յակոբի տասներկու որդիներուն միջոցաւ, եւ այս տասներկու ցեղերէն՝ Իսրայէլի ազգը կազմուեցաւ եւ այն ազերը որոնք Քրիստոնէութիւնը ընդունեցին՝ կառուցուած են ամբողջ աշխարհի վրայով: Նոյնիսկ Յիսուս տասներկու առաքեալներ ընտրեց, եւ անոնց միջոցաւ աւետարանը քարոզուեցաւ եւ տարածուեցաւ բոլոր ազգերուն:

Ուրեմն, կենաց ծառին տասներկու կերպ պտուղը կը խորհրդանշէ թէ իւրաքանչիւր անձ՝ որեւէ ազգէ, եթէ հետեւի հաւատքին, անիկա կրնայ Սուրբ Հոգիին պտուղը կրել եւ երկինք մտնել:

Եթէ դուն գեղեցիկ եւ գոյնզգոյն պտուղներ ուտես կենաց ծառէն, ինքզինքդ կազդուրուած եւ աւելի ուրախ պիտի զգաս: Նաեւ, անմիջապէս որ պտուղ մը փրցուի, անոր տեղ ուրիշ մը պիտի փոխարինէ, եւ ուրեմն պտուղները բնաւ պիտի չվերջանան: Կենաց ծառին տերեւները գոց կանաչ են եւ փայլուն, եւ այդպէս պիտի մնան յաւիտեան, որովհետեւ անոնք ոչ հինալու համար են, եւ ոչ ալ ուտուելու: Այս կանաչ ու փայլուն տերեւները շատ աւելի մեծ են քան այս աշխարհի ծառերուն տերեւները, եւ անոնք շատ օրինաւոր ձեւով կ՚աճին:

3. Աստուծոյ եւ Գառնուկին Աթոռը

Յայտնութիւն 22.3-5 կը նկարագրէ Աստուծոյ եւ Գառնուկին Աթոռին վայրը՝ երկնքի կեդրոնը:

Ա՛լ բնաւ նզովք պիտի չըլլայ: Անոր մէջ պիտի ըլլայ Աստուծոյ ու Գառնուկին աթոռը: Անոր ծառաները պիտի պաշտեն Զանիկա: Անոր երեսը պիտի տեսնեն ու Անոր անունը իրենց ճակատներուն վրայ պիտի ըլլայ: Հոն ա՛լ գիշեր պիտի չըլլայ եւ ճրագ ու արեւու լոյս պէտք չէ. քանզի Տէր Աստուած պիտի լուսաւորէ զանոնք եւ յաւիտեանս յաւիտենից պիտի թագաւորեն:

Աթոռը Կը Գտնուի Երկնքի Կեդրոնը

Երկինքը այն յաւիտենական վայրն է ուր Աստուած կը թագաւորէ՝ սիրով եւ արդարութեամբ: Նոր Երուսաղէմը կը գտնուի երկնքի կեդրոնը, եւ այնտեղ Աստուծոյ ու Գառնուկին Աթոռը կայ: Այստեղ, Գառնուկը կ՛ակնարկէ Յիսուս Քրիստոսի (Ելից 12.5, Յովհաննու 1.29, Ա. Պետրոս 1.19):

Ոչ ամէն մարդ կրնայ մտնել այն տեղը՝ ուր սովորաբար կը գտնուի Աստուած: Այդ վայրը կը գտնուի Նոր Երուսաղէմէն անդին ուրիշ ծաւալի տարածութեան մը մէջ: Աստուծոյ Աթոռը այս վայրին մէջ շատ աւելի գեղեցիկ եւ փայլուն է քան Նոր Երուսաղէմի մէջ գտնուող աթոռը:

Աստուծոյ Աթոռը Նոր Երուսաղէմի մէջ այն տեղն է՝ ուր Աստուած Ինք Անձամբ կու գայ երբ Իր զաւակները զինք կը պաշտեն եւ կամ երբ անոնք խնճոյքներ կ՛ունենան: Յայտնութիւն 4.2-3 կը բացատրեն Աստուծոյ նստիլը Իր Աթոռին վրայ:

> *Եւ շուտ մը Հոգին իմ վրաս եկաւ: Տեսայ թէ աթոռ մը դրուած էր երկնքի մէջ: Աթոռին վրայ Մէկը նստեր էր: Նստողը յասպիս ու սարդիոն քարերու երեւոյթին նման էր:*

Աթոռին շուրջը քսանըչորս երէցներ նստած են՝ ճերմակ հանդերձներ հագած ու գլուխնին ոսկիէ պսակներ դրած: Աթոռին առջեւ կան Աստուծոյ Եօթը Հոգիները եւ ապակեղէն ծով մը՝ բիւրեղի նման պայծառ: Աթոռին մէջտեղը եւ աթոռին շուրջը կան չորս կենդանիներ եւ բազմաթիւ երկնային զօրքեր ու հրեշտակներ:

Ասկէ աւելին, Աստուծոյ Աթոռը լոյսերով ծածկուած է: Անիկա այնքան գեղեցիկ, հիանալի, վեհաշուք, մեծարուած, եւ հսկայ է, որ մարդու հասկացողութենէն վեր էր: Նաեւ, Աստուծոյ Աթոռին աջ կողմը Գառնուկին՝ մեր Տէր Յիսուս Քրիստոսին Աթոռն է: Կստահաբար անիկա Աստուծոյ Աթոռէն տարբեր է, բայց Աստուած՝ Երրորդութիւնը՝ Հայրը, Որդին, եւ Սուրբ Հոգին նոյն սիրտը, նոյն յատկութիւնները, եւ նոյն զօրութիւնը ունին:

Աստուծոյ Աթոռին մասին աւելի մանրամասնութեամբ պիտի բացատրուի Երկնքի Երկրորդ Գիրք-ին մէջ, *«Աստուծոյ Փառքով Լեցուն» խորագիրով:*

Ոչ Գիշեր եւ Ոչ Ցերեկ

Աստուած Իր Աթոռէն կը թագաւորէ երկնքի ու

տիեզերքի վրայ՝ Իր սիրով եւ Իր արդարութեամբ: Աստուծոյ Աթոռը կը փայլի փառքի սուրբ եւ գեղեցիկ լոյսով: Աթոռը կը գտնուի երկնքի մէջտեղը եւ Աստուծոյ Աթոռին քովը կը գտնուի Գառնուկին Աթոռը, եւ ան ալ կը փայլի փառքի լոյսով: Ուրեմն, երկինքը պէտք չունի արեւուն կամ լուսինին, եւ կամ ուրիշ որեւէ լոյսի կամ ելեկտրականութեան որպէսզի իր վրայ փայլի: Երկնքի մէջ գիշեր կամ ցորեկ չկայ:

Ի միջի այլոց, Եբրայեցիս 12.14 մեզ կը մղէ ըսելով. *«Խաղաղութեան ետեւէ եղէ՛ք ամենուն հետ եւ սրբութեան, առանց ասոր մէ՛կը պիտի չտեսնէ Տէրը»:* Մատթէոս 5.8-ի մէջ Յիսուս կը խոստանայ ըսելով. *«Երանի՜ անոնց որ սրտով մաքուր են, վասն զի անոնք պիտի տեսնեն Աստուած»:*

Ուրեմն, այն հաւատացեալները որոնք կը ձերբազատուին իրենց սրտերուն մէջի ամէն տեսակ չարութենէ եւ ամբողջութեամբ կը հնազանդին Աստուծոյ Խօսքին՝ կրնան Աստուծոյ դէմքը տեսնել: Այն չափով որ հաւատացեալներ կը նմանին Աստուծոյ, նոյն չափով անոնք պիտի օրհնուին այս աշխարհին մէջ, նաեւ անոնք երկնքի մէջ ալ պիտի ապրին Աստուծոյ Աթոռին աւելի մօտ տեղ մը:

Մարդիկ ո՜րքան ուրախ պիտի ըլլան եթէ անոնք կարենան Աստուծոյ դէմքը տեսնել, ծառայել Իրեն, եւ սէր բաժնեկցիլ Իրեն հետ յաւիտեան… Ամէն պարագայի, ճիշդ ինչպէս որ դուն չես կրնար ուղղակիօրէն նայիլ արեւին՝ իր փայլունութեան պատճառաւ, նոյնպէս անոնք որոնք Տէրոջը սրտին չեն նմանիր, չեն կրնար զԱստուած տեսնել մօտիկ հեռաւորութենէ:

Յաւիտեան Ճշմարիտ Ուրախութիւն Վայելել Երկինքը

Երկնքի մէջ ինչ որ ընես կրնաս ճշմարիտ ուրախութիւն վայելել անոր մէջ, որովհետեւ երկինքը լաւագոյն պարգեւն է որ Աստուած պատրաստած է Իր զաւակնիներուն համար, չափազանց մեծ սիրով: Հրեշտակներ պիտի ծառայեն Աստուծոյ զաւակներուն, ինչպէս կ՛ըսէ Եբրայեցիս 1.14-ի մէջ. *«Չէ՞ որ հրեշտակները սպասաւորող հոգիներ են, որոնք սպասաւորութեան կը ղրկուին անոնց համար՝ որ փրկութիւն պիտի ժառանգեն»:* Ամենայնդէպս, քանի որ մարդիկ հաւատքի տարբեր չափեր ունին, տուներու մեծութիւնը եւ ծառայող հրեշտակներու թիւը կը տարբերին այն աստիճանին համեմատ որ մարդիկ Աստուծոյ կը նմանին:

Աստուծոյ զաւակները իշխաններու եւ իշխանուհիներու նման ծառայութիւն պիտի ստանան, որովհետեւ հրեշտակները իրենց տէրերուն մտքերը պիտի կարդան, որոնց համար իրենք նշանակուած են ծառայելու, եւ պիտի պատրաստեն ինչ բան որ անոնք կը փափաքին: Աւելին, կենդանիներն ու բոյսերը պիտի սիրեն Աստուծոյ զաւակները եւ պիտի ծառայեն անոնց: Երկնքի մէջ կենդանիները առանց պայմանի պիտի հնազանդին Աստուծոյ զաւակներուն եւ երբեմն ալ պիտի փորձեն սրամիտ բաներ ընել որպէսզի հաճեցնեն զիրենք, որովհետեւ անոնք չարութիւն չունին:

Ի՞նչ է պարագան բոյսերուն՝ երկնքի մէջ: Ամեն մէկ բոյս գեղեցիկ եւ իւրայատուկ անուշահոտ բոյր մը ունի իր մէջ, եւ երբ որ Աստուծոյ զաւակները մօտենան անոնց, անոնք իրենց անուշահոտ բոյրը դուրս կու տան: Ծաղիկները իրենց լաւագոյն անուշ բուրմունքը դուրս կու տան Աստուծոյ զաւակներուն համար, եւ այդ բոյրը նոյնիսկ հեռու տեղեր կը տարածուի: Այդ անուշ հոտը կը դարձեալ կը ծնի անմիջապէս որ դուրս ելլէ:

Նաեւ, կենաց ծառին տասներկու տեսակի պտուղները իրենց իւրայատուկ համը ունին: Եթէ ծաղիկներուն բոյրը առնես եւ կամ եթէ կենաց ծառէն ուտես, դուն այնքան կազդուրուած եւ ուրախ կը զգաս ինքզինքդ որ անիկա չկրնար բաղդատուիլ այս աշխարհի մէջ ուրիշ որեւէ մէկ բանի հետ:

Ասկէ զատ, այս աշխարհի բոյսերէն բոլորովին տարբեր, երկնքի ծաղիկները պիտի ժպտին երբ Աստուծոյ զաւակները մօտենան իրենց: Անոնք նոյնիսկ պիտի պարեն իրենց տէրերուն համար եւ մարդիկ նաեւ կրնան խօսակցութիւններ ունենալ անոնց հետ:

Նոյնիսկ եթէ մէկը որեւէ ծաղիկ մը բռնէ, անիկա պիտի չվիրաւորուի կամ պիտի չտխրի, այլ պիտի վերանորոգուի Աստուծոյ զօրութեամբ: Ծաղիկը որ կը փրցուի՝ օդին մէջ պիտի լուծուի եւ պիտի անհետանայ: Պտուղը որ մարդիկ կ՚ուտեն, նոյնպէս պիտի լուծուի գեղեցիկ անուշահոտ բոյրերու պէս, եւ պիտի անհետանայ շնչառութեամբ:

Երկնքի մէջ չորս եղանակներ կան, եւ մարդիկ կրնան վայելել եղանակներու փոփոխութիւնները: Մարդիկ Աստուծոյ սէրը պիտի զգան, վայելելով ամէն մէկ եղանակի մասնայատուկ երեւոյթները. գարուն, ամառ, աշուն, եւ ձմեռ: Հիմա մէկը կրնայ հարցնել. «Արդեօք երկինքը դեռ մենք պիտի տառապի՞նք ամառուայ տաքութենէն եւ ձմեռուայ ցուրտէն»: Սակայն երկնքի մէջ կլիման ամենէն կատարեալ պայմանը կը ստեղծէ Աստուծոյ զաւակներուն համար ապրելու, եւ անոնք պիտի չտառապին տաք կամ պաղ օդէն: Հակառակ որ հոգեւոր մարմինները չեն կրնար պաղ կամ տաք զգալ նոյնիսկ ցուրտ կամ տաք տեղերու մէջ, տակաւին անոնք կրնան զով կամ թեթեւ տաք օդը զգալ: Ուրեմն, երկինքը ոչ մէկը պիտի տառապի տաք կամ պաղ օդէն:

Աշնան, Աստուծոյ զաւակները կրնան վայելել ինկող գեղեցիկ տերեւները, իսկ ձմրան անոնք կրնան տեսնել ճերմակ ձիւնը: Անոնք կարող պիտի ըլլան վայելելու այդ գեղեցկութիւնը որ շատ աւելի գեղեցիկ է քան այս աշխարհի մէջ ուրիշ որեւէ բան: Պատճառը, որ Աստուած չորս եղանակները ըրած է երկինքը, այն է՝ որպէսզի թոյլ տայ Իր զաւակներուն գիտնալու թէ ամէն բան որ իրենք կ՚ուզեն՝ իրենց համար պատրաստ է երկնքի մէջ վայելելու: Նաեւ, ասիկա Իր սիրոյն օրինակ մըն է՝ գոհացնելու Իր զաւակները երբ անոնք կարօտնան այս աշխարհը ուր իրենք մշակուեցան մինչեւ որ Աստուծոյ ճշմարիտ զաւակներ դարձան:

Երկինքը կը գտնուի չորս ծաւալի աշխարհին մէջ որ չկրնար բաղդատուիլ այս աշխարհին հետ: Անիկա լեցուն է Աստուծոյ սիրով ու Իր զօրութեամբ, եւ անվերջանալի յայտագիրներ եւ գործունէութիւններ կան հոն զոր մարդիկ նոյնիսկ չեն կրնար երեւակայել: Հինգերորդ Գլխուն մէջ դուն աւելի պիտի իմանաս երկնքի մէջ հաւատացեալներու յաւիտենական ուրախ կեանքերուն մասին:

Երկինք կրնան մտնել միայն անոնք՝ որոնց անունները գրուած են Գառնուկին կենաց գրքին մէջ: Ինչպէս գրուած է Յայտնութիւն 21.6-8-ի մէջ, միայն ան, որ Կենաց Ջուրը կը խմէ, Աստուծոյ զաւակ կը դառնայ եւ կրնայ Աստուծոյ թագաւորութիւնը ժառանգել:

> *Նաեւ ըսաւ ինծի. «Եղա՛ւ, Ես եմ Ալֆան եւ Օմէղան, Սկիզբն ու Վախճանը. Ես ծարաւին ձրի պիտի տամ կենաց ջուրին աղբիւրէն: Ան որ կը յաղթէ, ամէն բաները պիտի ժառանգէ ու Ես անոր Աստուած պիտի ըլլամ, ան ալ ինծի որդի պիտի ըլլայ: Բայց վախկոտներուն ու անհաւատներուն եւ պիղծերուն ու մարդասպաններուն ու պոռնիկներուն եւ կախարդներուն ու կռապաշտներուն եւ բոլոր ստախօսներուն բաժինը կրակով ու ծծումբով վառած լճին մէջ պիտի ըլլայ, որ է երկրորդ մահը»:*

Մարդուն համար անհրաժեշտ պարտականութիւն մըն է Աստուծմէ վախնալը եւ Անոր պատուիրանքները պահելը (Գիրք Ժողովողի 12.13): Ուստի, եթէ դուն Աստուծմէ չես վախնար եւ կամ Իր Խօսքը կը կտրես եւ կը շարունակես մեղք գործել, նոյնիսկ գիտնալով որ այդպէս ընելով կը մեղանչես, դուն երբե՛ք չես կրնար երկինք մտնել: Վատ մարդիկ՝ ոճրագործներ, շնացողներ, կախարդներ, եւ կռապաշտներ, որոնք տրամաբանութենէ դուրս են, վստահաբար երկինք պիտի չերթան: Անոնք անտարբեր գտնուած են Աստուծոյ հանդէպ, չար ոգիներու ծառայած են, եւ օտար աստուածներու հաւատացած են՝ հետեւելով թշնամի Սատանային եւ Բանսարկուին:

Նաեւ անոնք որոնք կը ստեն Աստուծոյ ու կը խաբեն Զինք, եւ դէմ կը խօսին ու հայհոյութիւն կ'ընեն Սուրբ Հոգիին՝ բնաւ պիտի չմտնեն երկինք: Ինչպէս որ բացատրած եմ Դժոխք գիրքին մէջ, այս տեսակի մարդիկը յաւիտենական պատիժով պիտի չարչարուին դժոխքի մէջ:

Ուրեմն, Տէրոջը անունով ես կ՚աղօթեմ որ դուն ոչ միայն ընդունիս Յիսուս Քրիստոսը եւ իրաւունք ստանաս Աստուծոյ զաւակ դառնալու, այլ նաեւ Աստուծոյ Խօսքին հետեւելով յաւիտենական ուրախութիւն վայելես այս գեղեցիկ երկնքի մէջ, որ բիւրեղի նման պայծառ է:

Գլուխ 2

Եդեմի Պարտէզը եւ Երկնքի Սպասման Վայրը

1. Եդեմի Պարտէզը Ուր Ադամ Ապրեցաւ
2. Մարդիկ Երկրի Վրայ Կը Մշակուին
3. Երկնքի Սպասման Վայրը
4. Մարդիկ Որոնք Չեն Մնար Սպասման Վայրին մէջ

Եւ Տէր Աստուած արեւելեան կողմը՝
Եղեմի մէջ՝ պարտէզ տնկեց
ու իր շինած մարդը հոն դրաւ։
Եւ Տէր Աստուած գետնէն՝
տեսնելու հաճելի եւ ուտելու աղէկ
ամէն ծառ ու պարտէզին մէջտեղը
կենաց ծառը եւ բարին ու չարը գիտնալու
ծառն ալ բուսցուց։.

- Ծննդոց 2.8-9 -

Ադամ, առաջին մարդը զոր Աստուած ստեղծեց, ապրեցաւ Եդեմի Պարտէզին մէջ որպէս կենդանի հոգի՝ հաղորդակցելով Աստուծոյ հետ: Երկար ժամանակ ետք սակայն, Ադամ անհնազանդութեան մեղքը գործեց՝ բարիի ու չարի գիտութեան ծառէն ուտելով, որ Աստուած արգիլած էր: Այս հետեւանքով անոր հոգին, մարդուն տէրը, մեռաւ: Ադամ դուրս վռնտուեցաւ Եդեմի Պարտէզէն եւ ուրեմն պէտք էր որ երկրի վրայ ապրէր: Հիմա Ադամի եւ Եւայի հոգիները մեռան եւ Աստուծոյ հետ իրենց հաղորդակցութիւնը կտրուեցաւ: Այս անիծեալ երկրին վրայ ապրելով, անոնք ո՜րքան շատ պէտք էր կարօտցած ըլլային Եդեմի Պարտէզը:

Ամենագէտ Աստուած առաջուընէ գիտէր Ադամի անհնազանդութեան մասին եւ անոր համար Յիսուս Քրիստոսը պատրաստեր էր, եւ այսպէս փրկութեան ճամբան բացաւ երբ ժամանակը հասաւ: Ամէն մարդ որ հաւատքով կը փրկուի՝ պիտի ժառանգէ երկինքը՝ որ չկրնար բաղդատուիլ նոյնիսկ Եդեմի Պարտէզին հետ:

Յիսուս Իր յարութիւն առնելէն եւ երկինք երթալէն ետքը, շինեց սպասման վայր մը՝ ուր փրկուած մարդիկը կրնան մնալ մինչեւ Դատաստանի Օրը, միեւնոյն ատեն բնակութեան վայրեր պատրաստելով իրենց համար: Թոյլ տուէք որ քննենք Եդեմի Պարտէզը եւ երկնքի Սպասման Վայրը, որպէսզի աւելի լաւ հասկնաք երկինքը:

1. Եդեմի Պարտէզը Ուր Ադամ Ապրեցաւ

Ծննդոց 2.8-9 կը նկարագրէ Եդեմի Պարտէզը: Ասիկա այն տեղն է ուր Աստուծոյ ստեղծած առաջին մարդը եւ առաջին կինը, Ադամն ու Եւան, կ՛ապրէին:

> *Եւ Տէր Աստուած արեւելեան կողմը՝ Եդեմի մէջ՝ պարտէզ մը տնկեց ու իր շինած մարդը հոն դրաւ: Եւ Տէր Աստուած գետնէն՝ տեսնելու հաճելի եւ ուտելու աղէկ ամէն ծառ ու պարտէզին մէջտեղը կենաց ծառը եւ բարին ու չարը գիտնալու ծառն ալ բուսցուց:*

Եդեմի Պարտէզը այն տեղն էր ուր Ադամ, կենդանի հոգի մը, պիտի ապրէր. ուստի անիկա պէտք էր հոգեւոր աշխարհի մէջ տեղ մը զետեղուէր: Ուրեմն այսօր, ճշգրիտ կերպով, իսկապէս ո՞ւր է Եդեմի Պարտէզը՝ առաջին մարդուն՝ Ադամի բնակավայրը:

Եդեմի Պարտէզին Ճշգրիտ Տեղը

Աստուածաշունչին մէջ Աստուած շատ տեղեր «երկինքներ» բառը յիշած է որպէսզի քեզ թոյլ տայ գիտնալու որ հոգեւոր աշխարհի մէջ տարածութիւններ կան՝ այն երկնակամարէն անդին զոր դուն քու մարմնաւոր աչքերովդ կը տեսնես: Աստուած «երկինքներ» բառը գործածած է որպէսզի դուն կարենաս հասկնալ այն տարածութիւնները որոնք կը պատկանին հոգեւոր աշխարհին:

> *Ահա երկինք ու երկինքներուն երկինքը,*

նաեւ երկիր ու բոլոր անոր մէջ եղածը քու Տէր Աստուծոյդ կը վերաբերին (Բ. Օրինաց 10.14):

Երկիրը Իր զօրութիւնովը շինեց, աշխարհը Իր իմաստութիւնովը հաստատեց: Երկինքը Իր խորհրդովը տարածեց (Երեմեայ 10.12):

Օրհնեցէ՛ք Զանիկա, ո՛վ երկինք. ու երկնքէն վեր եղող ջուրերը թող Տէրոջը անունը օրհնեն (Սաղմոս 148.4):

Ուրեմն, պէտք է հասկնաս որ «երկինքը» չի նշանակեր միայն այն երկնակամարը զոր դուն քու մարմնաւոր աչքերովդ կը տեսնես: Ասիկա Առաջին Երկինքն է՝ ուր կը գտնուին արեւը, լուսինը, եւ աստղերը: Կան նաեւ Երկրորդ Երկինքը եւ Երրորդ Երկինքը, որոնք կը պատկանին հոգեւոր աշխարհին: Բ. Կորնթացիս 12-ի մէջ Պօղոս Առաքեալ կը խօսի Երրորդ Երկնքի մասին: Ամբողջ երկինքը, Դրախտէն մինչեւ Նոր Երուսաղէմ, կը գտնուի Երրորդ Երկնքի մէջ:

Պօղոս Առաքեալ եղած էր Դրախտ, որ նուազագոյն հաւատք ունեցողներուն տեղն է, եւ որ ամենէն հեռուն է Աստուծոյ Աթոռէն: Հոն, Պօղոս Առաքեալ լսեց երկնքի գաղտնիքներուն մասին: Տակաւին, ան խոստովանեցաւ թէ ինք լսած էր «անպատմելի խօսքեր, որոնց մասին արտօնուած չէ խօսիլ»:

Ուրեմն ի՞նչ տեսակի տեղ մըն է Երկրորդ Երկինքը: Անիկա տարբեր է Երրորդ Երկինքէն, եւ Եդեմի Պարտէզը հոն կը գտնուի: Մեծ մասամբ մարդիկ խորհած են որ Եդեմի Պարտէզը կը գտնուի երկրի վրայ: Աստուածաշունչի բազմաթիւ դպրագէտներ եւ հետազօտողներ շարունակեցին հնագիտական խուզարկութիւններ եւ ուսումնասիրութիւններ կատարել Միջագետքի եւ Եփրատ ու Տիգրիս գետերու վերին գետակներուն շուրջը՝ Միջին Արեւելքի մէջ: Ամէն պարագայի, անոնք որեւէ բան երեւան չեն հանած մինչեւ հիմա: Պատճառը, որ մարդիկ չեն կրնար Եդեմի Պարտէզը գտնել երկրի վրայ, այն է՝ որովհետեւ Եդեմի Պարտէզը կը գտնուի Երկրորդ Երկնքի մէջ՝ որ հոգեւոր աշխարհին կը պատկանի:

Երկրորդ Երկինքը նաեւ տեղն է չար ոգիներուն, որոնք Երրորդ Երկինքէն դուրս վռնտուած էին Սատանայ Արուսեակին ըմբոստութենէն ետք: Ծննդոց 3.24 կ'ըսէ. *«Այսպէս վռնտեց Ադամը ու Եդեմի պարտէզին արեւելեան կողմէն քերովբէներ ու ամէն կողմ դարձող բոցեղէն սուրը դրաւ, կենաց ծառին ճամբան պահելու համար»:* Աստուած այս բրաւ որպէսզի արգիլէ չար ոգիները յաւիտենական կեանք ստանալու՝ Եդեմի Պարտէզը մտնելով եւ կենաց ծառէն ուտելով:

Եդեմի Պարտէզ Տանող Դռները

Հիմա դուն պէտք չէ այնպէս հասկնաս թէ Երկրորդ Երկինքը Առաջին Երկնքին վրան է, եւ Երրորդ Երկինքը Երկրորդ Երկնքին վրան է: Դուն չես կրնար երեք-ծաւալի աշխարհի գիտութեամբ եւ այդ հասկացողութեամբ հասկնալ չորս-ծաւալի աշխարհը եւ անկէ վեր եղող տարածութիւնը: Ուրեմն, ինչպէ՞ս կառուցուած են բազմաթիւ երկինքները: Երրորդ-ծաւալի աշխարհը որ դուն կը տեսնես եւ հոգեւոր երկինքները կը թուին իրարմէ բաժնուած ըլլալ, բայց միեւնոյն ժամանակ անոնք մասնակի կերպով ծածկուած եւ իրարու հետ կապուած են: Դռներ կան որոնք երեք-ծաւալի աշխարհը եւ հոգեւոր աշխարհը իրարու կը միացնեն:

Հակառակ որ չես տեսներ զանոնք, դռներ կան որոնք Առաջին Երկինքը կը միացնեն Եդեմի Պարտէզին՝ Երկրորդ Երկնքի մէջ: Նաեւ, դռներ կան որոնք կ՚առաջնորդեն դէպի Երրորդ Երկինքը: Այս դռները շատ բարձր չեն զետեղուած, այլ անոնք գլխաւորաբար մօտաւորապէս ամպերու բարձրութեամբ են, զոր կը տեսնես օդանաւէն վար:

Աստուածաշունչին մէջ, կրնաս անդրադառնալ թէ դռներ կան որոնք երկինք կ՚առաջնորդեն (Ծննդոց 7.11, Դ. Թագաւորաց 2.11, Ղուկաս 9.28-36, Գործք Առաքելոց 1.9, 7.56): Ուրեմն, երբ երկնքի դուռը բացուի, կարելի կ՚ըլլայ վեր ելլել՝ հոգեւոր աշխարհի մէջ տարբեր երկինք մը, եւ անոնք որոնք հաւատքով փրկուած են կրնան ելլել վեր՝ Երրորդ Երկինքը:

Նոյնն է պարագան Անդունդին եւ Դժոխքին: Այս տեղերն ալ հոգեւոր աշխարհին կը պատկանին եւ նոյնպէս դռներ կան որոնք այս տեղերը կ՚առաջնորդեն: Ուստի, երբ անհաւատ մարդիկ մեռնին, անոնք Անդունդը կ՚իջնեն, որ կը պատկանի Դժոխքին, եւ կամ այս դռներուն միջոցաւ ուղղակի Դժոխք կ՚երթան:

Հոգեւոր եւ Մարմնաւոր Տարածութիւնները Իրարու Հետ Կը Գոյակցին

Եդեմի Պարտէզը, որ կը պատկանի Երկրորդ Երկնքին, հոգեւոր աշխարհի մէջ է, բայց անիկա Երրորդ Երկնքի հոգեւոր աշխարհէն տարբեր է: Անիկա կատարեալ հոգեւոր աշխարհ մը չէ, որովհետեւ կրնայ միեւնոյն ժամանակ մարմնաւոր աշխարհին հետ գոյակցիլ:

Այլ խօսքով, Եդեմի Պարտէզը մարմնաւոր եւ հոգեւոր աշխարհին մէջտեղի հանգրուանն է: Առաջին մարդը՝ Ադամ կենդանի հոգի մըն էր, բայց տակաւին անիկա մարմնաւոր մարմին մը ունէր՝ հողէն շինուած: Ադամ եւ Եւա Եդեմի Պարտէզին մէջ աճեցան ու բազմացան, զաւակներ ծնանելով՝ ինչպէս որ մենք կ'ընենք (Ծննդոց 3.16):

Նոյնիսկ երբ առաջին մարդը՝ Ադամ՝ բարիի ու չարի գիտութեան ծառէն ուտելէն ետքը դուրս վռնտուեցաւ դէպի երկիր, Ադամի զաւակները, որոնք Եդեմի Պարտէզին մէջ մնացին, տակաւին մինչեւ այս օրս կ'ապրին հոն որպէս կենդանի հոգիներ, առանց մահ տեսնելու: Եդեմի Պարտէզը շատ խաղաղութեամբ լեցուն տեղ մըն է, ուր մահ չկայ: Անիկա Աստուծոյ ուժով կը կառավարուի եւ Աստուծոյ պատրաստած օրէնքներով ու հրամաններով կը հսկուի: Հակառակ որ հոն տարբերութիւն չկայ ցերեկ-գիշերի միջեւ, Ադամի սերունդները բնական ձեւով գիտեն գործունեայ ըլլալու ժամանակը, հանգստանալու ժամանակը, եւայլն:

Նաեւ, Եդեմի Պարտէզը շատ նմանօրինակ երեւոյթներ ունի երկրին հետ: Անիկա լեցուն է բազմաթիւ բոյսերով, կենդանիներով, եւ միջատներով: Նաեւ, Եդեմի Պարտէզը անվերջանալի եւ գեղեցիկ բնութիւն ունի: Սակայն հոն բարձր լեռներ չկան, այլ միայն ցած բլուրներ: Այս բլուրներուն վրայ կան կարգ մը տունի նմանող շէնքեր, բայց մարդիկ միայն կը հանգստանան - չեն բնակիր - այդ շէնքերուն մէջ:

Ադամի եւ Իր Զաւակներուն Արձակուրդի Վայրը

Առաջին մարդը՝ Ադամ շատ երկար ժամանակ ապրեցաւ Եդեմի Պարտէզին մէջ, աճելով եւ թիւով շատնալով: Քանի որ Ադամ եւ իր զաւակները կենդանի հոգիներ էին, անոնք ազատօրէն կրնային երկիր գալ, անցնելով Երկրորդ Երկնքի դռներէն:

Որովհետեւ Ադամ եւ իր զաւակները երկար ատեն երկիր կ'այցելէին որպէս իրենց արձակուրդի վայրը, անոր համար դուք պէտք է անդրադառնաք որ մարդկային պատմութիւնը շատ երկար է: Կարգ մը մարդիկ այս պատմութիւնը կը շփոթեն մարդկային մշակման վեց հազար տարուայ պատմութեան հետ, եւ չեն հաւատար Սուրբ Գիրքին:

Ամենայնդէպս, եթէ ուշադրութեամբ քննես շատ հին խորհրդաւոր քաղաքակրթութիւնները, կ'անդրադառնաս որ Ադամ եւ իր զաւակները կու գային վար՝ դէպի երկիր: Եգիպտոսի Բուրգերը եւ Կիզա, հսկայ Սփինքսը, օրինակի համար, նոյնպէս Ադամի եւ իր զաւակներուն ոտնահետքերն են, որոնք Եդեմի Պարտէզին մէջ կ'ապրէին: Ամբողջ աշխարհի վրայով գտնուող այսպիսի ոտնահետքեր կառուցուած են շատ աւելի կատարելագործուած եւ յառաջացած գիտութեամբ եւ արուեստագիտութեամբ, որոնց նմանը այսօր դուք երբեք չէք կրնար ընդօրինակել ներկայ արդի գիտութեան գիտելիքներով:

Օրինակի համար, Բուրգերը կը պարունակեն հրաշալի մաթեմաթիկական հաշիւներ, ինչպէս նաեւ երկրաչափական եւ աստղաբանական գիտելիքներ, զոր դուն կրնաս միայն բարձր ուսումնասիրութիւններով գտնել եւ հասկնալ: Անոնք կը պարունակեն բազմաթիւ գաղտնիքներ զոր կ՛ըմբռնես միայն այն ատեն երբ դուն ճշգրիտ համաստեղութիւնները եւ տիեզերքի շրջանը իմանաս: Կարգ մը մարդիկ այդ խորհրդաւոր հին քաղաքակրթութիւնները կը նկատեն որպէս դուրսի անջրպետէն եկած օտարերկրացիներու ոտնահետքերը, եւ սակայն Սուրբ Գիրքով դուն կրնաս այդ բոլոր բաները լուծել, որոնց մասին նոյնիսկ գիտութիւնը չկրնար հասկնալ:

Եդեմի Քաղաքակրթութեան Ոտնահետքերը

Եդեմի Պարտէզին մէջ Ադամ աներեւակայելի չափով ընդարձակ գիտութիւն եւ իմտութիւն ունէր: Ասիկա արդիւնքն էր Աստուծոյ՝ Ադամի սորվեցուցած ճշմարիտ գիտութեան, եւ ժամանակի ընթացքին այս տեսակի գիտելիքներն ու հասկացողութիւնը սկսան աւելնալ ու զարգանալ: Ուստի, Ադամի համար բնաւ դժուար չէր Բուրգերը եւ Սփինքսը շինելը, քանի որ ան տիեզերքի մասին ամէն բան գիտէր եւ երկիրը իրեն ենթարկած էր,: Քանի որ Աստուած ուղղակիօրէն սորվեցուցած էր Ադամին, առաջին մարդը այնպիսի բաներ գիտէր որ դուք տակաւին չէք գիտեր կամ չէք կրնար ըմբռնել ներկայ արդի գիտութեամբ:

Կարգ մը բուրգեր շինուած էին Ադամի իմտութեամբ եւ գիտելիքներով, իսկ ուրիշներ՝ իր զաւակներուն կողմէ, եւ տակաւին ուրիշներ շինուած էին երկրի բնակիչներուն կողմէ որոնք երկար ժամանակ ետք փորձեցին ընդօրինակել Ադամի բուրգերը: Բոլոր այս բուրգերը շատ յստակ ճարտարարուեստական տարբերութիւններ ունին: Ասոր պատճառը այն է՝ որովհետեւ Ադամ այդ Աստուածատուր հեղինակութիւնը ունէր բոլոր ստեղծագործութիւնը իրեն ենթարկելու:

Ադամ շատ երկար ժամանակ ապրեցաւ Եդեմի Պարտէզին մէջ, ատեն-ատեն վար գալով դէպի երկիր, բայց անիկա Եդեմի Պարտէզէն դուրս վռնտուեցաւ անհնազանդութեան մեղքը գործելէն ետքը: Ամէն պարագայի, այդ դէպքէն ետք տակաւին որոշ ժամանակ մը, Աստուած չփակեց այն դռները որոնք երկիրը կը միացնեն Եդեմի Պարտէզին հետ:

Ուրեմն, Ադամի զաւակները որոնք տակաւին Եդեմի Պարտէզին մէջ կ'ապրէին, ազատօրէն վար կ'իջէին դէպի երկիր, եւ մինչ աւելի յաճախակի կերպով կու գային երկիր, անոնք սկսան մարդոց աղջիկներէն իրենց համար կիներ առնել (Ծննդոց 6.1-4):

Յետոյ, Աստուած գոցեց երկնակամարի դռները որոնք երկիրը կը միացնեն Եդեմի Պարտէզին հետ: Տակաւին, ճամբորդութիւնը բոլորովին չկեցաւ, այլ անիկա չափազանց խիստ հսկողութեան տակ դարձաւ: Պէտք է անդրադառնաք որ խորհրդաւոր եւ անլուծելի հին քաղաքակրթութիւններու մեծ մասը Ադամի եւ իր զաւակներուն ոտնահետքերն են, մնացած այն ժամանակէն՝ որ անոնք ազատօրէն կու գային վար, դէպի երկիր:

Մարդկային Պատմութիւնը եւ Երկրի վրայի Հոյամողէզները

Ուրեմն ինչո՞ւ համար հոյամողէզները երկրի վրայ ապրեցան բայց ետքը յանկարծ դադրեցան գոյութիւն ունենալէ: Ասիկա ալ շատ կարեւոր ապացոյցներէն մէկն է որ ձեզի կը փաստէ թէ իրապէս ո՛րքան հին է մարդկային պատմութիւնը: Անիկա գաղտնիք մըն է որ միայն Սուրբ Գիրքով կը լուծուի:

Իրականութեան մէջ, Աստուած հոյամողէզները դրած էր Եդեմի Պարտէզին մէջ: Անոնք մեղմ կենդանիներ էին, բայց երկիր փոնտուեցան որովհետեւ Սատանային ծուղակը ինկան այն ժամանակամիջոցին՝ երբ Ադամ ազատօրէն կրնար ճամբորդել երկրին ու Եդեմի Պատէզին միջեւ: Հիմա հոյամողէզները, որոնք ստիպուած էին երկրի վրայ ապրելու, յարատեւ պէտք էր ուտելու համար բաներ փնտռէին: Գուցէ երկիրը չէր կրնար բաւարար ուտելիք հայթայթել այդ հսկայ մարմիններով հոյամողէզներուն համար, իրենց ապրած ժամանակէն բոլորովին տարբեր՝ Եդեմի Պարտէզին մէջ, ուր ամէն բան առատ էր: Անոնք պտուղները, սերմերը, եւ բոյսերը կերան վերջացուցին եւ յետոյ սկսան կենդանիներ ալ ուտել: Քիչ մնացեր էր որ անոնք միջավայրը եւ սննդեղէնի շղթան կործանէին: Վերջապէս Աստուած որոշեց որ Ինք այլեւս չէր կրնար հոյամողէզները պահել երկրի վրայ, եւ ուրեմն զանոնք վերէն իջած կրակով բնաջնջեց:

Այսօր, բազմաթիւ դպրագէտներ կը պատճառաբանեն ըսելով որ հոյամողէզները երկար ժամանակ ապրած են երկրի վրայ: Անոնք կ՚ըսեն թէ հոյամողէզները ապրած են աւելի քան հարիւր-վաթսուն-միլիոն տարիներ: Ամէն պարագայի, անոնց ըսածներէն ոչ մէկը գոհացուցիչ կերպով կը բացատրէ թէ ի՞նչպէս այսքան մեծ թիւով հոյամողէզներ յանկարծ գոյացան եւ յետոյ այնքան յանկարծակի ձեւով դադրեցան գոյութիւն ունենալէ: Նաեւ, եթէ այսպիսի հսկայ հոյամողէզներ այդքան երկար ժամանակ ապրելով բարեշրջուած ըլլային, ուրեմն անոնք ի՞նչ պէտք էր կերած ըլլային իրենց կեանքերը կարենալ շարունակելու համար:

Բարեշրջութեան տեսութեան համաձայն, այսպիսի տեսակաւոր հոյամողէզներ յայտնուելէն առաջ, շատ աւելի մեծ թիւով աւելի ցած մակարդակի կենդանի արարածներ պէտք էր ըլլային հոն, բայց տակաւին ոչ մէկ փաստ կայ այդ մասին: Ընդհանրապէս, որեւէ տեսակի անասուն մը կամ անասունի ընտանիք մը բնաջնջուելու համար, անիկա որոշ ժամանակ մը կը սկսի թիւով պակսիլ, եւ յետոյ ամբողջովին կ'անհետանայ: Այսուհանդերձ, հոյամողէզները յանկարծակի ձեւով անհետացան:

Դպրագէտները կը պատճառաբանեն ըսելով որ ասիկա կլիմայի, մանրէներու թոյնի, կամ շողարձակման յանկարծակի փոփոխութեան մը արդիւնքն էր՝ ուրիշ աստղի մը պայթումին եւ կամ մեծ երկնաքարի մը եւ երկրի միջեւ եղած բախումի մը պատճառաւ յառաջացած: Սակայն այսպիսի փոփոխութիւնով մը, որ այնքան աղիտալի պէտք էր եղած ըլլար կորսնցնելու համար բոլոր հոյամողէզները, միւս բոլոր կենդանիներն ու բոյսերն ալ պէտք էր նոյնպէս բնաջինջ ըլլային: Այսուհանդերձ, ուրիշ բոյսեր, թռչուններ, կամ ստնաւորներ՝ բոլորն ալ ողջ են մինչեւ նոյնիսկ այսօր: Ուրեմն իրականութիւնը զօրավիգ չկանգնիր բարեշրջութեան տեսութեան:

Նոյնիսկ հոյամողէզներու երկրի վրայ երեւնալէն առաջ, Ադամ եւ Եւա Եդեմի Պարտէզին մէջ ապրեցան, երբեմն վար գալով դէպի երկիր: Ուրեմն պէտք է անդրադառնաք որ երկրին պատմութիւնը շատ երկար է:

Աւելի մանրամասնութիւններ կրնաք իմանալ «Ծննդոցի մասին Դասախօսութիւններ» շարքին մէջ որ ես քարոզած եմ: Ասկէ անդին, ես կ'ուզեմ նկարագրել Եդեմի Պարտէզին գեղեցիկ բնութիւնը:

Եդեմի Պարտէզին Գեղեցիկ Բնութիւնը

Հանգստաւէտ կերպով կողքիդ վրայ երկնցած ես դաշտի մը մէջ, թարմ ծառերով եւ ծաղիկներով լեցուն, ստանալով լոյսը՝ որ մեղմօրէն կը պատէ քու բոլոր մարմինդ, եւ կը դիտես վեր՝ կապոյտ երկնակամարը, ուր զուտ ճերմակ ամպեր կը ծփան եւ զանազան տեսակի պատկերներ կը շինեն:

Լիճ մը գեղեցիկ ձեւով կը փայլի բլուրէն վար, եւ մեղմ զեփիւռ մը, ծաղիկներու քաղցր բոյրեր պարունակելով սրընթաց կերպով կ'անցի քովէդ: Դուն կրնաս բերկրալի խօսակցութիւններ ունենալ քու սիրելիներուդ հետ, եւ ուրախութիւն կը զգաս: Երբեմն կրնաս երկննալ ընդարձակ արօտավայրերու վրայ կամ ծաղիկներու դէզի մը վրայ, եւ մեղմօրէն դպչելով ծաղիկներուն՝ անոնց անոյշ բոյրը կրնաս զգալ: Նաեւ, կրնաս երկննալ ծառի մը շուքին տակ, որ բազմաթիւ մեծ ու ախորժաբեր պտուղներ կը կրէ, եւ կրնաս ուզածիդ չափ պտուղ ուտել:

Լիճին եւ ծովուն մէջ զանազան տեսակի գունաւոր ձուկեր կան: Եթէ ուզես, կրնաս մօտակայ ծովեզերքը երթալ եւ կազդուրիչ ալիքները կամ ճերմակ աւազները վայելել որոնք արեւուն լոյսին տակ կը փայլին: Կամ, եթէ կը փափաքիս, կրնաս նոյնիսկ լողալ ձուկերուն նման:

Սիրուն եղնիկներ, նապաստակներ կամ սկիւռներ՝ գեղեցիկ, փայլուն աչքերով քեզի կու գան եւ սրամիտ բաներ կ'ընեն: Մեծ հարթավայրին մէջ, բազմաթիւ կենդանիներ կը խաղան իրար հետ խաղաղութեամբ:

Այս է Եդեմի Պարտէզը, ուր հանդարտութեան,

խաղաղութեան եւ ցնծութեան լեցունութիւն կայ: Այս աշխարհի մէջ շատ մարդիկ հաւանաբար պիտի փափաքէին իրենց զբաղ կեանքերը ձգել եւ այս տեսակի խաղաղութիւն եւ պայծառութիւն ունենալ՝ գոնէ մէկ անգամ:

Յորդառատ Կեանք՝ Եղեմի Պարտէզին մէջ

Եղեմի Պարտէզին մէջ մարդիկ կրնան ուել եւ վայելել որքան որ կ'ուզեն, նոյնիսկ առանց աշխատելու: Հոն մտահոգութիւններ, հարցեր, կամ վիշտեր գոյութիւն չունին, եւ այնտեղ միայն ցնծութեամբ, բերկրութեամբ, եւ խաղաղութեամբ լեցուն է: Որովհետեւ ամէն բան Աստուծոյ օրէնքներով եւ Իր հրամաններով կ'ընթանայ, մարդիկ հոն յաւիտենական կեանք կը վայելեն, հակառակ որ անոնք որեւէ բանի համար չեն աշխատած:

Եղեմի Պարտէզին մէջ, որ երկրին նմանող միջավայր մը ունի, երկրին երեւոյթներուն մեծ մասը նոյնպէս գոյութիւն ունին: Այսուհանդերձ, որովհետեւ այդ երեւոյթները բնաւ չեն ապականիր կամ չեն փոխուիր՝ այն ատենէն իվեր երբ առաջին անգամ կազմուեցան, անոնք կը պահեն իրենց զուտ եւ գեղեցիկ բնութիւնը, բոլորովին տարբեր՝ երկրի վրայ եղող իրենց կրկնօրինակէն:

Նաեւ, հակառակ որ մարդիկ Եղեմի Պարտէզին մէջ սովորաբար որեւէ հագուստ չեն հագնիր, անոնք ամօթ չեն զգար եւ շնութիւն չեն ըներ, որովհետեւ անոնք մեղսալից բնութենէն չեն եւ իրենց սրտերուն մէջ չարութիւն չունին: Կարծէք նորածին մանուկի մը նման որ ազատօրէն մերկ կը խաղայ, բնաւ ամօթ չզգալով եւ բոլորովին չնշմարելով թէ ուրիշներ ի՛նչ կը խօսին կամ ի՛նչ կ՛ըսեն:

Եդեմի Պարտէզին մէջ միջավայրը յարմար է մարդոց համար, նոյնիսկ եթէ որեւէ հագուստ չհագնին, ուստի անոնք անհանգիստ չեն զգար մերկ ըլլալով: Ինչ լաւ պէտք է եղած ըլլայ, որովհետեւ հոն գէշ միջատներ կամ փուշեր չկան որոնք մորթը կը փասեն...

Կարգ մը մարդիկ հագուստներ կը կրեն: Անոնք որոշ չափով խումբերու առաջնորդներ են: Եդեմի Պարտէզին մէջ ալ օրէնքներ եւ կանոններ կան: Առաջնորդ մը կայ մէկ խումբի մը մէջ, եւ անդամները կը հնազանդին ու կը հետեւին իրեն: Այս առաջնորդները, բոլորովին տարբեր ուրիշներէ, հագուստ կը հագնին, բայց անոնք միայն իրենց դիրքը եւ պաշտօնը ցոյց տալու համար է որ հագուստ կը հագնին, եւ ոչ թէ ինքզինքնին ծածկելու, պաշտպանուելու կամ զարդարուելու համար:

Ծննդոց 3.8 կը նշէ ջերմաստիճանի փոփոխութիւն մը Եդեմի Պարտէզին մէջ. *«Օրուան զով ատենը պարտէզին մէջ պտըտող Տէր Աստուծոյ ձայնը լսելով՝ Ադամ եւ իր կինը Տէր Աստուծոյ երեսէն պարտէզին ծառերուն մէջ պահուեցան»:* Հոս կրնաս անդրադառնալ որ մարդիկ «զով» զգացումներ ունին Եդեմի Պարտէզին մէջ: Այսուհանդերձ, այդ չի նշանակեր որ անոնք պէտք է քրտնին կիզիչ տաք օրուայ մը մէջ եւ կամ անզսպուելի ձեւով պիտի սարսռան ցուրտ օդի մը մէջ, ինչպէս պիտի պատահէր երկրի վրայ:

Եդեմի Պարտէզը ամէն ատեն ամենէն հանգստաւէտ ջերմաստիճանը, խոնաւութիւնը, եւ հովը ունի, այնպէս որ որեւէ անհանգստութիւն չզգացուիր կլիմայի փոփոխութեան պատճառով:

Նաեւ, Եդեմի Պարտէզը գիշեր կամ ցորեկ չունի: Անիկա միշտ շրջապատուած է Աստուծոյ՝ Հօրը լոյսով, եւ դուն միշտ ինքզինքդ կը զգաս թէ ցերեկ ժամանակի մէջ ես: Մարդիկ ժամանակ ունին հանգչելու, եւ ջերմաստիճանի փոփոխութեամբ է որ անոնք կրնան զանազանել գործունեայ ըլլալու ժամանակը՝ հանգստանալու ժամանակէն:

Ամենայնդէպս, ջերմաստիճանի այս փոփոխութիւնը չի նշանակեր թէ անիկա ուժգին կերպով կ'աւելնայ կամ կը պակսի այնպէս՝ որ մարդիկ յանկարծ ջերմութիւն կամ զովութիւն կը զգան. այլ սակայն այդ փոփոխութիւնը իրենց հանգիստ զգալ կու տայ որպէսզի իրենք հանգչին մեղմ զեփիւռին մէջ:

2. Մարդիկ Երկրի Վրայ Կը Մշակուին

Եդեմի Պարտէզը այնքան լայն եւ ընդարձակ է որ գուցէ դուն չես կրնար անոր մեծութեան չափը երեւակայել: Անիկա մօտ մէկ միլիառ անգամ մեծ է այս երկրէն: Առաջին Երկինքը, ուր մարդիկ միայն եօթանասուն կամ ութսուն տարի կ'ապրին, անվերջանալի կը թուի, տարածուելով մեր արեգակնային դրութենէն մինչեւ ծիր կաթիններէն անդին: Ուրեմն Եդեմի Պարտէզը Առաջին Երկինքէն ո՛րքան աւելի մեծ ու ընդարձակ պէտք է ըլլայ, ուր մարդիկ թիւով կը բազմապատկուին՝ առանց մահ տեսնելու:

Նոյն ատեն, հոգ չէ թէ որքան գեղեցիկ, յորդառատ, եւ մեծ է Եդեմի Պարտէզը, անիկա բնաւ չկրնար բաղդատուիլ երկնքի մէջ ուրիշ որեւէ վայրի մը հետ: Նոյնիսկ Դրախտը, որ երկնքի Սպասման Վայրն է, շատ աւելի գեղեցիկ եւ աւելի ուրախ տեղ մըն է: Եդեմի մէջ եղող յաւիտենական կեանքը շատ տարբեր է երկնքի յաւիտենական կեանքէն:

Ուրեմն, քննութիւն մը կատարելով Աստուծոյ ծրագիրին եւ կարգ մը ուրիշ քայլերու՝ Ադամի՝ Եդեմի Պարտէզէն դուրս վռնտուելուն եւ երկրի վրայ մշակուելուն նկատմամբ, պիտի տեսնես թէ ինչպէս Եդեմի Պարտէզը կը տարբերի երկնքի Սպասման Վայրէն:

Եդեմի Պարտէզին մէջի Բարիի ու Չարի Գիտութեան Ծառը

Առաջին մարդը՝ Ադամ կրնար ուտել ամէն ինչ որ ուզէր, կրնար իշխել բոլոր ստեղծագործութեան վրայ, եւ յաւիտենապէս ապրիլ Եդեմի Պարտէզին մէջ: Սակայն տակաւին, եթէ կարդաս Ծննդոց 2.16-17, Աստուած մարդուն կը պատուիրէ ըսելով. *«Պարտէզին բոլոր ծառերէն համարձակ կեր. բայց բարիի ու չարի գիտութեան ծառէն մի՛ ուտեր. քանզի այն օրը որ անկէ ուտես, անշուշտ պիտի մեռնիս»:* Հակառակ որ Աստուած ահագին մեծ իշխանութիւն եւ ազատ կամք տուած էր Ադամի որպէսզի անիկա ամբողջ ստեղծագործութիւնը իրեն ենթարկէր, այսուհանդերձ Ան խստօրէն արգիլեց Ադամը՝ բարիի ու չարի գիտութեան ծառէն ուտելէ: Եդեմի Պարտէզին մէջ կան բազմատեսակ գունաւոր, գեղեցիկ եւ համեղ պտուղներ որոնք չեն կրնար բաղդատուիլ երկրի վրայի պտուղներուն հետ: Աստուած բոլոր պտուղները Ադամի իշխանութեան տակ դրաւ, ուստի Ադամ կրնար իր ուզածին չափ ուտել զանոնք:

Ամէն պարագայի, բարիի ու չարի գիտութեան

ծառի պտուղը բացառութիւն էր: Ասոր ընդմէջէն, դուն պէտք է անդրադառնաս որ թէպէտ Աստուած գիտէր թէ Ադամ պիտի ուտէր բարիի ու չարի գիտութեան ծառէն, Ան չձգեց որ Ադամ պարզապէս այդ մեղքը գործէր, ինչպէս շատ մարդիկ սխալ կը հասկնան: Եթէ Աստուած մտադրած էր փորձել Ադամը՝ բարիի ու չարի գիտութեան ծառը հոն դնելով, գիտնալով որ Ադամ պիտի ուտէր անկէ, այն ատեն Աստուած այդքան ուժգնութեամբ պիտի չպատուիրեր Ադամի: Ուստի կը տեսնես թէ Աստուած բարիի ու չարի գիտութեան ծառը նպատակով չդրաւ հոն՝ պարզապէս թոյլ տալու համար որ Ադամ ուտէր անկէ եւ կամ Ինքը փորձէր Ադամի:

Ճիշդ ինչպէս որ գրուած է Յակոբու 1.13-ի մէջ. *«Չըլլայ թէ մէկը, որ փորձութեան մէջ է, ըսէ. 'Աստուծմէ կը փորձուիմ'. վասն զի Աստուած չար բաներով չի փորձուիր, ո՛չ ալ Ինք մէկը կը փորձէ»:* Աստուած Ինքնին որեւէ մէկուն չփորձէր:

Ուրեմն ինչո՞ւ համար Աստուած բարիի ու չարի գիտութեան ծառը դրաւ Եդեմի Պարտէզին մէջ:

Եթէ դուն կրնաս ուրախ եւ երջանիկ զգալ ինքզինքդ, կամ եթէ ցնծութեամբ լեցուած ես, պատճառը այն է՝ որովհետեւ ասոնց հակառակ զգացումներուն, այսինքն՝ տխրութեան, ցաւի, եւ յուսահատութեան փորձառութիւնը ունեցած ես: Նոյն իմաստով, եթէ դուն գիտես թէ բարութիւնը, ճշմարտութիւնը, եւ լոյսը բարի են, պատճառը այն է՝ որովհետեւ դուն ականատես եղած ես եւ գիտես թէ չարութիւնը, անարդարութիւնը եւ խաւարը գէշ բաներ են:

Եթէ դուն յարաբերականութեան այս փորձառութիւնը ունեցած չըլլաս, չես կրնար սրտիդ մէջ զգալ թէ որքան բարի է սէրը, բարութիւնը, եւ ուրախութիւնը, նոյնիսկ եթէ մտքիդ մէջ զայն գիտես՝ այդ մասին լսած ըլլալով:

Օրինակի համար, կրնա՞յ ըլլալ որ մարդ մը որ բնաւ չէ հիւանդացած, կամ որեւէ հիւանդ չէ տեսած, գիտնալ թէ ի՞նչ է ցաւը կամ հիւանդութիւնը: Այդ անձը նոյնիսկ չկրնար գիտնալ թէ յարաբերաբար աղէկ է առողջ ըլլալը: Նաեւ անձ մը որ բնաւ չքաւորութիւն չէ քաշած, եւ բնաւ չէ ճանչցած որեւէ մէկը որ չքաւորութեան մէջ է, ո՞րքան պիտի հասկնայ աղքատութեան մասին: Այս տեսակ անձ մը չկրնար զգալ թէ հարուստ ըլլալը «աղէկ» է, հոգ չէ թէ ինք որքան շատ հարուստ կրնայ ըլլալ: Նմանապէս, մէկը որ բնաւ աղքատութեան փորձառութիւնը չէ ունեցած, չկրնար իսկապէս շնորհակալութեամբ լեցուն միտք մը ունենալ իր սրտին խորերէն:

Եթէ մէկը չի գիտեր իր ունեցած լաւ բաներուն արժէքը, ան չկրնար իր վայելած ուրախութեան արժէքը գիտնալ: Բայց եթէ մէկը հիւանդութեան, ցաւի, եւ աղքատութեան վիշտին փորձառութիւնը ունեցած է, անիկա պիտի կարողանայ իր սրտին մէջէն շնորհակալութեամբ լեցուելու այն ուրախութեան համար՝ որ կը յառաջանայ առողջ եւ հարուստ ըլլալէն: Այս է պատճառը որ Աստուած պէտք էր բարիի ու չարի գիտութեան ծառը դնէր:

Ուրեմն, Ադամ եւ Եւա, որոնք Եդեմի Պարտէզէն դուրս վռնտուած էին, այս յարաբերականութեան փորձառութիւնը ունեցան եւ անդրադարձան այն սիրոյն եւ օրհնութեան որ Աստուած տուած էր իրենց: Միայն այն ատեն է որ անոնք կրցան Աստուծոյ ճշմարիտ զաւակներ դառնալ, այլեւ գիտնալով իսկական ուրախութեան եւ կեանքին արժէքը:

Ամէն պարագայի, Աստուած ոչ թէ նպատակով

առաջնորդեց Ադամը որ այդ ճամբան երթայ, հապա Ադամ ինքը, իր ազատ կամքով ընտրեց անհնազանդ ըլլալ Աստուծոյ հրամանին: Աստուած, Իր Ինքնուրոյն սիրով եւ արդարութեամբ, ծրագրած էր մարդկային մշակումը:

Աստուծոյ Նախասահմանութիւնը Մարդկային Մշակման Նկատմամբ

Երբ Եդեմի Պարտէզի մարդիկը վռնտուեցան այնտեղէն եւ սկսան երկրի վրայ մշակուիլ, անոնք պէտք էր ամէն տեսակի տառապանքներու, ինչպէս արցունքներու, վիշտի, ցաւի, հիւանդութեան, եւ մահուան ականատես դառնային: Սակայն ասիկա պատճառ դարձաւ որ անոնք զգան իսկական ուրախութիւնը, եւ յաւիտենական կեանք վայելեն երկինքը, մեծ երախտագիտութեամբ:

Ուրեմն, մարդկային այս մշակումով մեզ Իր ճշմարիտ զաւակները դարձնելը պարզապէս միայն օրինակ մըն է Աստուծոյ հրաշալի սիրոյն եւ ծրագիրին: Ծնողներ պէտք չէ խորհին որ ժամանակի կորուստ է վարժեցնել, եւ երբեմն ալ իրենց զաւակները պատժել, եթէ այդ կրնայ տարբերութիւն մը ընել եւ իրենց զաւակները յաջողակ դարձնել: Նաեւ, եթէ զաւակները կը հաւատան այն փառքին որ ապագային իրենք պիտի ստանան, այն ատեն իրենք պիտի համբերեն եւ պիտի յաղթահարեն որեւէ տեսակի դժուար կացութիւններ եւ արգելքներ:

Նմանապէս, եթէ դուն մտածես այն ճշմարիտ ուրախութեան մասին որ պիտի վայելես երկինքը, այն ատեն երկրի վրայ մշակուիլը դժուար կամ ցաւալի բան մը պիտի չըլլայ քեզի համար: Ընդհակառակը, դուն շնորհակալութեամբ պիտի լեցուիս Աստուծոյ Խօսքով կարենալ ապրելուդ համար, որովհետեւ կը յուսաս այն փառքին՝ զոր յետոյ պիտի ստանաս:

Ուրեմն Աստուած որո՞ւ աւելի սիրելի պիտի նկատէ – անո՞նց, որոնք ճշմարտապէս շնորհակալ են Աստուծմէ՝ երկրի վրայ բազմաթիւ նեղութիւններ եւ զրկանքներ կրելնէն ետք, թէ Եդեմի Պարտէզի մարդոց՝ որոնք իրապէս չեն կրնար գնահատել իրենց ունեցածը, հակառակ որ իրենք այդքան գեղեցիկ եւ յորդառատ միջավայրի մը մէջ կ՛ապրին:

Աստուած մշակեց Ադամը, որ Եդեմի Պարտէզէն դուրս վռնտուեցաւ, եւ երկրի վրայ Ան կը մշակէ Ադամի սերունդը, որպէսզի զանոնք Իր ճշմարիտ զաւակները դարձնէ: Երբ այս մշակումը աւարտի, եւ երբ երկնքի մէջ տուները պատրաստ ըլլան, այն ատեն Տէրը նորէն պիտի գայ: Եթէ երկնքի մէջ ապրիս, դուն յաւիտենական ուրախութիւն պիտի ունենաս որովհետեւ երկնքի նոյնիսկ ամենէն ցած մակարդակը չկրնար բաղդատուիլ Եդեմի Պարտէզի գեղեցկութեան հետ:

Ուրեմն, դուն պէտք է անդրադառնաս Աստուծոյ նախասահմանութեան՝ մարդկային մշակումին մէջ, եւ ջանաս դառնալու Աստուծոյ ճշմարիտ զաւակը, որ Իր Խօսքին համեմատ կը գործէ:

3. Երկնքի Սպասման Վայրը

Ադամի յաջորդող սերունդները, որոնք անհնազանդ դարձան Աստուծոյ, սահմանուած են մէկ անգամ մեռնելու, եւ անկէ յետոյ պիտի դիմագրաւեն Մեծ

Դատաստանը (Եբրայեցիս 9.27)։ Սակայն տակաւին, մարդ արարածներու հոգիները անմահ ու յաւերժական են, ուստի անոնք պէտք է կամ երկինք երթան եւ կամ դժոխք։

Ամէն պարագայի, մարդոց հոգիները ուղղակի երկինք կամ դժոխք չեն երթար, այլ կը մնան երկնքի կամ դժոխքի Սպասման Վայրը։ Ուրեմն ի՞նչ տեսակ տեղ մըն է երկնքի Սպասման Վայրը ուր Աստուծոյ զաւակները կը մնան։

Վերջաւորութեան՝ Մէկու Մը Հոգին Կը Ձգէ Իր Մարմինը

Երբ անձ մը կը մեռնի, իր հոգին կը ձգէ մարմինը։ Մահուընէ ետք, որեւէ մէկը որ ասիկա չի գիտեր, շատ պիտի զարմանայ երբ տեսնէ ճիշդ նոյն անձը որ պառկած է։ Նոյնիսկ եթէ ինք հաւատացեալ է, ո՜րքան տարօրինակ պիտի թուի ճիշդ այն ատենէն ետքը՝ երբ իր հոգին իր իսկ մարմինը կը ձգէ։

Եթէ դուն չորս-ծաւալի աշխարհը երթաս՝ ելլելով այս երեք-ծաւալի աշխարհէն, ուր դուն ներկայիս կ՛ապրիս, ամէն բան շատ աւելի տարբեր է հոն։ Մարմինը շատ թեթեւ կը զգայ եւ դուն այնպէս կը զգաս՝ թէ կը թռչիս։ Այսուհանդերձ, դուն չես կրնար անսահման ազատութիւն ունենալ, նոյնիսկ քու հոգիդ՝ մարմինէն դուրս ելլելէն ետքը։

Ճիշդ ինչպէս որ փոքրիկ թռչուններ չեն կրնար անմիջապէս թռչիլ, հակառակ որ անոնք թեւերով ծնած կ՛ըլլան, դուն տակաւին քիչ մը դեռ ժամանակի պէտք պիտի ունենաս որպէսզի ինքզինքդ յարմարցնես հոգեւոր աշխարհին, եւ հիմնական բաներ սորվիս։

Ուստի, անոնք որոնք կը մեռնին հաւատքով՝ Յիսուս Քրիստոսի վրայ, անոնք երկու հրեշտակներու ընկերակցութեամբ կը տարուին դէպի Վերին Գերեզման: Այնտեղ, հրեշտակները կամ մարգարէները իրենց կը սորվեցնեն երկնքի մէջի կեանքին մասին:

Եթէ կարդաս Սուրբ Գիրքը, կ՚անդրադառնաս որ երկու տեսակի գերեզմաններ կան: Հաւատքի նախահայրեր՝ ինչպէս Յակոբ եւ Յոբ, կ՚ըսեն թէ իրենք գերեզման պիտի իջնեն իրենց մեռնելէն ետքը (Ծննդոց 37.35, Յոբայ 7.9): Կորխ եւ իր խումբը որոնք ապստամբեցան Մովսէսին՝ Աստուծոյ մարդուն դէմ, ողջ ողջ դժոխք իջան (Թուոց 16.33):

Ղուկաս 16 կը պատկերացնէ հարուստ մարդ մը եւ աղքատ մուրացիկ մը՝ Ղազարոս անունով, որոնք գերեզման կ՚իջնեն իրենց մեռնելէն ետքը, եւ կ՚անդրադառնաս որ անոնք նոյն «գերեզմանը» չէն: Հարուստ մարդը դժոխքի կրակին մէջ կը տանջուի, մինչ Ղազարոս շատ հեռու՝ կը հանգչի Աբրահամի կողքը:

Նոյն ձեւով, գերեզման մը կայ անոնց համար՝ որոնք փրկուած են. մինչդեռ ուրիշ գերեզման մը կայ անոնց համար՝ որոնք փրկուած չեն: Այն գերեզմանը ուր Կորխ եւ իր մարդիկը վերջացան՝ Անդունդն է, որ նաեւ կը կոչուի «Վարին Գերեզման», որ կը պատկանի դժոխքին: Սակայն գերեզմանը ուր Ղազարոս վերջաւորութեան իջաւ՝ Վերին Գերզմանն է, որ կը պատկանի երկնքին:

Երեք-օրուայ Կեցութիւն՝ Վերին Գերեզմանին մէջ

Հին Կտակարանի ժամանակ, անոնք որոնք փրկուած էին՝ կը սպասէին Վերին Գերեզմանին մէջ: Քանի որ Աբրահամ, հաւատքի նախահայրը, պատասխանատու էր Վերին Գերեզմանին, աղքատ Ղազարոսը Աբրահամին քովն էր, ինչպէս յիշուած է Ղուկաս 16-րդ գլխուն մէջ: Ամէն պարագայի, Տէրոջը յարութիւն առնելէն եւ երկինք երթալէն ետքը, անոնք որոնք փրկուած են այլեւս Աբրահամի քով չեն երթար: Անոնք երեք օր կը մնան Վերին Գերեզման, եւ յետոյ Դրախտի մէջ տեղ մը կ'երթան: Այսինքն, անոնք Տէրոջը հետ կ'ըլլան երկնքի Սպասման Վայրին մէջ:

Ինչպէս որ Յիսուս կ'ըսէ Յովհաննու 14.2-ի մէջ. *«Իմ Հօրս տունը շատ բնակարաններ կան. ապա թէ ոչ՝ Ես ձեզի պիտի ըսէի՝ 'Հիմա կ'երթամ, որ ձեզի տեղ պատրաստեմ'»:* Իր յարութենէն եւ երկինք համբառնալէն ետքը, մեր Տէրը ամէն մէկ հաւատացեալի համար տեղ մը կը պատրաստէ: Ուրեմն, քանի որ Տէրը սկսաւ տեղեր պատրաստել Աստուծոյ զաւակներուն համար, անոնք որոնք փրկուած են՝ կը մտան երկնքի Սպասման Վայրը, որ տեղ մըն է Դրախտին մէջ:

Կարգ մը մարդիկ իրենք-իրենց հարց կու տան թէ ի՞նչպէս ստեղծագործութենէն իվեր, այդքան մեծ թիւով փրկուածներ կրնան Դրախտին մէջ ապրիլ, եւ սակայն մտահոգուելու պէտք չկայ: Նոյնիսկ արեգակնային դրութիւնը, որուն այս երկիրը կը պատկանի, պարզապէս կէտ մըն է՝ բաղդատմամբ ծիր կաթինին: Ուրեմն ո՞րքան ընդարձակ է ծիր կաթինը: Ամբողջ տիեզերքին հետ բաղդատելով, ծիր կաթին մը պարզապէս միայն կէտ մըն է: Ուրեմն ո՞րքան ընդարձակ է տիեզերքը:

Ասկէ զատ, այս տիեզերքը շատ մը ուրիշ տիեզերքներէն մէկն է միայն, ուստի անկարելի է ըմբռնել ամբողջ տիեզերքի մեծութեան չափը: Եթէ այս մարմնաւոր աշխարհը այդքան ընդարձակ է, ուրեմն ո՛րքան աւելի ընդարձակ պիտի ըլլայ հոգեւոր աշխարհը:

Երկնքի Սպասման Վայրը

Ուրեմն ի՞նչ տեսակի տեղ մըն է երկնքի Սպասման Վայրըյ ուր կը մնան անոնք՝ որոնք փրկուած են, երեք օրուայ ժամանակ մը յարմարուելէ ետք Վերին Գերեզմանին մէջ:

Երբ մարդիկ այսպիսի գեղեցիկ տեսարան մը կը տեսնեն, անոնք կ'արտասանեն ըսելով. «Ասիկա դրախտ է երկրի վրայ», կամ «Ասիկա Եդեմի Պարտէզին նման է»: Ամենայնդէպս, Եդեմի Պարտէզը չկրնար բաղդատուիլ այս աշխարհի մէջ որեւէ ուրիշ գեղեցկութեան մը հետ: Եդեմի Պարտէզին մէջ մարդիկ շատ հրաշալի, երազային կեանքեր կ'ապրին՝ ուրախութեամբ, խաղաղութեամբ եւ ցնծութեամբ լեցուն: Սակայն տակաւին, անիկա միայն երկրի վրայ եղող մարդոց համար է որ լաւ կ'երեւնայ: Անգամ մը որ երկինք երթաս, դուն անմիջապէս պիտի հրաժարիս այս կարծիքէն:

Ճիշդ ինչպէս որ Եդեմի Պարտէզը չկրնար բաղդատուիլ երկրին հետ, երկինքն ալ չկրնար բաղդատուիլ Եդեմի Պարտէզին հետ: Հիմնական տարբերութիւն մը կայ այն ուրախութեան որ Եդեմի Պարտէզին մէջ է, որը կը պատկանի Երկրորդ Երկնքին, եւ Երրորդ Երկնքի մէջ եղող Սպասման Վայրին միջեւ: Պատճառը այն է՝ որովհետեւ Եդեմի Պարտէզին մէջի մարդիկը իրապէս Աստուծոյ ճշմարիտ զաւակները չեն, որոնց սրտերը մշակուած են:

Թոյլ տուէք որ օրինակ մը տամ՝ օգնելու որ աւելի լաւ հասկնաք ասիկա: Ելեկտրականութիւն ըլլալէն առաջ, Քորէացի նախահայրեր քարիւղի լապտերներ կը գործածէին: Այս լապտերները այնքան մութ էին՝ բաղդատմամբ ելեկտրական լոյսերուն որ դուք ունիք այսօր, բայց անիկա շատ արժէքաւոր կը թուէր երբ գիշերը լոյս չէր ըլլար: Ամենայնդէպս, երբ մարդիկ զարգացան եւ սորվեցան ելեկտրականութիւն գործածել, մենք սկսանք ելեկտրական լոյսեր ունենալ: Անոնք որոնք միայն քարիւղի լոյսեր տեսնելու վարժուած էին, անոնց համար ելեկտրական լոյսերը այնքան հիանալի էին, որ անոնք մագնիսացած էին այդ լոյսին փայլքովը:

Եթէ ըսես թէ երկիրը ամբողջութեամբ խաւարով լեցուած է, առանց որեւէ լոյսի, այն ատեն կրնաս ըսել թէ Եղեմի Պարտէզը այն տեղն է ուր քարիւղի լոյսեր ունին, եւ երկինքը ելեկտրական լոյսերով տեղն է: Ճիշդ ինչպէս որ քարիւղի լոյսը եւ ելեկտրական լոյսը իրարմէ բոլորովին տարբեր են, հակառակ որ անոնք երկուքն ալ լոյսեր են, նոյնպէս երկնքի Սպասման Վայրը բոլորովին տարբեր է Եղեմի Պարտէզէն:

Սպասման Վայրը Կը Գտնուի Դրախտին Ծայրը

Երկնքի Սպասման Վայրը կը գտնուի Դրախտին ծայրը: Դրախտը անոնց տեղն է՝ որոնք նուազագոյն հաւատքը ունին, նաեւ անիկա Աստուծոյ Աթոռէն ամենէն հեռու տեղն է: Դրախտը շատ ընդարձակ տեղ մըն է:

Անոնք որոնք Դրախտին ծայրը կը սպասեն, հոգեւոր գիտութիւն կը սորվին մարգարէներէն: Անոնք կը սորվին

Աստուծոյ՝ Երրորդութեան մասին, երկնքի մասին, հոգեւոր աշխարհի իշխանութեան մասին, եւայլն: Այս տեսակի գիտութեան աստիճանը անսահման է, ուստի սորվելու մէջ վերջ չկայ: Սակայն տակաւին, հոգեւոր բաներ սորվիլը բնաւ ձանձրացուցիչ կամ դժուար չէ, բոլորովին տարբեր երկրի վրայ եղող կարգ մը ուսուցմունքներէ: Որքան աւելի շատ սորվիս, այնքան աւելի հիացած եւ լուսաբանուած կ՛ըլլաս, ուստի այդ ա՛լ աւելի շնորհալի է:

Նոյնիսկ երկրի վրայ, անոնք որոնք մաքուր եւ հեզ սրտեր ունին, կրնան Աստուծոյ հետ հաղորդակցիլ եւ հոգեւոր գիտութիւն ստանալ: Ասոնցմէ կարգ մը մարդիկ կրնան հոգեւոր աշխարհը տեսնել որովհետեւ իրենց հոգեւոր աչքերը բացուած են: Նաեւ, կարգ մը մարդիկ, Սուրբ Հոգւոյն ներշնչումով կրնան անդրադառնալ հոգեւոր բաներու: Անոնք կրնան հաւատքի մասին կամ աղօթքի պատասխաններ ստանալու օրէնքները սորվիլ, այնպէս որ նոյնիսկ այս Ֆիզիքական աշխարհին մէջ անոնք կրնան Աստուծոյ զօրութեան փորձառութիւնը ունենալ, զոր կը պատկանի հոգիին:

Եթէ դուն կարենաս սորվիլ հոգեւոր նիւթերու մասին, եւ եթէ այդ բաներուն իրազեկ դառնաս այս Ֆիզիքական աշխարհին մէջ, այն ատեն դուն աւելի՛ եւս աշխոյժ եւ ուրախ պիտի ըլլաս: Ուրեմն, դուն ո՛րքան աւելի զուարթ եւ ուրախ պիտի ըլլաս եթէ կարենաս խորունկ ձեւով հոգեւոր բաներ սորվիլ երկնքի Սպասման Վայրին մէջ...

Այս Աշխարհի Լուրերը Լսել

Ի՞նչ տեսակի կեանք կը վայելեն մարդիկ

երկնքի Սպասման Վայրին մէջ: Անոնք իսկական խաղաղութեան փորձառութիւնը կ՛ունենան եւ կը սպասեն երթալու իրենց յաւիտենական տուները՝ երկնքի մէջ: Անոնք ոչ մէկ բանի պակասը չեն ունենար, եւ ուրախութիւն ու ցնծութիւն կը վայելեն: Անոնք պարզապէս ժամանակ չեն վատներ, այլ կը շարունակեն շատ բաներ սորվիլ հրեշտակներէն եւ մարգարէներէն:

Անոնց միջեւ կան նշանակեալ առաջնորդներ եւ անոնք կարգ ու կանոնով կ՛ապրին: Անոնց արգիլուած է վար իջնել դէպի երկիր, ուստի անոնք միշտ հետաքրքրուած են թէ ի՞նչ կը պատահի հոս: Անոնք աշխարհային բաներով չեն հետաքրքրուած, բայց հետաքրքրուած են Աստուծոյ թագաւորութեան հետ կապ ունեցող նիւթերով, ինչպէս՝ «Ի՞նչպէս է այն եկեղեցին ուր ես կը ծառայէի: Իրեն տրուած պարտականութեան ո՞րքանը կատարելագործած է եկեղեցին: Ի՞նչպէս կ՛ընթանայ աշխարհի առաքելութիւնը»:

Ուստի անոնք շատ կը հրճուին երբ կը լսեն այս աշխարհի լուրերը՝ հրեշտակներուն միջոցաւ որոնք կրնան երկիր գալ, կամ Նոր Երուսաղէմի մարգարէներուն միջոցաւ:

Անգամ մը Աստուած ինծի յայտնեց իմ եկեղեցիիս կարգ մը անդամներուն մասին որոնք ներկայիս երկնքի Սպասման Վայրը կը մնան: Անոնք առանձին տեղերու մէջ կ՛աղօթեն, եւ կը սպասեն լսելու իմ եկեղեցիիս լուրերը: Անոնք մասնաւորապէս հետաքրքրուած են այն պարտականութիւնով որ տրուած է իմ եկեղեցիիս, որ աշխարհի առաքելութիւնն ու Մեծ Սրբարանը շինելն է: Անոնք շատ կ՛ուրախանան երբ լաւ լուրեր լսեն: Ուստի երբ կը լսեն Աստուծոյ փառաբանութեան լուրերը՝ արտասահմանեան արշաւներու ընդմէջէն, անոնք այնքան կը յուզուին եւ կը գոհանան, որ տօնախանդէս կ՚ունենան:

Նոյնպէս, երկնքի Սպասման Վայրը եղող մարդիկ ուրախ եւ երջանիկ ժամանակ մը կ՚անցնեն, երբեմն լսելով երկրի լուրերը:

Խստապահանջ Կանոն՝ Երկնքի Սպասման Վայրին մէջ

Հաւատքի տարբեր մակարդակներու մարդիկ, որոնք երկնքի մէջ տարբեր վայրեր պիտի մտնեն Դատաստանի Օրէն յետոյ, բոլորն ալ կը մնան երկնքի Սպասման Վայրը, սակայն օրէնքները ճշգրտօրին կը պահուին: Անոնք որոնք աւելի քիչ հաւատք ունին՝ իրենց յարգանքը ցոյց կու տան անոնց՝ որոնք աւելի մեծ հաւատք ունին, իրենց գլուխները խոնարհեցնելով: Հոգեւոր օրէնքները այս աշխարհի մէջի պաշտօնի դիրքով չէ որ կը որոշուին, այլ Աստուծոյ կողմէ տրուած պարտականութիւններուն մէջ իրենց ունեցած սրբագործութեան եւ հաւատարմութեան չափին համեմատ:

Այսպէս ուրեմն, օրէնքները խստօրէն կը պահուին որովհետեւ արդարութեան Աստուածը կը տիրէ երկնքի վրայ: Որովհետեւ օրէնքը կը որոշուի ամէն մէկ հաւատացեալի լոյսի փայլունութեան, բարութեան չափին, եւ սիրոյ քանակին հիման վրայ, անոր համար ոչ մէկը կրնայ գանգատիլ: Երկնքի մէջ ամէն մէկը կը հնազանդի հոգեւոր օրէնքին որովհետեւ փրկուածներուն մտքերուն մէջ չարութիւն չկայ:

Ամէն պարագայի, այս չի նշանակեր թէ կարգն ու

կանոնը եւ տարբեր տեսակի փառքեր ստիպողական հնազանդութիւն բերելու համար են: Հնազանդութիւնը կու գայ միայն ճշմարիտ եւ անկեղծ սրտերէ բխող սէրէն եւ յարգանքէն: Ուրեմն, երկնքի Սպասման Վայրին մէջ անոնք կը յարգեն ամէն անոնց՝ որոնք սրտով իրենցմէ առաջ են, եւ իրենց յարգանքը ցոյց կու տան անոնց՝ իրենց գլուխները խոնարհեցնելով, որովհետեւ անոնք բնականաբար կը զգան հոգեւոր տարբերութիւնը:

4. Մարդիկ Որոնք Չեն Մնար Սպասման Վայրին մէջ

Բոլոր մարդիկը որոնք երկնքի Դատաստանի Օրէն յետոյ իրենց մասնայատուկ տեղերը պիտի մտնեն, ներկայիս կը մնան Դրախտին ծայրը, երկնքի Սպասման Վայրին մէջ: Այսուհանդերձ, կարգ մը բացառութիւններ կան: Անոնք որոնք սահմանուած են երթալու Նոր Երուսաղէմ, որ երկնքի ամենէն գեղեցիկ վայրն է, ուղղակի Նոր Երուսաղէմ պիտի երթան եւ պիտի օգնեն Աստուծոյ գործին: Այս տեսակի մարդիկը, որոնք Աստուծոյ սիրտը ունին, որ բիւրեղի նման պայծառ ու գեղեցիկ է, կ՚ապրին Աստուծոյ յատուկ սիրոյն եւ խնամքին տակ:

Անոնք Պիտի Օգնեն Աստուծոյ Գործին՝ Նոր Երուսաղէմի մէջ

Մեր հաւատքի նախահայրերը, որոնք սրբագործուած եւ հաւատարիմ եղած են Աստուծոյ բոլոր տան մէջ, ինչպէս՝ Եղիա, Ենովք, Աբրահամ, Մովսէս եւ Պօղոս առաքեալ, հիմա ո՞ւր կը մնան: Արդեօք անոնք Դրախտին ծայրը՝ երկնքի Սպասման Վա՞յրը կը մնան: Ոչ: Որովհետեւ այս մարդիկը ամբողջովին սրբագործուած են եւ լման Աստուծոյ սրտին կը նմանին, անոնք արդէն Նոր Երուսաղէմի մէջ են: Սակայն որովհետեւ Դատաստանը տակաւին տեղի չէ ունեցած, անոնք չեն կրնար իրենց ըլլալու մասնայատուկ յաւիտենական տուները երթալ:

Ուրեմն անոնք ո՞ւր կը մնան Նոր Երուսաղէմի մէջ: Նոր Երուսաղէմը ունի հազար-հինգ-հարիւր մղոն լայնք, երկայնք եւ բարձրութիւն, եւ այնտեղ կան կարգ մը հոգեւոր տարածութիւններ՝ տարբեր չափերով: Հոն տեղ կայ Աստուծոյ Աթոռին համար, կարգ մը տեղեր՝ ուր տուներ կը շինուին, եւ ուրիշ տեղեր՝ ուր մեր հաւատքի նախահայրերը, որոնք արդէն Նոր Երուսաղէմ մտած են, կը գործեն Տէրոջ հետ:

Մեր հաւատքի նախահայրերը, որոնք արդէն Նոր Երուսաղէմի մէջ կը մնան, կարօտը ունին այն օրուան երբ իրենք պիտի մտնեն իրենց յաւիտենական տեղերը, մինչ այդ Տէրոջը հետ օգնելով Աստուծոյ գործին՝ մեր տեղերը պատրաստելու համար: Հաւատքի նախահայրերը շատ մեծ կարօտ ունին մտնելու հոն, որովհետեւ անոնք կրնան իրենց յաւիտենական տուները մտնել միայն այն ատեն երբ արդէն օդին մէջ Յիսուսի Երկրորդ Գալուստը, Եօթը-տարուայ Հարսանեկան Խնճոյքը եւ երկրի վրայի Հազարամեակը աւարտած է:

Պօղոս Առաքեալ, որ յոյսով լեցուն էր երկնքի վրայով, հետեւեալը խոստովանեցաւ Բ. Տիմոթէոս 4.7-8 համարներուն մէջ.

Բարի պատերազմը պատերազմեցայ, ընթացքը կատարեցի, հաւատքը պահեցի: Ասկէ յետոյ կայ ու կը մնայ ինծի արդարութեան պսակը, որ Տէրը՝ արդար Դատաւորը՝ պիտի հատուցանէ ինծի այն օրը: Ո՛չ միայն ինծի, հապա այն ամենուն ալ՝ որ սիրեցին Անոր յայտնուիլը:

Անոնք որ բարի պատերազմը կը պատերազմին եւ կը յուսան Տէրոջը վերադարձին, անոնք հաստատ յոյս ունին երկնքի վայրին եւ վարձատրութիւններուն համար: Այս տեսակի հաւատքը եւ յոյսը կրնան աւելնալ եթէ դուն աւելի շատ բան գիտնաս հոգեւոր աշխարհի մասին, եւ ասոր համար է որ ես մանրամասնութեամբ կը բացատրեմ երկինքը:

Երկրորդ Երկնքի Եդեմի Պարտէզը կամ Երրորդ Երկնքի Սպասման Վայրը տակաւին շատ աւելի գեղեցիկ է քան այս աշխարհը, բայց նոյնիսկ այս տեղերը չեն կրնար բաղդատուիլ Նոր Երուսաղէմի փառքին եւ մեծութեան հետ, որ կը բնակեցնէ Աստուծոյ Աթոռը:

Ուրեմն, Տէրոջը անունով կ'աղօթեմ որ դուն ոչ միայն վազես դէպի Նոր Երուսաղէմ, այլ նաեւ բազմաթիւ հոգիներ առաջնորդես դէպի փրկութեան ճամբան՝ աւետարանը տարածելով, նոյնիսկ եթէ այդ գործը քու կեանքդ պահանջէ:

Գլուխ 3

Եօթը-տարուայ Հարսանեկան Խնճոյքը

1. Տէրոջը Վերադարձը եւ Եօթը-տարուայ Հարսանեկան Խնճոյքը
2. Հազարամեակը
3. Դատաստանի Օրէն Ետք Երկինքը Կը Տրուի որպէս Հատուցում

Երանելի եւ սուրբ է ա՛ն,
որ առաջին յարութեանը մէջ բաժին ունի:
Ասոնց վրայ երկրորդ մահը իշխանութիւն չունի,
հապա անոնք Աստուծոյ եւ Քրիստոսին
քահանաները պիտի ըլլան
ու Անոր հետ հազար տարի պիտի թագաւորեն:
- Յայտնութիւն Յովհաննու 20.6 -

Վարձատրութիւնդ ստանալէն առաջ եւ երկնքի մէջ յաւիտենական կեանքդ սկսելէն առաջ, Ճերմակ Աթոռին Դատաստանէն կ՚անցնիս: Մեծ Դատաստանի օրէն առաջ, տեղի պիտի ունենայ Տէրոջը Երկրորդ Գալուստը օդին մէջ, Եօթը-տարուայ Հարսանեկան Խնճոյքը, Տէրոջը երկիր վերադարձը, եւ Հազարամեակը:

Այս բոլորը այն է՝ ինչ որ Աստուած պատրաստած է մխիթարելու համար Իր սիրելի զաւակները, որոնք իրենց հաւատքը պահեցին երկրի վրայ, եւ որպէսզի թոյլ տայ անոնց երկինքը համտեսելու:

Ուրեմն, անոնք որոնք կը հաւատան Տէրոջը Երկրորդ Գալստեան եւ կը յուսան հանդիպիլ Իրեն, որ մեր փեսան է, անհամբեր կը սպասեն Եօթը-տարուայ Հարսանեկան Խնճոյքին եւ Հազարամեակին: Աստուծոյ Խօսքը, որ արձանագրուած է Աստուածաշունչին մէջ, ճշմարիտ է եւ ներկայիս այդ բոլոր մարգարէութիւնները կը կատարելագործուին:

Դուն պէտք է իմաստուն հաւատացեալ մը ըլլաս եւ փորձես քու լաւագոյնդ ընել որպէսզի ինքզինքդ պատրաստես որպէս Տէրոջը հարսը, անդրադառնալով որ եթէ դուն արթուն չըլլաս եւ եթէ Աստուծոյ Խօսքին համեմատ չապրիս, այն ատեն Տէրոջը օրը գողի մը նման պիտի գայ եւ դուն մահուան մէջ պիտի իյնաս:

Թոյլ տուէք որ մանրամասնութեամբ քննենք այն հրաշալի բաները որոնք Աստուծոյ զաւակները պիտի վայելեն երթալէ առաջ երկինք՝ որ բիւրեղի նման պայծառ ու գեղեցիկ է:

1. Տէրոջը Վերադարձը եւ Եօթը-տարուայ Հարսանեկան Խնճոյքը

Պօղոս Առաքեալ Հռովմայեցիս 10.9-ի մէջ կը գրէ. *«Վասն զի եթէ քու բերնովդ Յիսուսը Տէր խոստովանիս ու սրտիդ մէջ հաւատաս թէ Աստուած զԱնիկա մեռելներէն յարուցանեց՝ պիտի փրկուիս»:* Փրկութիւն ստանալու համար, դուն ոչ միայն պէտք է խոստովանիս Յիսուսը որպէս քու Փրկիչդ, այլ նաեւ պէտք է քու սրտիդ մէջ հաւատաս որ Յիսուս մեռաւ եւ դարձեալ յարութիւն առաւ մեռելներէն:

Եթէ դուն չես հաւատար Յիսուսի յարութեան, այն ատեն դուն չես կրնար հաւատալ քու անձնական յարութեանդ որ պիտի ըլլայ Տէրոջը Երկրորդ Գալստեան ժամանակ: Այն ատեն դուն նոյնիսկ պիտի չհաւատաս ինքնին Տէրոջը վերադարձին: Եթէ չես կրնար հաւատալ երկնքի եւ դժոխքի գոյութեան, դուն պիտի չստանաս զօրութիւնը՝ Աստուծոյ Խօսքին համեմատ ապրելու, եւ փրկութիւն պիտի չստանաս:

Քրիստոնէական Կեանքի Ծայրագոյն Նպատակը

Ա. Կորնթացիս 15.19-ի մէջ կ'ըսէ. *«Եթէ միայն այս կեանքին համար Քրիստոսի յուսացած ենք, մենք բոլոր մարդոցմէն աւելի խղճալի ենք»:* Աստուծոյ զաւակները, բոլորովին տարբեր աշխարհի անհաւատներէն, եկեղեցի կու գան, արարողութիւնները կը յաճախեն, եւ ամէն Կիրակի զանազան ձեւերով Տէրոջը կը ծառայեն: Աստուծոյ Խօսքին համեմատ ապրելու համար, անոնք յաճախ ծոմ կը պահեն, եւ ջերմեռանդութեամբ կ'աղօթեն Աստուծոյ սրբարանին առջեւ առաւօտ կանուխ կամ ուշ գիշեր, հակառակ որ ատեններ անոնք հանգիստի պէտք կ՚ունենան:

Նաեւ, անոնք իրենց անձնական շահերը չեն փնտռեր, այլ կը ծառայեն ուրիշներուն եւ ինքզինքնին կը զոհեն Աստուծոյ թագաւորութեան համար: Այս պատճառով է որ եթէ երկինքը չըլլար, հաւատարիմները ամենէն աւելի խղճալի անձերը պիտի ըլլային: Այսուհանդերձ, յստակ է որ Տէրը դարձեալ պիտի գայ որպէսզի քեզ երկինք տանի, եւ Ան քեզի համար գեղեցիկ տեղ մը կը պատրաստէ: Անիկա քու ցանածիդ համեմատ եւ այս աշխարհի մէջ քու ըրածիդ համեմատ պիտի հատուցանէ քեզի:

Յիսուս Մատթէոս 16.27-ի մէջ կ՚ըսէ. *«Վասն զի Որդին մարդոյ իր Հօրը փառքովը պիտի գայ Իր հրեշտակներուն հետ եւ այն ատեն ամէն մէկուն իր գործերուն համեմատ հատուցում պիտի ընէ»:* Այստեղ, «ամէն մէկուն իր գործերուն համեմատ հատուցում պիտի ընէ» ըսելը չի նշանակեր պարզապէս երկինք կամ դժոխք երթալ: Նոյնիսկ հաւատացեալներու միջեւ, որոնք երկինք կ՚երթան, տրուած վարձատրութիւնները եւ փառքը կը տարբերին՝ կախեալ այն իրողութենէն թէ արդեօք անոնք ի՞նչպէս ապրած են երկրի վրայ:

Կարգ մը մարդիկ կը նեղուին եւ կը վախնան լսելով որ Տէրը նորէն շուտով պիտի գայ: Սակայն եթէ դուն իսկապէս կը սիրես Տէրը եւ յոյս ունիս երկնքի համար, բնական է որ կը կարօտնաս եւ կը սպասես աւելի շուտով հանդիպելու Տէրոջը: Եթէ քու շրթունքներովդ խոստովանիս ըսելով. «Կը սիրեմ Քեզ, Տէ՛ր», բայց եթէ չհաւնիս կամ նոյնիսկ վախնաս լսելով որ Տէրը շուտով ետ պիտի գայ, այն ատեն քեզի համար չկրնար ըսուիլ որ դուն իսկապէս կը սիրես Տէրը:

Ուրեմն, պէտք է ուրախութեամբ ընդունիս Տէրը՝ քու փեսադ, սրտիդ մէջ անհամբեր սպասելով Անոր Երկրորդ Գալստեան, եւ ինքզինքդ պատրաստես՝ հարսի մը նման:

Տէրոջը Երկրորդ Գալուստը՝ Օդին մէջ

Ա. Թեսաղոնիկեցիս 4.15-16 համարներուն մէջ գրուած է. *«Վասն զի Տէրը Ինք ազդարարութեան հրամանով, հրեշտակապետին ձայնովն ու Աստուծոյ փողովը երկնքէն պիտի իջնէ եւ Քրիստոսով մեռածները առաջ յարութիւն պիտի առնեն: Ետքը մենք ալ, որ ողջ մնացած ենք՝ անոնց հետ պիտի յափշտակուինք ամպերով Տէրոջը առջեւ ելլելու՝ օդին մէջ եւ այնպէս յաւիտեան Տէրոջը հետ պիտի ըլլանք»:*

Երբ Տէրը օդին մէջ վերադառնայ, Աստուծոյ ամէն մէկ զաւակ պիտի փոխուի՝ դառնալով հոգեւոր մարմին մը եւ օդին մէջ պիտի յափշտակուի՝ Տէրը ընդունելու համար: Կան մարդիկ որոնք որոնք փրկուած էին, եւ ապա մեռան: Անոնց մարմինները թաղուած են, բայց իրենց հոգիները Դրախտին մէջ կը սպասեն: Այսպիսի մարդոց համար կ՚ակնարկենք ըսելով թէ անոնք «Տէրոջմով քնացած են»: Անոնց հոգիները պիտի միանան իրենց հոգեւոր մարմիններուն՝ որոնք կերպարանափոխուած էին իրենց հին, թաղուած մարմիններէն: Անոնց պիտի հետեւին անոնք որոնք Տէրը պիտի ընդունին առանց մահ տեսնելու, պիտի փոխուին հոգեւոր մարմիններու, եւ օդին մէջ պիտի յափշտակուին:

Աստուած Օդին մէջ Հարսանեկան Խնճոյք մը Կու տայ

Երբ Տէրը վերադառնայ օդին մէջ, ամէն անձ որ փրկուած է ստեղծագործութեան ատենէն սկսեալ, Տէրը պիտի ընդունի որպէս փեսան: Այս ժամանակ, Աստուած կը սկսի Եօթը-տարուայ Հարսանեկան Խնճոյքը, որպէսզի հանգստացնէ Իր զաւակները, որոնք հաւատքով փրկուած են: Անշուշտ ետքը անոնք վարձատրութիւններ պիտի ստանան երկինքը՝ իրենց գործերուն համար, բայց հիմակուհիմա, տակաւին Աստուած այս խնճոյքը կը սարքէ օդին մէջ, որպէսզի Իր բոլոր զաւակները հանգստացնէ:

Օրինակի համար, եթէ զօրավար մը մեծ յաղթութեամբ վերադառնայ, թագաւորը ի՞նչ կ'ընէ: Անիկա բազմատեսակ վարձատրութիւններ կու տայ այդ զօրաւարին՝ անոր ըրած նշանաւոր ծառայութիւններուն համար: Թագաւորը կրնայ անոր տուն, հող, դրամական վարձատրութիւն տալ, եւ կամ նաեւ հաւաքոյթ մը սարքել որպէսզի հատուցանէ անոր ըրած ծառայութիւններուն փոխարէն:

Նոյն իմաստով, Աստուած Իր զաւակներուն համար տեղ մը կու տայ մնալու, ինչպէս նաեւ վարձատրութիւններ՝ երկնքի մէջ Մեծ Դատաստանի օրէն յետոյ: Սակայն անկէ առաջ, Աստուած նաեւ Հարսանեկան Խնճոյք մը կը սարքէ, որպէսզի թոյլ տայ որ Իր զաւակները լաւ ժամանակ մը անցընեն եւ իրենց ուրախութիւնը բաժնեկցին իրարու հետ: Հակառակ անոր որ այս աշխարհի մէջ Աստուծոյ թագաւորութեան համար ամէն մէկ անձի կատարած գործը տարբեր է, Աստուած այդ խնճոյքը կու տայ նոյնիսկ այն իրողութեան համար որ անոնք փրկուած են:

Ուրեմն ո՞ւր է այն «օդը» որուն մէջ Եօթը-տարուայ Հարսանեկան Խնճոյքը տեղի պիտի ունենայ: Այստեղ «օդը» ըսելով չակնարկեր այն երկնակամարին որը տեսանելի է քու մարմնաւոր աչքերուդ: Եթէ «օդը» միայն պարզապէս այն երկնակամարը ըլլար՝ զոր դուն քու մարմնաւոր աչքերովդ կը տեսնես, ուրեմն այն բոլոր մարդիկը որոնք փրկուած են՝ պէտք է որ խնճոյքը ունենան՝ երկնակամարին վրայ ծփալով: Նաեւ, պէտք է շատ մեծ թիւով մարդիկ ըլլան, որոնք փրկուած են ստեղծագործութենէն իվեր, եւ անոնց բոլորը անշուշտ չեն կրնար երկրի վերեւը՝ երկնակամարին վրայ մնալ:
Անկէ զատ, պէտք է խնճոյքը մանրամասն, շատ լաւ ծրագրուած եւ պատրաստուած ըլլայ, որովհետեւ Աստուած Ինքնին պիտի հայթայթէ զայն Իր զաւակները հանգստացնելու համար: Ուրեմն տեղ մը կայ զոր Աստուած պատրաստած է երկար ատենէ իվեր: Այդ տեղը այն «օդն» է որ Աստուած պատրաստած է Եօթը-տարուայ Հարսանեկան Խնճոյքին համար, եւ այդ տարածութիւնը կը գտնուի Երկրորդ Երկնքին մէջ:

«Օդը» Կը Պատկանի Երկրորդ Երկնքին

Եփեսացիս 2.2 կը խօսի այն ատենին մասին երբ *«Անոնց մէջ ժամանակին կը քալէիք այս աշխարհին բռնած ճամբովը, այս օդին իշխանութեան իշխանին ուզածին պէս, այն ոգիին՝ որ հիմա ապստամբութեան որդիներուն ներսիդին կը ներգործէ»:* Ուստի «օդը» նաեւ տեղ մըն է ուր չար ոգիները իշխանութիւն ունին:
Ամէն պարագայի, այն տեղը ուր Եօթը-տարուայ

Հարսանեկան Խնճոյքը տեղի պիտի ունենայ, եւ այն տեղը ուր չար ոգիները կան՝ նոյնը չեն: Պատճառը որ նոյն արտայայտութիւնը՝ այսինքն «օդը» գործածուած է, որովհետեւ անոնց երկուքն ալ կը պատկանին Երկրորդ Երկնքին: Սակայն նոյնիսկ Երկրորդ Երկինքը առանձին մէկ տարածութիւն չէ, այլ անիկա բաժնուած է կարգ մը շրջաններու: Ուրեմն, այն տեղը ուր Հարսանեկան Խնճոյքը տեղի պիտի ունենայ եւ այն տեղը ուր չար ոգիները կան՝ իրարմէ բաժնուած են:

Աստուած հոգեւոր նոր աշխարհ մը շինեց, որ կը կոչուի Երկրորդ Երկինք, ամբողջ հոգեւոր աշխարհէն բաժին մը առնելով: Յետոյ Աստուած զայն բաժնեց երկու շրջաններու: Մէկը՝ Եդեմն է, որ Աստուծոյ պատկանող լոյսի շրջանն է, իսկ միւսը՝ խաւարի շրջանն է որ Աստուած տուած է չար ոգիներուն:

Եդեմի արեւելեան կողմը, Աստուած պատրաստեց Եդեմի Պարտէզը, ուր կը մնար Ադամ, մինչեւ որ մարդկային մշակումը սկսաւ: Աստուած առաւ Ադամը եւ զայն դրաւ այս Պարտէզին մէջ: Նաեւ, Աստուած խաւարի շրջանը տուած է չար ոգիներուն եւ թոյլ տուած է որ անոնք հոն մնան: Այս խաւարի շրջանը եւ Եդեմը՝ անխտիր կերպով բաժնուած են իրարմէ:

Եօթը-տարուայ Հարսանեկան Խնճոյքին Վայրը

Ուրեմն ո՞ւր պիտի կատարուի Եօթը-տարուայ Հարսանեկան Խնճոյքը: Եդեմի Պարտէզը միայն մաս մըն է Եդեմէն, եւ շատ ուրիշ տարածութիւններ կան Եդեմի մէջ: Այդ տարածութիւններէն մէկուն մէջ Աստուած որոշ տարածութիւն մը հայթայթած է Եօթը-տարուայ Հարսանեկան Խնճոյքին համար:

Այն տեղը ուր Եօթը-տարուայ Հարսանեկան Խնճոյքը տեղի պիտի ունենայ՝ շատ աւելի գեղեցիկ է քան Եդեմի Պարտէզը: Հոն չափազանց գեղեցիկ ծաղիկներ եւ ծառեր կան: Բազմատեսակ գոյներով լոյսեր շողշողուն կերպով կը փայլին, եւ այնպիսի գեղեցիկ եւ մաքուր բնութիւն մը կը պատէ այդ վայրը, որ չկրնար բառերով արտայայտուիլ:

Նաեւ, անիկա չափազանց ընդարձակ է, որովհետեւ բոլոր անոնք որոնք փրկուած են ստեղծագործութենէն իվեր, միասին պիտի ունենան այդ խնճոյքը: Մեծ դղեակ մը կայ հոն, եւ ասիկա բաւական ընդարձակ է այն ամենուն համար՝ որոնք հրաւիրուած են մտնելու խնճոյքին: Խնճոյքը տեղի պիտի ունենայ այս դղեակին մէջ, եւ այնտեղ աներեւակայելիօրէն ուրախ վայրկեաններ պիտի ըլլան: Հիմա, ես կ'ուզեմ քեզ հրաւիրել դղեակը՝ Եօթը-տարուայ Հարսանեկան Խնճոյքին համար: Ես կը յուսամ որ դուն պիտի կարենաս զգալ այն մեծ ուրախութիւնը՝ ըլլալով հարսը՝ Տէրոջը, որ խնճոյքին պատուոյ հիւրն է:

Տէրոջը Հանդիպիլ՝ Փայլուն եւ Գեղեցիկ Վայրին մէջ

Երբ խնճոյքի սրահը հասնիս, պիտի գտնես չափազանց փայլուն սենեակ մը, այնպիսի շողշողուն լոյսերով լեցուն՝ որուն նմանը երբեք տեսած չես: Այնպէս կը զգաս՝ որպէս թէ մարմինդ փետուրներէն աւելի թեթեւ է: Երբ կակուղ կերպով կոխես կանանչ խոտին վրայ, շրջապատը՝ որ սկիզբը տեսանելի չէր սաստիկ փայլուն լոյսերուն պատճառաւ, կը սկսի տեսանելի դառնալ աչքերուդ: Կը տեսնես երկնակամար մը եւ լիճ մը՝ պայծառ ու մաքուր՝ որ կրնայ աչքերդ շլացնել: Այս լիճը այնպէս կը փայլի՝ ինչպէս գոհարեղէնները իրենց գեղեցիկ գոյները կը ցոլացնեն ամէն անգամ որ ջուրը կը ծփծփայ:

Բոլոր չորս կողմերը լեցուն են ծաղիկներով, եւ կանաչ անտառներ կը շրջապատեն ամբողջ շրջանը: Ծաղիկներ ետեւ-առջեւ կը ճօճին այնպէս՝ որպէս թէ քեզ կը բարեւեն եւ կ՛առնես այնպիսի խիտ, գեղեցիկ, եւ անոյշ բուրմունքներ՝ որոնց նմանը երբեք չես հոտոտած անկէ առաջ: Շուտով, բազմազան գոյներով թռչուններ կու գան եւ սիրալիր ընդունելութիւն ցոյց կու տան քեզի՝ իրենց երգերով: Լիճին մէջ, որը այնքան յստակ է՝ որ դուն կրնաս մակերեսէն վար բաներ տեսնել տակը, սքանչելիօրէն գեղեցիկ ձուկեր իրենց գլուխները վեր կը բարձրացնեն եւ բարի գալուստ կը մաղթեն քեզի:

Նոյնիսկ խոտը որուն վրայ կը կենաս, բամպակի նման կակուղ է: Հովը, որ քու հագուստներդ մեղմօրէն կը թափահարէ, քնքշօրէն կը շրջապատէ քեզ: Այդ վայրկեանին, զօրաւոր լոյս մը կու գայ աչքերուդ եւ դուն կը տեսնես անձ մը՝ որ կեցած է այդ լոյսին մէջտեղը:

Տէրը Կ՛ողջագուրէ Քեզ, Ըսելով. «Ով Իմ Հարսս, Ես Կը Սիրեմ Քեզ»

Մեղմ ժպիտ մը Իր դէմքին, Ան կը կանչէ քեզ որ յառաջանաս դէպի Իրեն, Իր բազուկները լայն բացած: Երբ դուն Իր քով կ՛ըլլես, Իր դէմքը յստակօրէն տեսանելի կը դառնայ: Առաջին անգամ ըլլալով դուն կը տեսնես Իր դէմքը, բայց շատ լաւ գիտես թէ ով է Ան: Անիկա Տէր Յիսուսն է, քու փեսադ, որուն դուն կը սիրես եւ երկար ատենէ իվեր կարօտը ունէիր զինք տեսնելու: Այս վայրկեանին, արցունքները կը սկսին հոսիլ այտերէդ: Դուն չես կրնար արցունքներ թափելէ դադրիլ, որովհետեւ կը յիշես այն ժամանակները երբ դուն երկրի վրայ կը մշակուէիր:

Հիմա դուն դէմ առ դէմ կը տեսնես Տէրը՝ որուն միջոցաւ դուն կրնայիր յաղթել աշխարհի մէջ, նոյնիսկ ամենէն դժուար պարագաներու մէջ երբ դուն բազմաթիւ հալածանքներ եւ փորձութիւններ կը դիմագրաւէիր: Տէրը քեզի կու գայ, Իր կուրծքին կը սեղմէ քեզ, եւ կ'ըսէ քեզի. «Ով իմ հարսս, Ես քեզի կը սպասէի այս օրուան համար: Ես կը սիրեմ քեզ»:

Այս լսելով, դուն աւելի շատ արցունքներ կը թափես: Յետոյ Տէրը մեղմօրէն կը սրբէ քու արցունքներդ եւ աւելի պինդ կը սեղմէ քեզ: Երբ կը նայիս Իր աչքերուն, դուն կրնաս զգալ Իր սիրտը որ կ'ըսէ. «Ես ամէն բան գիտեմ քու մասիդ: Ես գիտեմ քու բոլոր արցունքներդ եւ ցաւերդ: Այլեւս միայն ուրախութիւն եւ ցնծութիւն պիտի ըլլայ ասկէ յետոյ»:

Ո՜րքան ատենէ իվեր դուն ամենայն կարօտով կը սպասէիր այս վայրկեանին: Երբ Իր բազուկներուն մէջն ես, դուն ծայրայեղ խաղաղութեան մէջ կ'ըլլաս եւ ցնծութիւնն ու առատութիւնը կը պարուրեն քու ամբողջ մարմինդ:

Հիմա կրնաս լսել քնքուշ, խորունկ, եւ գեղեցիկ փառաբանութեան ձայն մը: Յետոյ, Տէրը քու ձեռքդ կը բռնէ եւ քեզ կ'առաջնորդէ այն տեղը՝ ուրկէ այդ փառաբանութիւնը կու գայ:

Հարսանեկան Խնճոյքի Սրահը Լեցուն է Գոյնզգոյն Լոյսերով

Վայրկեան մը ետք, կը տեսնես հոյակապ, փայլուն դղեակ մը, որ չափազանց շքեղ եւ գեղեցիկ է: Երբ կենաս դղեակին մուտքի մեծ դրան առջեւ, անիկա մեղմօրէն կը բացուի եւ փայլուն լոյսեր դուրս կու գան դղեակէն: Երբ Տէրոջը հետ դղեակ մտնես, կարծես լոյսէն ներս քաշուելով, հոն այնպիսի մեծ սրահ մը կայ որ չես կրնար անոր վերջաւորութիւնը տեսնել: Սրահը զարդարուած է գեղեցիկ զարդերով եւ առարկաներով, եւ լեցուն է գոյնզգոյն ու փայլուն լոյսերով:

Հիմա փառաբանութիւններու հնչիւնը աւելի եւս կը յստականայ, եւ մեղմօրէն կը պարուրէ ամբողջ սրահին շուրջը: Վերջապէս, Տէրը կը յայտարարէ Հարսանեկան Խնճոյքին սկիզբը՝ հնչեցնող ձայնով: Եօթը-տարուայ Հարսանեկան Խնճոյքը կը սկսի, եւ այնպէս կը թուի թէ այս դէպքը քու երազիդ մէջ է որ տեղի կ՚ունենայ:

Արդեօք կը զգա՞ս այս պահու ուրախութիւնը: Անշուշտ ոչ ամէն անձ որ խնճոյքի մէջ է կրնայ Տէրոջը հետ ըլլալ այս ձեւով: Միայն որակեալ եղողները կրնան այսքան մօտէն հետեւիլ Տէրոջը եւ ողջագուրուիլ Իր կողմէն:

Ուրեմն, դուն պէտք է ինքզինքդ պատրաստես որպէս հարս, եւ Աստուածային բնութեան մասնակից դառնաս: Ամէն պարագայի, նոյնիսկ եթէ բոլոր մարդիկը չեն կրնար Տէրոջը ձեռքը բռնել, անոնք նոյն ուրախութիւնը եւ լեցունութիւնը պիտի զգան:

Ուրախ Վայրկեաններ Վայելել՝ Երգելով եւ Պարելով

Մէյ մը որ Հարսանեկան Խնճոյքը սկսի, կ'երգես ու կը պարես Տէրոջը հետ, Հայր Աստուծոյ անունը հռչակելով: Դուն կը պարես Տէրոջը հետ, կը խօսիս երկրի վրայ անցուցած ժամանակներուդ մասին, կամ երկնքի մասին՝ ուր պիտի ապրիս:

Նաեւ, կը խօսիս Աստուծոյ՝ Հօրը սիրոյն մասին, եւ Զինք կը փառաբանես: Դուն կրնաս հրաշալի խօսակցութիւններ ունենալ անոնց՝ որոնց հետ ուզած ես բլլալ երկար ատենէ իվեր:

Մինչ կը վայելես պտուղը՝ որ բերնիդ մէջ կը հալի, եւ կը խմես Կենաց Ջուրը՝ որ կը հոսի Հօրը Աթոռէն, խնճոյքը քաղցրօրէն կը շարունակուի: Ամէն պարագայի, դուն պէտք չունիս դղեակին մէջ մնալու այդ ամբողջ եօթը տարուայ միջոցին մէջ: Ատեն-ատեն կրնաս դղեակէն դուրս ելլել եւ հաճոյալի պահեր անցընել:

Ուրեմն, ի՞նչ են այն կարգ մը ուրախ գործունէութիւնները եւ կարեւոր դէպքերը որոնք դղեակէն դուրս քեզի կը սպասեն: Դուն կրնաս ժամանակ ունենալ վայելելու գեղեցիկ բնութիւնը՝ ընկերանալով անտառներու, ծառերու, ծաղիկներու, եւ թռչուններու հետ: Դուն կրնաս քու սիրած անձերուդ հետ միասին քալել ճամբաներուն վրայ՝ որոնք զարդարուած են շատ գեղեցիկ ծաղիկներով, անոնց հետ խօսիլ, կամ երբեմն ալ Տէրը փառաբանել՝ երգելով ու պարելով: Նաեւ, շատ բաներ կան զոր կրնաս վայելել՝ մեծ բացօդեայ տեղերու մէջ: Օրինակի համար, մարդիկ կրնան նաւարկել լիճին վրայ՝ սիրելիներու հետ միասին, կամ Ինքնին Տէրոջը հետ: Դուն կրնաս լողալու երթալ, կամ բազմատեսակ զուարճութիւններ եւ խաղեր վայելել: Շատ բաներ, որոնք աներեւակայելի ցնծութիւն եւ հաճոյք կը պատճառեն քեզի, հայթայթուած են Աստուծոյ մանրամասն խնամքով եւ սիրով:

Եօթը-տարուայ Հարսանեկան խնձոյքին ընթացքին ոչ մէկ լոյսի հոսանք երբեւիցէ կը կեցուի: Անշուշտ Եդեմը լոյսի շրջան մըն է եւ գիշեր չկայ հոն: Եդեմի մէջ, դուն պէտք չունիս քնանալու եւ հանգչելու, ինչպէս որ երկրի վրայ կ'ընես: Որքան ալ երկար վայելես, բնաւ չես յոգնիր, այլ ընդհակառակը՝ աւելի եւս հաճոյք կ'առնես եւ ուրախ կը զգաս:

Ասոր համար է որ դուն չես զգար ժամանակի հոսքը, եւ եօթը տարիները կ'անցնին եօթը օրուայ պէս, կամ նոյնիսկ եօթը ժամուայ պէս: Նոյնիսկ եթէ քու ծնողներդ, զաւակներդ, կամ քոյր-եղբայրներդ վեր չէին առնուած եւ որոնք կը տառապին Մեծ Նեղութենէն, ժամանակը այնքան արագ կ'անցնի՝ ցնծութեամբ եւ ուրախութեամբ, որ դուն նոյնիսկ չես կրնար անոնց մասին մտածել:

Աւելի Եւս Շնորհակալութիւն Յայտնել՝ Փրկուած Ըլլալուդ Համար

Եդեմի Պարտէզի մարդիկը եւ Հարսանեկան Խնձոյքի հիւրերը կրնան զիրար տեսնել, բայց չեն կրնար իրարու քով երթալ-գալ: Նաեւ, չար ոգիները կրնան տեսնել Հարսանեկան Խնձոյքը եւ դուն ալ նոյնպէս կրնաս տեսնել զիրենք: Անշուշտ չարերը նոյնիսկ չեն կրնար խորհիլ մօտենալու խնձոյքին վայրը, բայց տակաւին դուն կրնաս տեսնել զիրենք: Տեսնելով խնձոյքը եւ հիւրերուն ուրախութիւնը, չար ոգիները մեծ ցաւով կը տառապին: Անոնց համար անտանելի ցաւ մըն է՝ մէկ հոգի աւելի չկարենալ դժոխք տանիլը եւ մարդիկը ձգելու Աստուծոյ՝ որպէս Իր զաւակները:

Յարաբերաբար, նայելով չար ոգիներուն, կը յիշես թէ ինչպէս անոնք կը փորձէին քեզ յափշտակել՝ մռնչող առիւծի մը նման, մինչ դուն կը մշակուէիր երկրի վրայ:

Այն ատեն դուն աւելի մեծ շնորհակալութեամբ կը լեցուիս Հայր Աստուծոյ, Տէրոջը, եւ Սուրբ Հոգիին տուած շնորհիքին համար, որ քեզ պաշտպանած էր խաւարի զօրութենէն եւ քեզ առաջնորդած էր Աստուծոյ զաւակ դառնալու: Նաեւ, աւելի եւս շնորհակալ կ'ըլլաս անոնցմէ՝ որոնք օգնեցին քեզի որպէսզի կեանքի ճամբան հետեւիս:

Ուստի Եօթը-տարուայ Հարսանեկան Խնճոյքը ոչ միայն հանգստանալու եւ մխիթարուելու ժամանակ մըն է՝ երկրի վրայ մշակուելու ցաւին համար, այլ նաեւ անիկա ժամանակ մըն է յիշելու երկրի վրայ մեր անցուցած ժամանակներուն մասին, եւ աւելի եւս շնորհակալ ըլլալու Աստուծոյ սիրոյն համար:

Նաեւ, դուն կը մտածես երկնքի յաւիտենական կեանքին մասին, որ շատ աւելի երջանիկ եւ ուրախ պիտի ըլլայ քան Եօթը-տարուայ Հարսանեկան Խնճոյքը: Երկնքի ուրախութիւնը չկրնար բաղդատուիլ Եօթը-տարուայ Հարսանեկան Խնճոյքին հետ:

Եօթը-տարուայ Մեծ Նեղութիւնը

Մինչ հարսանեկան ուրախ խնճոյքը տեղի կ'ունենայ օդին մէջ, Եօթը-տարուայ Մեծ Նեղութիւնը տեղի կ'ունենայ երկրի վրայ: Մեծ Նեղութեան տեսակին եւ անոր չափազանց մեծ ծաւալին պատճառաւ, որուն նմանը երբեք եղած չէ եւ ոչ ալ պիտի ըլլայ, երկրին մեծ մասը կը քանդուի եւ մնացած մարդոց մեծ մասը կը մեռնին:

Անշուշտ անոնցմէ մի քանին կը փրկուին այսպէս կոչուած «հասկաքաղի փրկութեամբ»: Շատեր պիտի մնան երկրի վրայ՝ Տէրոջը Երկրորդ Գալուստէն ետք, որովհետեւ անոնք բնաւ չհաւատացին, եւ կամ օրինաւոր ձեւով չհաւատացին: Սակայն տակաւին, երբ ապաշխարեն Եօթը-տարուայ Մեծ Նեղութեան ընթացքին եւ նահատակներ դառնան, անոնք կրնան փրկուիլ: Ասիկա կը կոչուի «հասկաքաղի փրկութիւնը»:

Ամէն պարագայի, Եօթը-տարուայ Մեծ Նեղութեան ընթացքին նահատակ դառնալը դիւրին չէ: Նոյնիսկ եթէ իրենք սկիզբը որոշեն նահատակ դառնալ, անոնց մեծամասնութիւնը վերջաւորութեան պիտի ուրանան Տէրը, վայրագ չարչարանքներուն եւ հալածանքներուն պատճառաւ, որոնք պիտի տրուին Նեռին կողմէ, որ կը ստիպէ զիրենք ընդունելու «666 նշանը»:

Սովորաբար անոնք ուժգին կերպով կը մերժեն այդ նշանը ընդունիլ, որովհետեւ մէյ մը որ ստանան զայն, գիտեն թէ իրենք Սատանային պիտի պատկանին: Սակայն տակաւին, բնաւ դիւրին չէ կրել այն բոլոր տանջանքները որոնք կ՚ընկերանան ծայրայեղ ցաւերու հետ:

Երբեմն, նոյնիսկ եթէ մէկը կարենայ յաղթահարել այդ տանջանքները, շատ աւելի դժուար է դիտել իր սիրելի ընտանիքի անդամները՝ որոնք կը տանջուին: Ասոր համար է որ շատ դժուար է փրկուիլ այս «հասկաքաղի փրկութեամբ»: Աւելին, որովհետեւ այս ժամանակ մարդիկ որեւէ օգնութիւն չեն կրնար ստանալ Սուրբ Հոգիէն, նոյնիսկ աւելի եւս դժուար է հաւատքը պահելը:

Ուրեմն, ես կը յուսամ որ ընթերցողներէն ոչ մէկը պիտի դիմագրաւէ Եօթը-տարուայ Մեծ Նեղութիւնը: Պատճառը՝ որ ես կը բացատրեմ Եօթը-տարուայ Մեծ Նեղութեան մասին այն է, որպէսզի ձեզի թոյլ տամ գիտնալու թէ ժամանակաշրջանի վերջանալուն մասին Աստուածաշունչին մէջ արձանագրուած դէպքերը արդէն կը կատարուին եւ անոնք ճշգրտօրէն պիտի կատարելագործուին:

Ուրիշ պատճառ մը նաեւ անոնց համար է՝ որոնք երկրի վրայ պիտի մնան Աստուծոյ զաւակներուն օդին մէջ յափշտակուելնէն ետքը: Մինչ ճշմարիտ հաւատացեալներ օդին մէջ կ'ըլլեն եւ Եօթը-տարուայ Հարսանեկան Խնճոյքը կ'ունենան, Եօթը-տարուայ ողորմելի Մեծ Նեղութիւնը տեղի կ'ունենայ երկրի վրայ:

Նահատակները Կը Ստանան «Հասկաքաղի Փրկութիւն»

Օդին մէջ Տէրոջը վերադառնալէն ետք, անոնք որոնք պիտի չյափշտակուին օդին մէջ, անոնց միջեւ պիտի ըլլան կարգ մը մարդիկ՝ որոնք պիտի զղջան Յիսուս Քրիստոսի մէջ իրենց ունեցած անտեղի հաւատքին համար, եւ պիտի ապաշխարեն:

Այն ինչ որ մարդոց կ'առաջնորդէ «հասկաքաղի փրկութեան»՝ Աստուծոյ Խօսքն է որ պիտի քարոզուի եկեղեցիին կողմէ, որ ժամանաշրջանի վերջաւորութեան մեծապէս ցոյց պիտի տայ Աստուծոյ զօրութեան գործերը: Անոնք կը սկսին գիտնալ թէ ի՞նչպէս պէտք է փրկուին, թէ ի՞նչ տեսակի դէպքեր պիտի բացատրուին, եւ թէ ի՞նչպէս պէտք է հակազդեն աշխարհի դէպքերուն՝ որոնք մարգարէացուած են Աստուծոյ Խօսքին միջոցաւ:

Ուրեմն պիտի ըլլան կարգ մը մարդիկ՝ որոնք իսկապէս պիտի ապաշխարեն Աստուծոյ առջեւ եւ պիտի փկրուին՝ նահատակներ դառնալով: Անիկա այսպէս կոչուած՝ «հասկաքաղի փրկութիւն»ն է: Անշուշտ այսպիսի մարդոց միջեւ Իսրայէլացիներ ալ կան: Անոնք պիտի սկսին գիտնալ «Խաչին Պատգամը» եւ պիտի անդրադառնան որ Յիսուսը, որուն չէին ճանչցած որպէս Մեսիան, ճշմարտապէս Աստուծոյ Որդին է եւ մարդկութեան Փրկիչը: Յետոյ անոնք պիտի ապաշխարեն եւ մաս պիտի կազմեն «հասկաքաղի փրկութեան»: Անոնք պիտի հաւաքուին որպէսզի իրենց հաւատքը աճեցնեն միասին, եւ անոնցմէ մի քանի պիտի ճանչնան Աստուծոյ սիրտը եւ նահատակներ պիտի դառնան՝ փրկուելու համար:

Այսպէս, գրութիւններ, որոնք յստակօրէն կը բացատրեն Աստուծոյ Խօսքը, ոչ միայն օգտակար են աւելցնելու շատ մը հաւատացեալներու հաւատքը, այլ նաեւ անոնք շատ կարեւոր դեր կը կատարեն անոնց համար՝ որոնք չեն յափշտակուած օդին մէջ: Ուրեմն, դուն պէտք է անդրադառնաս Աստուծոյ հրաշալի սիրոյն եւ ողորմութեան, որ ամէն բան հայթայթած է անոնց համար՝ որոնք տակաւին պիտի փրկուին, նոյնիսկ օդին մէջ Տէրոջը Երկրորդ Գալուստէն ետք:

2. Հազարամեակը

Հարսերը որոնք աւարտած են Եօթը-տարուայ

Հարսանեկան Խնճոյքը, պիտի գան վար՝ դէպի երկիր, եւ Տէրոջը հետ միասին հազար տարի պիտի թագաւորեն (Յայտնութիւն 20.4)։ Երբ Տէրը դարձեալ երկիր գայ, Ան պիտի մաքրէ երկիրը։ Սկիզբը Անիկա օդը պիտի մաքրէ եւ յետոյ բոլոր բնութիւնը պիտի գեղեցկացնէ։

Այցելել Նոր Մաքրուած Ամբողջ Երկրին Շուրջը

Ճիշդ ինչպէս որ նոր ամուսնացած զոյգ մը մեղրալուսինի կ'երթան, դուն ալ պտոյտներ պիտի ընես Տէրոջը՝ քու փեսայիդ հետ՝ Հազարամեակի ատեն, Եօթը-տարուայ Հարսանեկան Խնճոյքի ընթացքին։ Ուրեմն ամենէն աւելի դուն ո՞ւր պիտի ուզես այցելել։

Աստուծոյ զաւակները, Տէրոջը հարսերը, պիտի ուզեն երկիր այցելել՝ հոս-հոն, որովհետեւ անոնք շուտով պիտի ստիպուին ձգել զայն։ Հազարամեակէն ետք Աստուած Առաջին Երկնքին մէջ գտնուող ամէն բաները պիտի փոխադրէ, ինչպէս երկիրը, ուր մարդկային մշակումը տեղի ունեցաւ, նաեւ արեւն ու լուսինը՝ դէպի ուրիշ տարածութիւն մը։

Ուրեմն, Եօթը-տարուայ Հարսանեկան Խնճոյքէն ետք, Հայր Աստուած գեղեցիկ ձեւով պիտի բարենորոգէ երկիրը եւ թոյլ պիտի տայ որ անոր վրայ հազար տարի թագաւորէք Տէրոջը հետ միասին, երկիրը իր տեղէն վերցնելէն առաջ։ Ասիկա նախապէս ծրագրուած ընթացք մըն է Աստուծոյ նախասահմանութեան մէջ, որ ամէն բաները ստեղծեց երկնքի մէջ եւ երկրի վրայ վեց օրուայ ընթացքին, եւ եօթներորդ օրը հանգչեցաւ։ Նաեւ ձեզի համար, որ դուք տխուր չզգաք երկիրը ձգելնուդ համար, թոյլ տալով որ Տէրոջը հետ երկրի վրայ թագաւորէք հազար տարի։ Նաեւ, դուք հաճոյալի ժամանակ պիտի վայելէք՝ Տէրոջը հետ թագաւորելով հազար տարի՝ այս գեղեցիկ ձեւով բարենորոգուած երկրին վրայ: Այցելելով այն բոլոր տեղերը որ չես գտնուած առաջ՝ մինչ երկրի վրայ կ՚ապրէիր, դուն կրնաս զգալ այն ուրախութիւնը եւ ցնծութիւնը որ անկէ առաջ բնաւ չես զգացած:

Հազար Տարի Թագաւորել

Այս ժամանակաշրջանին, թշնամի Սատանան ու Բանսարկուն, այն առաջին օձը՝ չկայ: Ճիշդ Եդեմի Պարտէզի մէջ եղող կեանքին նման, հոն միայն խաղաղութիւն եւ հանգստութիւն պիտի ըլլայ՝ շատ հանգստաւէտ միջավայրերու մէջ: Նաեւ, անոնք որոնք փրկուած են՝ Տէրոջը հետ պիտի մնան երկրի վրայ, բայց անոնք պիտի չբնակին մարմնաւոր մարդոց հետ որոնք վերապրեցան Մեծ Նեղութեան շրջանը: Փրկուած մարդիկը եւ Տէրը՝ առանձին տեղ մը պիտի բնակին՝ թագաւորական պալատի մը կամ դղեակի մը նման: Այլ խօսքով, հոգեւորները պիտի բնակին դղեակին մէջ, իսկ մարմնաւորները պիտի բնակին դղեակէն դուրս, որովհետեւ հոգեւոր եւ մարմնաւոր մարմինները չեն կրնար իրարու հետ միասին մնալ մէկ տեղի մէջ:

Հոգեւոր մարդիկը արդէն փոխուած պիտի ըլլան՝ վերածուելով հոգեւոր մարմիններու, եւ յաւիտենական կեանք պիտի ունենան: Ուստի անոնք կրնան ապրիլ հոտոտալով անուշահոտ բոյրեր, ինչպէս՝ ծաղիկներու բոյրը, բայց երբեմն ալ անոնք կրնան նաեւ ուտել մարմնաւոր մարդոց հետ միասին՝ երբ իրարու հետ ըլլան: Այսուհանդերձ, նոյնիսկ եթէ ուտեն, անոնք չեն արտաքսեր մարմնաւոր մարդոց նման: Նոյնիսկ եթէ մարմխաւոր կերակուր ուտեն, զայն կը լուծեն օդին մէջ՝ շունչին միջոցաւ:

Մարմնաւոր մարդիկը պիտի կեդրոնանան թիւով շատնալու վրայ, որովհետեւ շատ վերապրողներ պիտի չըլլան հոն՝ Եօթը-տարուայ Մեծ Նեղութենէն ետքը: Այս ժամանակ, հիւանդութիւններ կամ չարութիւն պիտի չըլլան, որովհետեւ օդը մաքրուած է եւ թշնամի Սատանան ու Բանսարկուն, որ չարութեան վրայ կը հսկէ, բանտարուած պիտի ըլլայ դժոխքի անդունդին մէջ, եւ մարդկային բնութեան մէջ եղող անարդարութիւնն ու չարութիւնը ազդեցութիւն պիտի չունենան (Յայտնութիւն Յովհաննու 20.3): Նաեւ, որովհետեւ այլեւս մահ պիտի չըլլայ, երկիրը դարձեալ պիտի լեցուի բազում մարդոցմով:

Ուրեմն այն ատեն մարմնաւոր մարդիկը ի՞նչ պիտի ուտեն: Երբ Ադամ եւ Եւա Եդեմի Պարտէզին մէջ կ՚ապրէին, անոնք միայն պտուղներ եւ սերմ-տուող բոյսեր կ՚ուտէին (Ծննդոց 1.29): Երբ Ադամ ու Եւա անհնազանդ գտնուեցան Աստուծոյ եւ Եդեմի Պարտէզէն դուրս վռնտուեցան, անոնք սկսան դաշտին խոտը ուտել (Ծննդոց 3.18): Նոյի ջրհեղեղէն ետք, աշխարհ աւելի եւս չար դարձաւ եւ Աստուած թոյլ տուաւ որ մարդիկ միս ուտեն: Աիաւասիկ կը տեսնես թէ որքան աւելի չարացաւ աշխարհը, այնքան աւելի գէշ եղաւ այն կերակուրը զոր մարդիկ կերան:

Հազարամեակի շրջանին, մարդիկ դաշտի բերքը կամ ծառերու պտուղներ պիտի ուտեն: Անոնք որեւէ միս պիտի չուտեն, ճիշդ ինչպէս որ Նոյի ջրհեղեղէն առաջ կ՚ընէին, որովհետեւ այն ատեն չարութիւն եւ սպանութիւն պիտի չըլլայ: Նաեւ, որովհետեւ Մեծ

Ներութեան ընթացքին բոլոր քաղաքակրթութիւնները պիտի քանդուին պատերազմներու պատճառաւ, մարդիկ պիտի վերադառնան կեանքի նախնական ձեւին, եւ պիտի շատնան թիւով երկրին վրայ՝ զոր Տէրը բարենորոգած է: Անոնք բոլորովին նոր պիտի սկսին մաքուր բնութեան մէջ, որ ապականած չէ, եւ գեղեցիկ է ու խաղաղութեամբ լեցուն:

Ասկէ զատ, հակառակ որ անոնք այսպիսի յառաջացած քաղաքակրթութեան փորձառութիւնը ունեցած էին Մեծ Ներութենէն առաջ եւ գիտութիւն ունէին, այսօրուայ արդի քաղաքակրթութիւնը չկրնար իրագործուիլ մէկ կամ երկու հարիւր տարուայ մէջ: Այսուհանդերձ, մինչ ժամանակը կ՚անցնի եւ մարդիկ իրենց իմաստութիւնը կը հաւաքեն, անոնք Հազարամեակի վերջաւորութեան կարող կ՚ըլլան իրագործելու այսօրուայ մակարդակի վրայ եղող քաղաքակրթութիւն մը:

3. Դատաստանի Օրէն Ետք Երկինքը Կը Տրուի որպէս Հատուցում

Հազարամեակէն ետք, Աստուած կարճ ժամանակ մը ազատ պիտի արձակէ թշնամի Սատանան եւ Բանսարկուն, որ բանտարկուած էր դժոխքի անդունդին մէջ (Յայտնութիւն Յովհաննու 20.1-3): Հակառակ որ Տէրը Ինքնին կը թագաւորէ երկրի վրայ, որպէսզի Մեծ Ներութենէն վերապրող մարմնաւոր մարդիկը եւ անոնց յաջորդող սերունդները յաւիտենական փրկութեան առաջնորդէ, բայց անոնց հաւատքը ճշմարիտ չէ: Ուստի Աստուած թոյլ կու տայ որ թշնամի Սատանան եւ Բանսարկուն փորձութեան ենթարկէ զիրենք:

Մարմնաւոր մարդոցմէ շատերը պիտի խաբուին թշնամի Սատանայէն եւ կործանումի ճամբան պիտի երթան (Յայտնութիւն 20.8): Ուստի Աստուծոյ մարդիկը դարձեալ պիտի անդրադառնան թէ ի՞նչու համար Աստուած դժոխքը պէտք էր շինէր, նաեւ անոնք պիտի անդրադառնան Աստուծոյ մեծ սիրոյն որով Ան կ՚ուզէ ճշմարիտ զաւակներ շահիլ մարդկային մշակման միջոցաւ:

Չար ոգիները, որոնք կարճ ժամանակ մը ազատ արձակուած էին, դարձեալ պիտի դրուին դժոխքի անդունդը, եւ Ճերմակ Աթոռին Մեծ Դատաստանը տեղի պիտի ունենայ (Յայտնութիւն 20.12): Ուրեմն ի՞նչպէս պիտի կատարուի Ճերմակ Աթոռին Մեծ Դատաստանը:

Աստուած Կը Նախագահէ Ճերմակ Աթոռի Դատաստանին Վրայ

1982-ի Յուլիսին, մինչ կ՚աղօթէի եկեղեցի մը սկսելու համար, ես սկսայ մանրամասնութեամբ իմանալ Ճերմակ Աթոռի Մեծ Դատաստանին մասին: Աստուած ինծի ցոյց տուաւ տեսարան մը՝ ուր Աստուած ամէն ոք կը դատէ: Հայր Աստուծոյ Աթոռին առջեւ կը կենային Տէրը եւ Մովսէսը, իսկ Աթոռին շուրջ կային մարդիկ՝ որոնք դատական կազմի դերը կը կատարէին:

Այս աշխարհի դատաւորներէն բոլորովին տարբեր, Աստուած կատարեալ է եւ սխալներ չըներ: Սակայն Ան տակաւին կը դատէ Տէր Յիսուսի հետ միասին, որ կը ծառայէ որպէս սիրոյ փաստաբան, Մովսէսի հետ՝ որպէս օրէնքի դատատէր, եւ ուրիշ մարդոց՝ որպէս դատական կազմի անդամներ: Յայտնութիւն 20.11-15 ճշգրտօրէն կը նկարագրէ թէ Աստուած ինչպէս պիտի դատէ:

> *Մեծ ճերմակ աթոռ մը տեսայ, որուն վրայ Մէկը նստած էր: Անոր երեսէն երկիր ու երկինք փախան ու տեղ չգտնուեցաւ անոնց: Տեսայ պզտիկ ու մեծ մեռելներ որոնք Աստուծոյ առջեւ կայնած էին: Գրքերը բացուեցան եւ ուրիշ գիրք մըն ալ բացուեցաւ, այսինքն կեանքի գիրքը եւ գրքերուն մէջ գրուած մեռելները դատուեցան իրենց գործերուն համեմատ: Եւ ծովը իր մէջի մեռելները տուաւ ու մահը եւ դժոխքը իրենց մէջի մեռելները տուին: Ամէն մէկը իր գործերուն համեմատ դատուեցաւ: Եւ մահը ու դժոխքը կրակի լիճին մէջ ձգուեցան: Ասիկա է երկրորդ մահը: Եւ ով որ կեանքի գրքին մէջ գրուած չգտնուեցաւ, կրակի լիճին մէջ ձգուեցաւ:*

«Մեծ ճերմակ աթոռը» այստեղ կ՝ակնարկէ Աստուծոյ Աթոռին, որ դատաւորն է: Աստուած, որ նստած է աթոռին վրայ՝ որ այնքան փայլուն է որ «ճերմակ» կ՝երեւնայ, վերջնական դատաստանը պիտի կատարէ՝ սիրով եւ արդարութեամբ, որպէզի յարդը, ո՛չ թէ ցորենը, դժոխք ղրկէ:

Այս պատճառով է որ երբեմն անիկա կը կոչուի՝ Ճերմակ Աթոռին Մեծ Դատաստանը: Աստուած ճշգրտօրէն պիտի դատէ «կեանքի գիրքին» համեմատ, որ կ՝արձանագրէ փրկուածներուն անունները, եւ ուրիշ գիրքերու՝ որոնք կ՝արձանագրեն ամէն մէկ անձի կատարած գործերը:

Չփրկուածները Դժոխք Պիտի Իյնան

Աստուծոյ Աթոռին առջեւ ոչ միայն կեանքի գիրքը կայ, այլ նաեւ կան ուրիշ գիրքեր, որոնք կ՚արձանագրեն ամէն մէկ անձի կատարած բոլոր գործերը, անոր՝ որ չընդունեց Տէրը, եւ կամ ճշմարիտ հաւատք չունեցաւ (Յայտնութիւն 20.12)։

Այն վայրկեանէն որ մարդիկ ծնան, մինչեւ այն վայրկեանը որ Տէրը իրենց հոգիները կանչեց, ամէն մէկ պարզ գործ արձանագրուած է այս գիրքերուն մէջ։ Օրինակի համար, բարի գործեր գործելը, մէկու մը դէմ երդում ընելը, մէկու մը զարնելը, կամ մարդոց վրայ զայրանալը, բոլորն ալ արձանագրուած են հրեշտակներուն ձեռքով։

Ճիշդ ինչպէս որ դուն կրնաս որոշ խօսակցութիւններ կամ դէպքեր արձանագրել եւ երկար ատեն պահպանել զանոնք՝ տեսաերիզի կամ ձայներիզի արձանագրութեան միջոցաւ, հրեշտակները կը գրեն եւ կ՚արձանագրեն բոլոր վիճակները երկնքի գիրքերուն մէջ, ամենակարող Աստուծոյ հրամանով։ Այսպէս, Ճերմակ Աթոռին Մեծ Դատաստանը տեղի պիտի ունենայ ճշգրտօրէն՝ առանց որեւէ սխալի։ Ուրեմն ի՞նչպէս պիտի գործադրուի դատաստանը։

Սկիզբը չփրկուածները պիտի դատուին։ Այս մարդիկը չեն կրնար Աստուծոյ առջեւ գալ դատուելու, որովհետեւ անոնք մեղաւորներ են։ Անոնք միայն Անդունդին մէջ պիտի դատուին, որ դժոխքի Սպասման Վայրն է։ Հակառակ որ անոնք Աստուծոյ առջեւ չեն գար, դատաստանը պարզապէս խստօրէն պիտի գործադրուի, որպէս թէ անոնք տեղի կ՚ունենար իկա Ինքնին Աստուծոյ առջեւ։

Մեղաւորներուն միջեւ, Աստուած առաջ պիտի դատէ անոնք՝ որոնց մեղքերը աւելի ծանր են։ Բոլոր չփրկուածներուն դատաստանը բլլալէն ետք, անոնք բոլորն ալ ամբողջութեամբ պիտի երթան կամ կրակէ լիճին մէջ, եւ կամ ալ այրող ծծումբի լիճին մէջ եւ յաւիտենապէս պիտի պատժուին։

Փրկուածները Վարձատրութիւններ Կը Ստանան Երկինքը

Երբ չփրկուածներուն դատաստանը այս կերպով կ՝ամբողջանայ, անոր պիտի յաջորդէ փրկուածներուն վարձատրութիւններու դատաստանը։ Ինչպէս խոստացուած է Յայտնութիւն 22.12-ի մէջ. *«Ահա Ես շուտով կու գամ եւ Իմ վարձքս Ինծի հետ է՝ ամէն մէկուն իր գործին համեմատ հատուցանելու»*, երկնքի մէջ տեղերն ու վարձատրութիւնները անոր համեմատ պիտի սահմանուին։

Վարձատրութիւններուն համար դատաստանը տեղի պիտի ունենայ խաղաղութեամբ՝ Աստուծոյ առջեւ, որովհետեւ անիկա Աստուծոյ զաւակներուն համար է։ Վարձատրութիւններու դատաստանը կը յառաջանայ սկսելով անոնցմէ՝ որոնք ամենէն մեծ եւ առաւելագոյն վարձատրութիւնները պիտի ստանան, մինչեւ անոնց՝ որոնք նուազագոյն վարձատրութիւնները պիտի ստանան, եւ յետոյ Աստուծոյ զաւակները պիտի մտնեն իրենց մասնայատուկ տեղերը։

Հոն ա՛լ գիշեր պիտի չըլլայ եւ ճրագ ու արեւու լոյս պէտք չէ. քանզի Տէր Աստուած պիտի լուսաւորէ զանոնք եւ յաւիտեանս յաւիտենից պիտի թագաւորեն (Յայտնութիւն 22.5)։

Հակառակ այս աշխարհի մէջ գտնուող բազմաթիւ տաժանքներուն եւ դժուարութիւններուն, որքան ուրախալի է քեզի, որովհետեւ դուն երկնքի յոյսը ունիս... Այնտեղ, դուն Տէրոջը հետ պիտի ապրիս յաւիտեան՝ միայն ուրախութեամբ եւ ցնծութեամբ, բայց առանց արցունքներու, վիշտի, ցաւի, հիւանդութեան կամ մահուան։

Ես միայն շատ քիչ բան նկարագրած եմ Եօթը-տարուայ Հարսանեկան Խնճոյքին եւ Հազարամեակին մասին, որուն ընթացքին դուք պիտի թագաւորէք Տէրոջը հետ։ Երբ այս ժամանակները, որոնք միայն ներածականն են երկնքի կեանքին, այնքան ուրախ են, ո՞րքան աւելի ուրախ եւ ցնծալի պիտի ըլլայ կեանքը երկնքի մէջ։ Ուրեմն, դուն պէտք է վազես քու բնակավայրիդ եւ երկնքի մէջ քեզի համար՝ պատրաստուած վարձատրութիւններուդ ուղղութեամբ՝ մինչեւ այն վայրկեանը՝ երբ Տէրը վերադառնայ քեզ առնելու։

Ինչո՞ւ համար մեր հաւատքի նախահայրերը այնքան ծանրօրէն փորձած եւ այնքան շատ տառապած են որպէսզի Տէրոջը նեղ ճամբան առնեն, փոխանակ այս աշխարհի դիւրին ճամբուն հետեւելու։ Անոնք բազմաթիւ գիշերներ ծոմ պահեցին եւ աղօթեցին, որպէսզի ձերբազատուին իրենց մեղքերէն, եւ ինքզինքնին ամբողջութեամբ նուիրեն, որովհետեւ անոնք կը յուսային երկնքի համար։ Որովհետեւ անոնք հաւատացին Աստուծոյ, որ երկնքի մէջ իրենց պիտի հաստուցանէր՝ իրենց գործերուն համեմատ, անոնք շատ մեծ կորովով փորձեցին սուրբ ըլլալ եւ հաւատարիմ՝ Աստուծոյ բոլոր տան մէջ:

Ուրեմն, Տէրոջը անունով ես կ՚աղօթեմ որ դուն ոչ միայն մասնակից դառնաս Եօթը-տարուայ Հարսանեկան Խնճոյքին եւ Տէրոջը բազուկներուն մէջ ըլլաս, այլ նաեւ Աստուծոյ Աթոռին մօտ մնաս երկինքը, քու լաւագոյնդ ընելով՝ երկնքի համար նախանձախնդիր յոյսով:

Գլուխ 4

Երկնքի Գաղտնիքները Պահուած՝ Ստեղծագործութենէն Իվեր

1. Երկնքի Գաղտնիքները Կը Յայտնուին Յիսուսի Ատենէն Իվեր
2. Երկնքի Գաղտնիքները Յայտնաբերուած՝ Ժամանակի Վերջաւորութեան
3. Իմ Հօրս Տունը Շատ Բնակարաններ Կան

Յիսուս պատասխան տուաւ ու ըսաւ անոնց.
«Անոր համար՝ որ ձեզի տրուած է գիտնալ
երկնքի թագաւորութեան խորհուրդները,
բայց անոնց տրուած չէ։
Վասն զի ով որ ունի,
անոր պիտի տրուի ու պիտի աւելնայ
եւ ով որ չունի,
ունեցածն ալ անկէ պիտի առնուի։
Անոր համար առակներով կը խօսիմ անոնց,
որ կը տեսնեն՝ ու չեն տեսներ
եւ կը լսեն՝ ու չեն լսեր
ու միտք չեն առներ»։

Յիսուս այս ամէն բաները
առակներով խօսեցաւ ժողովուրդին։
Առանց առակի բան մը չէր խօսեր անոնց,
որպէսզի կատարուի մարգարէին միջոցով
ըսուած խօսքը.
«Առակներով պիտի բանամ Իմ բերանս
ու աշխարհի սկիզբէն ի վեր ծածկուած բաները
յառաջ պիտի բերեմ»։
- Մատթէոս 13.11-12, 34-35 -

Օր մը, երբ Յիսուս ծովեզերքը նստած էր, շատ ժողովուրդ քովը ժողվուեցան: Յետոյ Յիսուս անոնց շատ բաներ ըսաւ առակներով: Այս ժամանակ, Յիսուսի առաքեալները հարցուցին Իրեն. «Ինչո՞ւ համար առակներով կը խօսիս անոնց»: Յիսուս պատասխան տուաւ եւ ըսաւ իրենց.

Անոր համար որ ձեզի տրուած է գիտնալ երկնքի թագաւորութեան խորհուրդները, բայց անոնց տրուած չէ: Վասն զի ով որ ունի, անոր պիտի տրուի ու պիտի աւելնայ եւ ով որ չունի, ունեցածն ալ անկէ պիտի առնուի: Անոր համար առակներով կը խօսիմ անոնց, որ կը տեսնեն՝ ու չեն տեսներ եւ կը լսեն՝ ու չեն լսեր ու միտք չեն առներ: Անոնց վրայ պիտի կատարուի Եսայիի մարգարէութիւնը որ կ'ըսէ. «Լսելով պիտի լսէք ու պիտի չիմանաք: Տեսնելով պիտի տեսնէք ու պիտի չտեսնէք»: Վասն զի այս ժողովուրդին սիրտը թանձրացաւ եւ իրենց ականջներովը ծանր լսեցին ու աչքերնին գոցեցին, որպէս զի չըլլայ թէ աչքերով տեսնեն եւ ականջներով լսեն եւ սրտով իմանան ու դարձի գան եւ Ես զանոնք բժշկեմ: Բայց երանի՜ է ձեր աչքերուն, որոնք կը տեսնեն ու ձեր ականջներուն, որոնք կը լսեն, քանզի ճշմարիտ կ'ըսեմ ձեզի, թէ շատ մարգարէներ եւ արդարներ փափաքեցան ձեր տեսածները տեսնել ու չտեսան եւ ձեր լսածները լսել՝ ու չլսեցին (Մատթէոս 13.11-17):

Ճիշդ ինչպէս Յիսուս ըսաւ, բազմաթիւ մարգարէներ եւ եւ արդարներ չկրցան տեսնել կամ լսել երկնքի թագաւորութեան գաղտնիքները, հակառակ որ անոնք ուզեցին տեսնել եւ լսել զանոնք:

Սակայն տակաւին, որովհետեւ Յիսուս, որ Ինքնին բնութեամբ Աստուած է, երկիր իջաւ (Փիլիպպեցիս 2.6-8), այդ պատճառով ալ արտօնուեցաւ որ երկնքի գաղտնիքները յայտնուին Իր առաքեալներուն:

Ինչպէս գրուած է Մատթէոս 13.35-ի մէջ. *«Որպէսզի կատարուի մարգարէին միջոցով ըսուած խօսքը. ՝Առակներով պիտի բանամ Իմ բերանս ու աշխարհի սկիզբէն իվեր ծածկուած բաները յառաջ պիտի բերեմ'»:* Յիսուս առակներով խօսեցաւ որպէսզի կատարէ այն ինչ որ գրուած էԱստուածաշունչին մէջ:

1. Երկնքի Գաղտնիքները Կը Յայտնուին Յիսուսի Ատենէն Իվեր

Մատթէոս 13-ի մէջ, շատ առակներ կան երկնքի մասին: Պատճառը այն է՝ որովհետեւ առանց առակներու, դուն չես կրնար հասկնալ եւ անդրադառնալ երկնքի գաղտնիքներուն մասին, նոյնիսկ եթէ շատ անգամներ կը կարդաս Աստուածաշունչը:

> *Երկնքի թագաւորութիւնը նմանեցաւ մարդու մը, որ իր արտին մէջ բարի սերմ ցանեց* (24-րդ համար):

Երկնքի թագաւորութիւնը մանանեխի հատի նման է, որ մարդ մը առաւ, իր արտին մէջ ցանեց: Ան՝ բոլոր սերմերէն պզտիկ է, բայց երբ աճի, բոլոր խոտեղէններէն մեծ ծառ կ՚ըլլայ, այնպէս որ երկնքի թռչունները կու գան եւ անոր ճիւղերուն վրայ կը հանգչին (31-32 համարներ):

Երկնքի թագաւորութիւնը խմորի նման է, որ կին մը առաւ, երեք գրիւ ալիւրի մէջ պահեց մինչեւ բոլորն ալ խմորուեցաւ (33-րդ համար):

Դարձեալ երկնքի թագաւորութիւնը արտի մէջ պահուած գանձի մը նման է, որ մարդ մը գտնելով՝ կը ծածկէ եւ ուրախութենէն կ՚երթայ բոլոր ունեցածը կը ծախէ ու այն արտը կը գնէ (44-րդ համար):

Դարձեալ երկնքի թագաւորութիւնը վաճառական մարդու մը նման է, որ գեղեցիկ մարգարիտներ կը փնտռէ. Եւ պատուական մարգարիտ մը գտնելով, կ՚երթայ իր բոլոր ունեցածը կը ծախէ ու զանիկա կը գնէ (45-46 համարներ):

Դարձեալ երկնքի թագաւորութիւնը ծովը ձգուած ուռկանի մը նման է, որ ամէն տեսակ ձուկ կը ժողվէ: Երբ ուռկանը լեցուեցաւ, ցամաքը հանեցին ու նստան, աղէկները ամաններու մէջ ժողվեցին եւ անշահը դուրս ձգեցին (47-48 համարներ):

Նոյն ձեւով, Յիսուս շատ առակներու միջոցաւ քարոզեց երկնքի մասին, որ կը գտնուի հոգեւոր աշխարհին մէջ: Որովհետեւ երկինքը անտեսանելի հոգեւոր աշխարհին մէջ է, դուն միայն առակներու միջոցաւ է որ զանիկա կրնաս ըմբռնել:

Որպէսզի յաւիտենական կեանք ունենաս երկինքը, պէտք է օրինաւոր հաւատքի կեանք մը ապրիս, գիտնալով թէ ինչպէս կրնաս տիրանալ երկնքի, թէ ինչ տեսակի մարդիկ պիտի մտնեն հոն, եւ թէ անիկա երբ պիտի սկսի կատարուիլ:

Ի՞նչ է եկեղեցի երթալու եւ հաւատքի կեանք ապրելու ծայրագոյն նպատակը: Անիկա՝ փրկուիլ եւ երկինք երթալ է: Այսուհանդերձ, եթէ դուն չես կրնար երկինք երթալ, հակառակ որ երկար ժամանակ եկեղեցի յաճախած ես, ո՞րքան խղճալի պիտի ըլլաս:

Նոյնիսկ Յիսուսի ժամանակ, շատ մարդիկ հնազանդեցան օրէնքին եւ Աստուծոյ վրայ իրենց ունեցած հաւատքը դաւանեցան, սակայն անոնք որակեալ չէին փրկուելու եւ երկինք մտնելու: Այս պատճառով է որ, Մատթէոս 3.2-ի մէջ, Յովհաննէս Մկրտիչ կը յայտարարէ ըսելով. *«Ապաշխարեցէք, վասն զի երկնքի թագաւորութիւնը մօտեցած է»* եւ անիկա Տէրոջը ճամբան պատրաստեց: Նաեւ, Յովհաննէս Մկրտիչ, Մատթէոս 3.11-12-ի մէջ, ժողովուրդին ըսաւ որ Յիսուս է Փրկիչը եւ Մեծ Դատաստանին Տէրը, այսպէս ըսելով. *«Ես ձեզ ջրով կը մկրտեմ ապաշխարութեան համար, բայց Իմ ետեւէս եկողը ինծմէ զօրաւոր է: Ես անոր կօշիկները կրելու արժանի չեմ: Անիկա ձեզ պիտի մկրտէ Սուրբ Հոգիով ու կրակով. Որուն հեծանոցը Իր ձեռքն է եւ Իր կալը պիտի մաքրէ ու Իր ցորենը ամբարը պիտի ժողվուէ եւ յարդը պիտի այրէ չմարող կրակով»:*

Այսուհանդերձ, այդ ժամանակի Իսրայէլացիները ոչ միայն ձախողեցան ճանչնալու Զինքը որպէս իրենց Փրկիչը, այլ նաեւ խաչեցին Զանիկա: Որքան տխուր է որ նոյնիսկ այսօր անոնք տակաւին կը սպասեն Մեսիան...

Երկնքի Գաղտնիքները Յայտնուեցան Պօղոս Առաքեալին

Հակառակ որ Պօղոս Առաքեալ Յիսուսի սկզբնական տասներկու առաքեալներէն մէկը չէր, անիկա որեւէ մէկէն աւելի եռեւ չէր՝ Յիսուս Քրիստոսի մասին վկայելու մէջ: Տէրոջը հանդիպելէն առաջ, անիկա Փարիսեցի մըն էր որ խստօրէն պահած էր օրէնքը եւ երէցներու աւանդութիւնը, եւ Հրեայ մըն էր՝ որ իր ծնունդէն Հռովմէական քաղաքացիութիւն կը կրէր, որ մասնակցեցաւ սկիզբի Քրիստոնեաները հալածելու մէջ:

Ամէն պարագայի, Դամասկոսի ճամբուն վրայ Տէրոջը հանդիպելէն ետք, Պօղոս փոխեց իր միտքը եւ շատ մարդիկ առաջնորդեց դէպի փրկութեան ճամբան՝ կեդրոնանալով Հեթանոսներու աւետարանչութեան մէջ:

Աստուած գիտէր որ Պօղոս շատ մեծ ցաւով եւ հալածանքով պիտի տառապէր՝ աւետարանը քարոզած ժամանակ: Այդ պատճառաւ է որ Աստուած հիանալի գաղտնիքներ յայտնեց Պօղոսի, որպէսզի ան վազէ դէպի նպատակակէտ (Փիլիպպեցիս 3.12-14): Աստուած թոյլ տուաւ որ անիկա աւետարանը քարոզէ ծայրագոյն ուրախութեամբ՝ երկնքի յոյսով:

Եթէ Պօղոսի Թուղթերը կարդաս, կը տեսնես թէ ան ամբողջութեամբ Սուրբ Հոգիին ներշնչումով գրած է՝ Տէրոջը վերադարձին, հաւատացեալներուն օդին մէջ յափշտակուելուն, երկնքի մէջ իրենց բնակավայրերուն, երկնքի փառքին, յաւիտենական վարձատրութիւններուն եւ պսակներուն, Մելքիսեդեկ՝ յաւիտենական քահանային, եւ Յիսուս Քրիստոսի մասին:

Բ. Կորնթացիս 12.1-4-ի մէջ, Պօղոս իր հոգեւոր փորձառութիւնները կը բաժնեկցի Կորնթոսի եկեղեցիին՝ զոր ինք հիմնեց, որ Աստուծոյ Խօսքին համեմատ չէր ապրեր:

> *Պարծենալը իրաւցընէ անօգուտ է, միայն թէ Տէրոջը տեսիլքներուն ու յայտնութիւններուն հասնիմ: Մարդ մը կը ճանչնայի Քրիստոսով, որ տասնըչորս տարի առաջ (մարմինո՞վ էր՝ չեմ գիտեր, Աստուած գիտէ), յափշտակուեցաւ մինչեւ երրորդ երկինքը: Ու կը ճանչնայի ուրիշ մարդ մը, (մարմնո՞վ էր թէ առանց մարմնի՝ չեմ գիտեր, Աստուած գիտէ,) որ դրախտ յափշտակուեցաւ ու լսեց անպատմելի խօսքեր, որոնց մասին արժան չէ խօսիլ:*

Աստուած Պօղոս Առաքեալը ընտրեց հեթանոսներու աւետարանչութեան համար, կրակով զտեց զինք, եւ տեսիլքներ ու յայտնութիւններ տուաւ իրեն: Աստուած զինք առաջնորդեց որ անիկա բոլոր դժուարութիւնները յաղթահարէ սիրով, հաւատքով, եւ երկնքի յոյսով: Օրինակի համար, Պօղոս խոստովանեցաւ թէ ինք տասնըչորս տարի առաջ Դրախտ առաջնորդուած էր՝ Երրորդ Երկինքը, եւ հոն լսեր էր երկնքի գաղտնիքներուն մասին, բայց անոնք այնքան հիանալի բաներ էին որ մարդու արտօնուած չէր այդ մասին խօսելու:

Առաքեալը անձ մըն է որ կանչուած է Աստուծոյ կողմէ, եւ անիկա ամբողջութեամբ Աստուծոյ կամքին կը հնազանդի: Այսուհանդերձ, Կորնթոսի եկեղեցւոյ անդամներուն մէջ կային կարգ մը մարդիկ որոնք խաբուած էին սուտ վարդապետներէ, եւ Պօղոս Առաքեալը կը դատապարտէին:

Այս ժամանակ, Պօղոս Առաքեալ ցուցակարգեց այն բոլոր տաժանքները զոր ինք կրած էր Տէրոջը համար, եւ իր հոգեւոր փորձառութիւնները բաժնեկցեցաւ, որպէսզի Կորնթացիները առաջնորդէ դառնալու գեղեցիկ հարսեր՝ Տէրոջը, Աստուծոյ Խօսքին համեմատ գործելով: Ասիկա ըրաւ ոչ թէ պարծենալու իր հոգեւոր փորձառութիւններուն համար, այլ որպէսզի միայն շինէ եւ զօրացնէ Քրիստոսի եկեղեցին՝ իր առաքելութիւնը պաշտպանելու եւ հաստատելու համար:

Այստեղ, ինչ բանի որ դուն պէտք է անդրադառնաս այն է՝ թէ Տէրոջը տեսիլքները եւ յայտնութիւնները կը տրուին միայն անոնց, որոնք Աստուծոյ տեսանկիւնէն դիտուած՝ յարմար են: Նաեւ, բոլորովին տարբեր Կորնթոսի եկեղեցւոյ անդամներէն՝ որոնք խաբուելով սուտ վարդապետներէ՝ դատեցին Պօղոսը, դուն պէտք չէ դատես որեւէ մէկը որ կը գործէ՝ Աստուծոյ թագաւորութիւնը ընդարձակելու համար, որ շատ մարդիկ փրկութեան կ՚առաջնորդէ, որ նաեւ ճանչցուած է Աստուծմէ:

Երկնքի Գաղտնիքները Կը Յայտնուին Յովհաննէս Առաքեալին

Յովհաննէս Առաքեալ տասներկու աշակերտներէն մէկն էր եւ շատ սիրուած էր Յիսուսի կողմէ: Յիսուս Ինքնին ոչ միայն զինքը «աշակերտ» կոչած էր, այլ նաեւ հոգեւորապէս խնամած էր զինք, որպէսզի անիկա կարենար ծառայել իր ուսուցիչին՝ մօտիկ հեռաւորութենէ մը: Անիկա այնքան շուտ բարկացող մէկն էր որ սովորաբար կը կոչուէր «որոտման որդի», բայց յետոյ սիրոյ առաքեալ մը եղաւ՝ Յիսուսի զօրութեամբ կերպարանափոխուելէն ետք: Յովհաննէս Յիսուսի հետեւեցաւ, երկնքի փառքը փնտռելով: Անիկա նաեւ միակ աշակերտն էր որ լսած էր Յիսուսի խօսած վերջին եօթը խօսքերը՝ խաչին վրայ: Անիկա հաւատարիմ էր իր պարտականութեան մէջ որպէս առաքեալ, եւ մեծ մարդ մը եղաւ երկնքի մէջ:

Հռովմէական Կայսրութեան կողմէ Քրիստոնէութեան դէմ սաստիկ հալածանքին հետեւանքով, Յովհաննէս եռացած իւղին մէջ նետուեցաւ, բայց մահուան չենթարկուեցաւ, եւ Պատմոս կղզին աքսորուեցաւ: Այնտեղ, Յովհաննէս խորունկ ձեւով հաղորդակցեցաւ Աստուծոյ հետ, եւ Յայտնութեան Գիրքը արձանագրեց, որ լեցուն է երկնքի գաղտնիքներով:

Յովհաննէս բազմաթիւ հոգեւոր նիւթերու մասին գրեց, ինչպէս՝ երկինքի մէջ Աստուծոյ եւ Գառնուկին Աթոռը, պաշտամունք՝ երկինքը, Աստուծոյ Աթոռին շուրջը եղող չորս կենդանի արարածները, Եօթը-տարուայ Մեծ Նեղութիւնը եւ հրեշտակներուն դերը, Գառնուկին Հարսանեկան Խնճոյքը եւ Հազարամեակը,

Ճերմակ Աթոռին Մեծ Դատաստանը, դժոխքը, երկնքի Նոր Երուսաղէմը, եւ դժոխքի անդունդը:

Ասոր համար է որ Յովհաննէս Առաքեալ կ'ըսէ Յայտնութիւն 1.1-3-ի մէջ, որ Գիրքը արձանագրուած է Տէրոջը յայտնութիւններով եւ տեսիլքներով, եւ ինք ամէն բան կը գրէ, որովհետեւ ամէն ինչ որ գրուած է՝ շուտով պիտի կատարուի:

> *Յիսուս Քրիստոսին յայտնութիւնը, որ Աստուած տուաւ Իր ծառաներուն ցուցնելու ինչ որ շուտով պիտի ըլլայ եւ Իր հրեշտակին ձեռքով ղրկելով՝ Իր Յովհաննէս ծառային իմացուց, որ Աստուծոյ Խօսքին վկայութիւնը ըրաւ ու Յիսուս Քրիստոսին վկայութիւնը՝ ինչ որ տեսաւ: Երանի՜ անոր որ կը կարդայ ու անոնց որ կը լսեն այս մարգարէութեան խօսքերը եւ կը պահեն ինչ որ անոր մէջ գրուած է, վասն զի ժամանակը մօտ է:*

«Ժամանակը մօտ է» խօսքը ենթադրել կու տայ որ Տէրոջը վերադառնալու ժամանակը մօտ է: Ուրեմն, շատ կարեւոր է երկինք մտնելու բարեմասնութիւնները ունենալ՝ հաւատքով փրկուելով:

Նոյնիսկ եթէ ամէն շաբաթ եկեղեցի երթաս, չես կրնար փրկուիլ, բացի եթէ հաւատք ունենաս՝ գործերու ընկերակցութեամբ: Յիսուս քեզի կ'ըսէ. *«Ոչ թէ ամէն ով որ Ինծի 'Տէր, Տէր', կ'ըսէ, պիտի մտնէ երկնքի թագաւորութիւնը, հապա անիկա՝ որ Իմ երկնաւոր Հօրս կամքը կը կատարէ»* (Մատթէոս 7.21): Ուստի եթէ դուն Աստուծոյ Խօսքին համեմատ չգործես, յստակ է որ չես կրնար երկինք մտնել:

Ուրեմն, Յովհաննէս Առաքեալ կը բացատրէ

դէպքերը եւ մարգարէութիւնները որոնք տեղի պիտի ունենան եւ շուտով մանրամասնութեամբ պիտի կատարուին Յայտնութիւն Յովհաննու 4-էն սկսեալ, եւ կ'եզրակացնէ որ Տէրը դարձեալ պիտի գայ եւ դուն պէտք է քու հանդերձներդ լուաս:

> *Ահա ես շուտով կու գամ եւ Իմ վարձքս Ինծի հետ է՝ ամէն մէկուն Իր գործին համեմատ հատուցանելու: Ես եմ Ալֆան եւ Օմէղան, Առաջինը ու Վերջինը, Սկիզբը եւ Վախճանը»: Երանելի՛ են անոնք, որ իրենց հանդերձները կը լուան [Անոր պատուիրանքները կը կատարեն], որպէս զի իշխանութիւն ունենան կենաց ծառին վրայ եւ դռներէն ներս քաղաքը մտնեն* (Յայտնութիւն 22.12-14):

Հոգեւորապէս, հանդերձը կ'ակնարկէ մէկու մը սրտին եւ գործին: Հանդերձը լուալը կ'ակնարկէ մեղքերէ ապաշխարել եւ փորձել ապրիլ Աստուծոյ կամքին համեմատ:

Ուստի, այն չափով որ դուն Աստուծոյ Խօսքին համեմատ կ'ապրիս՝ պիտի անցնիս դռներէն, մինչեւ մտնես ամենագեղեցիկ երկինքը, Նոր Երուսաղէմը:

Ուրեմն, պէտք է անդրադառնաս թէ որքան աւելի աճի հաւատքդ, այդքան աւելի լաւ պիտի ըլլայ քու բնակավայրդ երկնքի մէջ:

2. Երկնքի Գաղտնիքները Յայտնուած՝ Ժամանակի Վերջաւորութեան

Թոյլ տուէք որ խորանանք երկնքի գաղտնիքներուն մասին, որոնք յայտնուած են եւ որոնք արդիւնաբեր պիտի դառնան ժամանակի վերջաւորութեան՝ Յիսուսի առակներով, որոնք յիշուած են Մատթէոս 13-րդ գլխուն մէջ:

Ան Պիտի Բաժնէ Չարերը՝ Արդարներէն

Մատթէոս 13.47-50-ի մէջ, Յիսուս կ՛ըսէ թէ երկնքի թագաւորութիւնը կը նմանի ուռկանի մը, որ ծովուն մէջ ձգուելով ամէն տեսակի ձուկեր ժողվեց: Ի՞նչ կը նշանակէ ասիկա:

> *Դարձեալ երկնքի թագաւորութիւնը ծովը ձգուած ուռկանի մը նման է, որ ամէն տեսակ ձուկ կը ժողվէ: Երբ ուռկանը լեցուեցաւ, ցամաքը հանեցին ու նստան աղէկները ամաններու մէջ ժողվեցին եւ անշահը դուրս ձգեցին: Այսպէս պիտի ըլլայ աշխարհիս վերջը: Հրեշտակները պիտի ելլեն ու արդարներուն մէջէն չարերը պիտի զատեն: Եւ պիտի ձգեն զանոնք կրակի հնոցին մէջ, հոն պիտի ըլլայ լաց ու ակռաներ կրճտել:*

«Ծովը» այստեղ կ՛ակնարկէ աշխարհին, «ձուկերը» բոլոր հաւատացեալներն են, եւ ձկնորսը որ ուռկանը ծովուն մէջ կը ձգէ եւ ձուկ կ՛որսայ՝ Աստուած է: Ուրեմն ի՞նչ կը նշանակէ թէ Աստուած ուռկանը վար կը ձգէ, երբ անիկա լեցուի՝ զայն վեր կը քաշէ, եւ լաւ ձուկերը կը հաւաքէ կողովներու մէջ, իսկ վատերը դուրս կը նետէ: Այս կ'ըսէ, որպէսզի քեզ թոյլ տայ գիտնալու թէ ժամանակաշրջանի վերջաւորութեան հրեշտակները պիտի գան եւ պիտի հաւաքեն արդարները երկնքի մէջ, իսկ վատերը պիտի նետեն դժոխքի կրակին մէջ:

Այսօր շատ մարդիկ կը խորհին որ իրենք որոշապէս երկնքի թագաւորութիւնը պիտի մտնեն՝ եթէ ընդունին Յիսուս Քրիստոսը: Այսուհանդերձ, Աստուածաշունչը յստակօրէն կ'ըսէ. *«Հրեշտակները պիտի ելլեն ու արդարներուն մէջէն չարերը պիտի զատեն. Եւ պիտի ձգեն զանոնք կրակի հնոցին մէջ»* (Մատթէոս 13.49-50): «Արդարները» ըսելով այստեղ կ'ակնարկէ անոնց՝ որոնք «արդար» կոչուած են՝ իրենց սրտերուն մէջ հաւատալով Յիսուս Քրիստոսի, եւ որոնք իրենց հաւատքը գործերով կը ցուցնեն: Դուն «արդար» կը կոչուիս ոչ թէ որովհետեւ գիտես Աստուծոյ Խօսքը, այլ միայն որովհետեւ կը հնազանդիս Աստուծոյ պատուիրանքներուն եւ Իր կամքին համեմատ կը գործես (Մատթէոս 7.21):

Աստուածաշունչին մէջ կան «Ըրէ-ներ»,«Մի ըներ-ներ», «Պահէ-ներ», եւ «Ձերբազատուէ-ներ»: Միայն անոնք որոնք Աստուծոյ Խօսքին համեմատ կ'ապրին՝ «արդար» կ'ըլլան եւ կը նկատուին որպէս հոգեւոր ու կենդանի հաւատք ունեցողներ: Մարդիկ կան, որոնց համար կ'ըսուի թէ ընհանուր առմամբ իրենք արդար են, բայց անոնք կրնան «արդար» դասուիլ մարդոց աչքին եւ կամ «արդար»՝ Աստուծոյ աչքին: Ուրեմն դուն պէտք է կարողանաս ճանչնալ տարբերութիւնը մարդու արդարութեան եւ Աստուծոյ արդարութեան միջեւ, եւ պէտք է արդար ըլլաս՝ Աստուծոյ աչքին:

Օրինակի համար, եթէ մարդ մը որ ինքզինք արդար կը սեպէ՝ գողութիւն ընէ, այն ատեն ո՞վ պիտի ընդունի թէ անիկա արդար է: Եթէ անոնք որոնք ինքզինքնին «Աստուծոյ զաւակներ» կը կոչեն՝ շարունակեն մեղքեր գործել եւ եթէ Աստուծոյ Խօսքին համեմատ չապրին, անոնք չեն կրնար «արդար» կոչուիլ: Այս տեսակի մարդիկը՝ «արդարներուն» մէջ եղող չարերն են:

Տարբեր Փառք՝ Ամէն Մէկ Երկնային Մարմնի Համար

Եթէ Յիսուս Քրիստոսը ընդունիս եւ Աստուծոյ Խօսքին համեմատ ապրիս, այն ատեն դուն արեւուն նման պիտի փայլիս երկինքը: Պօղոս Առաքեալ երկնքի գաղտնիքներուն մասին մանրամասնութեամբ կը գրէ Ա. Կորնթացիս 15.40-41-ի մէջ:

> *Երկնաւոր մարմիններ ալ կան, երկրաւոր մարմիններ ալ, բայց երկնաւորներուն փառքը ուրիշ է ու երկրաւորներունը՝ ուրիշ: Արեւուն փառքը ուրիշ է ու լուսնին փառքը՝ ուրիշ եւ աստղերուն փառքը՝ ուրիշ ու մէկ աստղը միւս աստղէն տարբեր է փառքով:*

Քանի որ մէկը միայն հաւատքով կը տիրանայ երկնքի, տրամաբական է որ երկնքի փառքը տարբեր պիտի ըլլայ՝ մէկու մը հաւատքի չափին համեմատ: Ասոր համար է որ արեւու փառք կայ, լուսինի փառք, եւ աստղերու փառք. նոյնիսկ աստղերու միջեւ փայլունութեան չափը կը տարբերի:

Թոյլ տուէք որ երկնքի ուրիշ գաղտնիքի մը նայինք՝ մանանեխի հատի առակին միջոցաւ՝ Մատթէոս 13.31-32 համարներուն մէջ:

> *[Յիսուս]ուրիշ առակ մըն ալ յառաջ բերաւ անոնց ու ըսաւ. «Երկնքի թագաւորութիւնը մանանեխի հատի նման է, որ մարդ մը առաւ, իր արտին մէջ ցանեց: Ան՝ բոլոր սերմերէն պզտիկ է, բայց երբ աճի, բոլոր խոտեղէններէն մեծ ծառ կ՚ըլլայ, այնպէս որ երկնքի թռչունները կու գան եւ անոր ճիւղերուն վրայ կը հանգչին»:*

Մէկ մանանեխի հատիկ մը այնքան պզտիկ է՝ որքան կէտ մը՝ որ կը դրուի գրիչին ծայրովը: Նոյնիսկ այս փոքրիկ հատիկը պիտի աճի՝ դառնալու համար մեծ ծառ մը, որպէսզի օդի թռչունները գան եւ հանգչին անոր վրայ: Ուրեմն, Յիսուս ի՞նչ ուզեց սորվեցնել մեզի մանանեխի հատիկի այս առակով: Սորվելիք դասերը անոնք են՝ որ երկինքը հաւատքով կը տիրացուի, նաեւ որ հաւատքի տարբեր չափեր կան: Ուստի, նոյնիսկ եթէ հիմա «պզտիկ» հաւատք մը ունիս, դուն կրնաս զայն խնամել՝ որ ըլլայ «մեծ» հաւատք մը:

Նոյնիսկ Մանանեխի Հատի Չափ Փոքր Հաւատքը

Մատթէոս 17.19-ի մէջ Յիսուս կ՚ըսէ. *«Ձեր թերահաւատութեանը համար. քանզի ճշմարիտ կ՚ըսեմ ձեզի, Եթէ մանանեխի հատի չափ հաւատք ունենաք, այս լերան ըսէք, ‘Ասկէ անդին փոխադրուէ’, պիտի փոխադրուի ու բան մը անհնարին պիտի չըլլայ ձեզի»:* Իր աշակերտներուն պահանջքին հակադարձելով, որոնք կ՚ըսէին. *«Մեր հաւատքը աւելցուր.»* Յիսուս կը պատասխանէ. *«Եթէ մանանեխի հատի չափ հաւատք ունենայիք, այս թթենիին կրնայիք ըսել. 'Արմատաքի խլուէ ու ծովուն մէջ տնկուէ', ան ալ պիտի հնազանդէր ձեզի»* (Ղուկաս 17.5-6):

Ուրեմն ի՞նչ է այս համարներուն հոգեւոր իմաստը: Այդ կը նշանակէ թէ երբ հաւատքը, որ մանանեխի հատի չափ փոքր է, կ՚աճի եւ մեծ հաւատք մը կը դառնայ, ոչ մէկ բան անկարելի պիտի ըլլայ: Երբ մէկը կ՚ընդունի Յիսուս Քրիստոսը, մանանեխի հատի չափ պզտիկ հաւատք կը տրուի իրեն: Երբ ինք այս հատիկը ցանէ իր սրտին մէջ, անիկա ծիլ պիտի արձակէ: Երբ անիկա աճի դառնալով մեծ հաւատք մը՝ մեծ ծառի մը չափով, ուր շատ թռչուններ կու գան եւ կը հանգչին, այդ անձը իրազեկ պիտի դառնայ Աստուծոյ զօրութեան հզօր գործերուն զոր Յիսուս կատարեց, ինչպէս՝ կոյրերուն տեսնելը, խուլերուն լսելը, համրերուն խօսիլը, եւ մեռելներուն վերակենդանանալը:

Եթէ կը խորհիս թէ հաւատք ունիս, բայց չես կրնար Աստուծոյ զօրութեան հզօր գործերը ցոյց տալ, եւ եթէ տակաւին հարցեր ունիս քու ընտանիքիդ կամ գործիդ մէջ, պատճառը այն է թէ քու հաւատքդ, որ մանանեխի հատի չափ փոքր է, տակաւին չէ աճած հասնելու մեծ ծառի մը չափին:

Հոգեւոր Հաւատքի Աճման Ընթացքը

Ա. Յովհաննու 2.12-14-ի մէջ, Յովհաննէս Առաքեալ հակիրճ ձեւով կը բացատրէ հոգեւոր հաւատքի աճումը:

«Կը գրեմ ձեզի, ո՛րդեակներ, վասն զի

ձեր մեղքերը թողուած են Անոր անուան համար: Կը գրեմ ձեզի, հա՛յրեր, վասն զի դուք ճանչցաք զԱնիկա որ սկիզբէն է: Կը գրեմ ձեզի, երի՛տասարդներ, վասն զի դուք չարին յաղթեցիք: Կը գրեմ ձեզի, տղա՛քներ, վասն զի դուք ճանչցաք Հայրը: Գրեցի ձեզի, հա՛յրեր, վասն զի դուք ճանչցաք զԱնիկա որ սկիզբէն է: Գրեցի ձեզի, երի՛տասարդներ, վասն զի դուք ուժով էք եւ Աստուծոյ խօսքը ձեր մէջ կը բնակի ու չարին յաղթեցիք»:

Պէտք է անդրադառնաս որ հաւատքի աճումին մէջ ընթացք մը կայ: Դուն պէտք է զարգացնես քու հաւատքդ եւ հայրերու հաւատքին տիրանաս, որուն մէջ կարող կ'ըլլաս ճանչնալու զԱստուած որ ժամանակի սկիզբէն էր: Դուն պէտք չէ գոհանաս պզտիկներու հաւատքի մակարդակով, որոնց մեղքերը ներուած են Յիսուս Քրիստոսի հաշւոյն:

Նաեւ, ինչպէս Յիսուս կ'ըսէ Մատթէոս 13.33-ի մէջ. *«Երկնքի թագաւորութիւնը խմորի նման է, որ կին մը առաւ, երեք գրիւ ալիւրի մէջ պահեց մինչեւ բոլորն ալ խմորուեցաւ»:*

Ուրեմն, պէտք է հասկնաս թէ մանանեխի նման փոքր հաւատքը որ կ'աճի, կրնայ շուտով մեծ հաւատքի մը վերածուիլ շատ արագ, ճիշդ ինչպէս որ թթխմորը կը գործէ բոլոր խմորին մէջ: Ինչպէս կ'ըսուի Ա. Կորնթացիս 12.9-ի մէջ, հաւատքը հոգեւոր պարգեւ մըն է տրուած քեզի՝ Աստուծոյ կողմէ:

Երկինքը Գնել Քու Բոլոր Ունեցածովդ

Դուն իսկական ճիգերու պէտք ունիս որպէսզի տիրանաս երկնքի, որովհետեւ երկինքը միայն հաւատքով կը տիրացուի եւ հաւատքի ընթացք մը հաւատքի աճումին մէջ: Նոյնիսկ այս աշխարհին մէջ, դուն պէտք է շատ փորձես հարստութիւն եւ հռչակ շահելու, չխօսելու համար դրամ շահելու մասին, օրինակի համար՝ տուն մը գնելու համար: Դուն շատ ծանր աշխատանքով կը փորձես գնել եւ պահպանել այս բաները, որոնցմէ ոչ մէկը կրնաս յաւիտեան պահել: Ուրեմն ո՞րքան աւելի շատ պէտք է փորձես՝ ստանալու համար երկնքի փառքը եւ երկնային բնակավայրը՝ զոր դուն պիտի ունենաս յաւիտենապէս:

Մատթէոս 13.44-ի մէջ Յիսուս կ'ըսէ. *«Դարձեալ երկնքի թագաւորութիւնը արտի մէջ պահուած գանձի մը նման է, որ մարդ մը գտնելով՝ կը ծածկէ եւ ուրախութենէն կ'երթայ բոլոր ունեցածը կը ծախէ ու այն արտը կը գնէ»:* Մատթէոս 13.45-46 համարներուն մէջ Ան կը շարունակէ ըսելով. *«Դարձեալ երկնքի թագաւորութիւնը վաճառական մարդու մը նման է, որ գեղեցիկ մարգարիտներ կը փնտռէ. եւ պատուական մարգարիտ մը գտնելով, կ'երթայ իր բոլոր ունեցածը կը ծախէ ու զանիկա կը գնէ»:*

Ուստի, ի՞նչ են երկնքի գաղտնիքները որոնք յայտնուած են արտին մէջ պահուած գանձի եւ գեղեցիկ մարգարիտի առակներով: Ընդհանրապէս Յիսուս առակներ կը պատմէր՝ գործածելով առարկաներու օրինակներ, որոնք դիւրիւթեամբ կը գտնուին մեր ամենօրեայ կեանքին մէջ: Հիմա թոյլ տուէք քննելու «արտին մէջ պահուած գանձին» առակը:

Աղքատ պարտիզման մը կար որ իր ապրուստը կը հանէր իր օրուայ աշխատանքին վարձքը շահելով: Օր մը, ան գործի գնաց՝ իր դրացիին խնդրանքով: Պարտիզպանին ըսուեցաւ որ հողը ամուլ էր, որովհետեւ անիկա երկար ատենէ իվեր չէր գործածուած, բայց իր դրացին ուզեց կարգ մը պտուղի ծառեր ցանել, որպէսզի հողը պարապի չերթար: Պարտիզպանը համաձայնեցաւ այդ գործը ընելու: Օր մը, ան հողը կը մաքրէր երբ շատ կարծր բան մը զգաց բահին վերջաւորութեան: Ան շարունակեց փորել եւ մեծ գանձ մը գտաւ գետինը: Պարտիզպանը, որ այս գանձը գտած էր, սկսաւ խորհիլ ձեւերու մասին որով ինք կրնար տիրանալ գանձին: Ան որոշեց գնել հողը ուր այդ գանձը հահուած էր, եւ որովհետեւ արտը ամուլ էր եւ գրեթէ աւերակ դարձած, պարտիզպանը մտածեց որ այդ հողին տէրը կրնար զայն ծախել՝ առանց շատ նեղութիւն տալու:

Պարտիզպանը դարձեալ իր տունը եկաւ, մաքրեց իր բոլոր ունեցածը, եւ սկսաւ ծախել իր ստացուածքները: Այսուհանդերձ, անիկա որեւէ զղջում չունեցաւ իր բոլոր ունեցածը ծախելով, որովհետեւ ինք գտած էր գանձ մը՝ որ իր բոլոր ունեցածէն աւելի կ՚արժէր:

Արտին մէջ Պահուած Գանձը

Ի՞նչ պէտք է նկատես արտին մէջ պահուած գանձին միջոցաւ: Կը յուսամ որ դուն կը հասկնաս երկնքի գաղտնիքը՝ նայելով արտին մէջ պահուած գանձի առակին հոգեւոր իմաստին՝ չորս երեւոյթներու մէջ:

Առաջին, արտը կը նշանակէ քու սիրտդ, իսկ գանձը

կը նշանակէ երկինքը: Ասիկա ենթադրել կու տայ որ երկինքը, գանձին նման, պահուած է քու սրտիդ մէջ:

Աստուած մարդ արարածները կազմեց հոգիէ, շունչէ եւ մարմինէ: Հոգին շինուած է ըլլալու մարդուն տէրը եւ հաղորդակցելու Աստուծոյ հետ: Շունչը շինուած է հնազանդելու հոգիին հրամանին, իսկ մարմինը շինուած է ըլլալու հոգիին եւ շունչին բնակարանը: Ուրեմն, մարդ արարածը կենդանի հոգի մը եղած էր, ինչպէս գրուած է Ծննդոց 2.7-ի մէջ:

Այսուհանդերձ, այն ատենէն իվեր որ առաջին մարդը՝ Ադամ անհնազանդութեան մեղքը գործեց, հոգին՝ մարդուն տէրը, մեռաւ, եւ շունչը սկսաւ տիրոջ դերը կատարել: Ցետոյ, մարդիկ սկսան աւելի եւս շատ մեղքերու մէջ իյնալ եւ ուրեմն պէտք էր մահուան ճամբան երթային, որովհետեւ անոնք այլեւս չէին կրնար հաղորդակցիլ Աստուծոյ հետ: Հիմա անոնք եղան շունչի մարդիկ՝ թշնամի Սատանային եւ Բանսարկուին իշխանութեան տակ:

Ասոր համար սիրոյ Աստուածը Իր միակ ու միածին Որդին Ցիսուսը ղրկեց աշխարհ եւ թոյլ տուաւ որ Անիկա խաչուի եւ Իր արիւնը թափէ որպէս քաւութեան նոխազ՝ մարդկութիւնը փրկելու իրենց մեղքերէն: Այս պատճառաւ, փրկութեան ճամբան բացուած է ձեզի համար, ըլլալու սուրբ Աստուծոյ զաւակները, եւ դարձեալ հաղորդակցելու Իրեն հետ:

Ուրեմն, ով որ Ցիսուս Քրիստոսը կ'ընդունի որպէս իր անձնական Փրկիչը, Սուրբ Հոգին պիտի ստանայ եւ իր հոգին պիտի վերակենդանանայ: Նաեւ, ան իրաւունք պիտի ստանայ Աստուծոյ զաւակ դառնալու, եւ իր սիրտը ցնծութեամբ պիտի լեցուի:

Այդ կը նշանակէ թէ հոգին եկաւ հաղորդակցելու Աստուծոյ հետ եւ դարձեալ իշխելու շունչին եւ մարմին, որպէս մարդ արարածին տէրը: Նաեւ այս կը նշանակէ թէ ան եկաւ Աստուծմէ վախնալու ու հանազանդելու Իր Խօսքին, եւ կատարելու մարդուն սահմանուած պարտականութիւնը:

Ուրեմն, հոգիին վերակենդանացումը նոյնն է՝ ինչպէս արտի մը մէջ պահուած գանձը գտնելը: Երկինքը կը նմանի արտի մը մէջ պահուած գանձին, որովհետեւ երկինքը հիմա պահուած է քու սրտիդ մէջ:

Երկրորդ, մարդու մը, արտի մը մէջ պահուած գանձը գտնելը ու ցնծութեամբ լեցուիլը մեզի եզրակացնել կու տայ թէ երբ մէկը Յիսուս Քրիստոսը ընդունի եւ Սուրբ Հոգին ստանայ, իր մեռած հոգին պիտի վերակենդանանայ եւ ինք պիտի անդրադառնայ թէ երկինքը իր սրտին մէջ է, եւ պիտի ցնծայ:

Մատթէոս 11.12-ի մէջ Յիսուս կ՚ըսէ. *«Ու Յովհաննէս Մկրտչին օրերէն մինչեւ հիմա երկնքի թագաւորութիւնը ուժով կ՚առնուի եւ ուժեղները կը յափշտակեն զանիկա»:* Նաեւ, Յովհաննէս կը գրէ Յայտնութիւն 22.14-ի մէջ. *«Երանելի՜ են անոնք, որ Անոր պատուիրանքները կը կատարեն, որպէս զի իշխանութիւն ունենան կենաց ծառին վրայ եւ դռներէն ներս քաղաքը մտնեն»:*

Ինչ որ կրնաս սորվիլ ասկէ այն է թէ՝ ոչ թէ ամէն ով որ Յիսուս Քրիստոսը ընդունած է պիտի երթայ նոյն բնակութեան վայրը՝ երկնքի թագաւորութեան մէջ: Այն չափով որ դուն Տէրոջը նմանիս եւ ճշմարտութեամբ լեցուն մէկը ըլլաս, այնպէս ալ բնակութեան աւելի գեղեցիկ վայր մը պիտի ժառանգես երկնքի մէջ:

Ուրեմն, անոնք որոնք կը սիրեն զԱստուած եւ երկնքի յոյսով կ՚ապրին, ամէն բանի մէջ Աստուծոյ Խօսքին համեմատ պիտի գործեն եւ Տէրոջը պիտի նմանին՝ ձերբազատուելով իրենց բոլոր չարութիւններէն:

Դուն երկնքի թագաւորութեան կը տիրանաս՝ որքանով որ քու սիրտդ երկինքով լեցնես, ուր միայն բարութիւն եւ ճշմարտութիւն կայ: Նոյնիսկ երկրի վրայ, երբ անդրադառնաս որ քու սրտիդ մէջ երկինք կայ, այն ատեն դուն ցնծութեամբ պիտի լեցուիս:

Ասիկա այն տեսակի ցնծութիւնն է որուն փորձառութիւնը կ՚ունենաս երբ դուն առաջին անգամ հանդիպիս Յիսուս Քրիստոսի: Եթէ մէկը որ մահուան ճամբան պիտի երթար, բայց ճշմարիտ կեանք ստացաւ եւ յաւիտենական երկինք՝ Յիսուս Քրիստոսի միջոցաւ, ո՜րքան ցնծութեամբ պիտի լեցուի անիկա... Նաեւ անիկա շատ երախտապարտ պիտի ըլլայ, որովհետեւ իր սրտին մէջ կրնայ հաւատալ երկնքի թագաւորութեան: Այս ձեւով, մարդու մը ուրախութիւնը, որ կը ցնծայ սրտին մէջ պահուած գանձը գտնելուն համար, կ՚ակնարկէ Յիսուս Քրիստոսը ընդունելու ցնծութեան եւ երկնքի թագաւորութիւնը իր սրտին մէջ ունենալուն:

Երրորդ, գանձը դարձեալ պահել՝ զայն գտնելէն ետք, եզրակացնել կու տայ թէ մէկու մը մեռած հոգին վերակենդանացած է եւ ինք կ՚ուզէ Աստուծոյ կամքին համաձայն ապրիլ, բայց չկրնար իսկապէս իր միտքը դրածը գործի դնել, որովհետեւ ան տակաւին զօրութիւն չէ ստացած Աստուծոյ Խօսքին համաձայն ապրելու:

Պարտիզպանը չէր կրնար անմիջապէս փորելով

հանել զանձը՝ զայն գտնելէ շուտ մը ետքը: Ան նախ պէտք էր ծախէր իր ստացուածքները եւ յետոյ գնէր այդ հողը: Նոյն ձեւով, դուն գիտես թէ երկինքը եւ դժոխքը գոյութիւն ունին եւ թէ կրնաս երկինք մտնել՝ երբ ընդունիս Յիսուս Քրիստոսը, բայց դուն չես կրնար քու գործերդ ցոյց տալ անմիջապէս որ սկսիս լսել Աստուծոյ Խօսքը:

Որովհետեւ անարդար կեանք մը ապրած էիր, դուն Աստուծոյ Խօսքը կ՚արհամարհէիր Յիսուս Քրիստոսը ընդունելէդ առաջ, եւ ուրեմն տակաւին շատ անարդարութիւն կը մնայ քու սրտիդ մէջ: Այսուհանդերձ, եթէ դուն չձերբազատուիս այն բոլորէն որ ճշմարիտ չէ քու սրտիդ մէջ, մինչ Աստուծոյ մէջ քու հաւատքդ կը դաւանիս, Սատանան պիտի շարունակէ խաւարի մէջ առաջնորդել քեզ, այնպէս որ դուն չես կրնար Աստուծոյ Խօսքին համեմատ ապրիլ: Ճիշդ ինչպէս որ պարտիզպանը արտը կը գնէ իր բոլոր ունեցածը ծախելէն ետքը, դուն ալ կրնաս սրտիդ մէջ զանձը ստանալ միայն այն ատեն՝ երբ փորձես ձերբազատուիլ անարդար միտքէն եւ երբ ունենաս ճշմարիտ սիրտ մը, զոր Աստուած կը փափաքի:

Ուրեմն, դուն պէտք է ճշմարտութեան հետեւիս, որ Աստուծոյ Խօսքն է, Աստուծոյ վրայ վստահելով եւ ջերմեռանդութեամբ աղօթելով: Միայն այն ատեն է որ անարդարութիւնը դուրս պիտի նետուի եւ դուն զօրութիւն պիտի ստանաս գործելու եւ ապրելու Աստուծոյ Խօսքին համեմատ: Դուն պէտք է միտքդ պահես որ երկինքը միայն այս տեսակ մարդոց համար է:

Չորրորդ, իր բոլոր ունեցածը ծախելը մեզի

եզրակացնել կու տայ թէ՝ որպէսզի մեռած հոգին վերակենդանանայ եւ մարդուն տէրը դառնայ, դուն պէտք է քանդես բոլոր անարդարութիւնները որոնք քու շունչիդ կը կը պատկանին:

Երբ մեռած հոգին կը վերակենդանանայ, այն ատեն պիտի անդրադառնաս որ երկինք կայ: Դուն պէտք է երկնքի տիրանաս՝ քանդելով ամէն տեսակի անարդար խորհուրդներ որոնք շունչին կը պատկանին եւ որոնք Սատանային կողմէ կը կառավարուին, նաեւ ունենալով հաւատք՝ գործի ընկերակցութեամբ: Ասիկա միեւնոյն սկզբունքն է ինչպէս ճուտիկ մը, որ իր պատեանը պէտք է կտրէ՝ որպէսզի աշխարհ գայ:

Ուրեմն, դուն պէտք է ձերբազատուիս մարմնին բոլոր գործերէն եւ անոր ցանկութիւններէն, որպէսզի ամբողջութեամբ տիրանաս երկնքի: Ասկէ զատ, դուն պէտք է դառնաս լման հոգիի անձ մը, որ ամբողջութեամբ կը նմանի Տէրոջը Աստուածային բնութեան (Ա. Թեսաղոնիկեցիս 5.23):

Մարմնին գործերը չարութեան մարմնացումն են սրտին մէջ, որոնց հետեւանքը կ՛ըլլայ՝ արարքը: Մարմնին ցանկութիւնները ըսելով կ՛ակնարկուի սրտին մէջ եղող ամէն տեսակ մեղքի բնութեան, որուն հետեւանքով կրնայ որեւէ ատեն արարքը տեղի ունենալ, հակառակ որ մարմնի այդ ցանկութիւնը տակաւին արարքով չէ յայտնաբերուած: Օրինակի համար, եթէ դուն ատելութիւն ունիս քու սրտիդ մէջ, ասիկա մարմնին ցանկութիւնն է, եւ եթէ այդ ատելութեան արդիւնքը ըլլայ՝ արարքով զարնել ուրիշ անձ մը, ասիկա մարմնի գործ մըն է:

Գաղատացիս 5.19-21 հաստատ կերպով կը նշէ.

«Արդ մարմնին գործերը յայտնի են, որոնք են՝ շնութիւն, պոռնկութիւն, պղծութիւն, գիջութիւն, կռապաշտութիւն, կախարդութիւն, թշնամութիւններ, կռիւներ, նախանձներ, բարկութիւններ, կամ հակառակութիւններ, երկպառակութիւններ, բաժանումներ, չար նայուածքներ, մարդասպանութիւններ, գինովութիւններ, անառակութիւններ, ու ինչ որ ասոնց նման է. զոր հիմակուընէ ես ձեզի կ՛ըսեմ, ինչպէս առաջուընէ ալ կ՛ըսէի, որ այսպիսի բաներ գործողները Աստուծոյ արքայութիւնը պիտի չժառանգեն»:

Նաեւ, Հռովմայեցիս 13.13-14 մեզի կ՛ըսէ. *«Որպէսզի ցորեկ ատեն՝ պարկեշտութեամբ պտըտինք, ո՛չ թէ անառակութիւններով ու գինովութիւններով եւ ո՛չ թէ խառնակ անկողիններով ու պղծութիւններով եւ ո՛չ թէ հակառակութիւնով ու նախանձով. հապա ձեր վրայ հագէք Տէր Յիսուս Քրիստոսը ու խնամք մի՛ տանիք մարմնին՝ ցանկութիւններու համար»*, եւ Հռովմայեցիս 8.5 կ՛ըսէ. *«Քանզի մարմնաւոր եղողները մարմնին բաները կը մտածեն ու հոգեւոր եղողները՝ Հոգիին բաները»:*

Ուրեմն, քու բոլոր ունեցածդ ծախել կը նշանակէ մտքիդ մէջ քանդել ամէն անիրաւութիւն՝ որ Աստուծոյ կամքին հակառակ է, եւ ձերբազատուիլ մարմնին գործերէն ու ցանկութիւններէն, որոնք Աստուծոյ Խօսքին համաձայն՝ ճիշդ չեն, նաեւ այն բոլոր մնացած բաներէն որոնք դուն Աստուծմէ աւելի սիրած ես:

Եթէ շարունակես այսպէս ձերբազատուիլ քու մեղքերէդ եւ չարութենէդ, այն ատեն քու հոգիդ աւելի ու աւելի կը վերակենդանանայ եւ դուն կրնաս Աստուծոյ Խօսքին համեմատ ապրիլ, հետեւելով Սուրբ Հոգիին ցանկութեան: Վերջապէս, դուն պիտի դառնաս հոգիի մարդ մը, եւ կարող պիտի ըլլաս հասնելու Տէրոջը

Աստուածային բնութեան (Փիլիպպեցիս 2.5-8):

Երկինքը Կը Տիրացուի Որչափ որ Կ՛իրագործուի Սրտին մէջ

Մէկը որ հաւատքով կը տիրանայ երկնքի՝ այն անձն է որ իր բոլոր ունեցածը կը ծախէ՝ ձերբազատուելով բոլոր տեսակի չարութենէ եւ իրականացնելով երկինքը՝ իր սրտին մէջ: Վերջապէս, երբ Տէրը վերադառնայ, երկինքը՝ որ շուքի մը նման էր, իրականութիւն կը դառնայ եւ այն ատեն այդ անձը յաւիտենական երկինքը պիտի ունենայ: Մէկը որ երկնքի տիրացած է՝ անիկա ամենահարուստ անձն է, նոյնիսկ եթէ ինք ամէն բան նետած է այս աշխարհին մէջ: Ամէն պարագայի, մէկը որ չէ տիրացած երկնքի՝ անիկա ամենէն աղքատ անձն է որ իրականութեան մէջ ոչ մէկ բան ունի, նոյնիսկ եթէ անիկա ամէն բան ունենայ այս աշխարհին մէջ: Պատճառը այն է՝ որովհետեւ ամէն բան որուն դուն պէտք ունիս՝ կը գտնուի Յիսուս Քրիստոսի մէջ, եւ ամէն բան որ Յիսուս Քրիստոսէ դուրս է՝ անիմաստ է, որովհետեւ մահուընէ ետք միայն յաւիտենական դատաստանն է որ մեզի կը սպասէ:

Ասոր համար է որ Մատթէոս Յիսուսի հետեւեցաւ՝ իր զբաղմունքը ձգելով: Ասոր համար է որ Պետրոս Յիսուսի հետեւեցաւ իր նաւակը եւ ուռկանը ձգելով: Նոյնիսկ Պօղոս Առաքեալ ամէն բան որ ունէր՝ աղբ նկատեց Յիսուսը ընդունելէն ետք: Պատճառը՝ որ բոլոր այս առաքեալները այս բանը ըրին այն է՝ որովհետեւ անոնք ուզեցին գանձը գտնել որ այս աշխարհի մէջ եղող որեւէ բանէ աւելի կ՛արժէր, եւ անոնք ուզեցին այդ գանձը փորելով դուրս հանել:

Նոյնպէս, դուն պէտք է քու հաւատքդ գործով ցուցնես՝ հնազանդելով Ճշմարիտ Խօսքին եւ ձերբազատուելով ամէն տեսակի անարդարութիւններէ, որոնք Աստուծոյ հակառակ են: Դուն պէտք է երկնքի թագաւորութիւնը քու սրտիդ մէջ իրականացնես՝ ծախելով բոլոր անարդարութիւնները, ինչպէս՝ յամառութիւն, հպարտութիւն, եւ գոռոզութիւն, զորոնք դուն մինչեւ հիմա նկատած ես որպէս գանձ՝ քու սրտիդ մէջ:

Ուրեմն, դուն պէտք չէ նայիս այս աշխարհի մէջ եղող բաներուն, այլ պէտք է քու բոլոր ունեցածդ ծախես որպէսզի երկինքը իրագործես քու սրտիդ մէջ, եւ ժառանգես երկնքի յաւիտենական թագաւորութիւնը:

3. Իմ Հօրս Տունը Շատ Բնակարաններ Կան

Յովհաննու 14.1-3 համարներէն կը տեսնենք թէ երկնքի մէջ շատ բնակավայրեր կան, եւ Յիսուս Քրիստոս գնաց որպէսզի ձեզի համար տեղ պատրաստէ երկինքը:

> *«Սրտերնիդ չխռովի. Աստուծոյ հաւատացէք, Ինծի ալ հաւատացէք: Իմ Հօրս տունը շատ բնակարաններ կան. ապա թէ ոչ՝ Ես ձեզի պիտի ըսէի՝ ‘Հիմա կ’երթամ, որ ձեզի տեղ պատրաստեմ‘: Եւ եթէ երթամ ու ձեզի տեղ պատրաստեմ, նորէն պիտի գամ եւ ձեզի քովս առնեմ, որպէս զի ո՛ւր որ Ես եմ՝ դուք ալ հոն ըլլաք»:*

Տէրը Գնաց Որպէսզի Ձեր Երկնային Տեղը Պատրաստէ

Յիսուս Իր աշակերտներուն ըսաւ այն բաները որոնք տեղի պիտի ունենային ճիշդ Իր ձերբակալուելէն առաջ՝ խաչելութեան համար: Իր աշակերտներուն նայելով, որոնք մտահոգուած էին լսելով Յուդա Իսկարիովտացիին դաւաճանութիւնը, Պետրոսին ուրացումը, եւ Յիսուսի մահը, Ան հանգստացուց զիրենք՝ պատմելով անոնց երկնքի բնակարաններուն մասին:

Ասոր համար է որ Յիսուս ըսաւ. «Իմ Հօրս տունը շատ բնակարաններ կան. ապա թէ ոչ՝ Ես ձեզի պիտի ըսէի՝ ‘Հիմա կ’երթամ, որ ձեզի տեղ պատրաստեմ‘»: Յիսուս խաչուեցաւ եւ երրորդ օրը իրապէս յարութիւն առաւ, մահուան իշխանութիւնը կոտրելով: Յետոյ, քառասուն օրերէն ետք, Ան երկինք համբարձաւ՝ մինչ շատ մարդիկ կը դիտէին, որպէսզի երկնային տեղեր պատրաստէ ձեզի համար:

Ուրեմն ի՞նչ կը նշանակէ ըսելով. *«Ես կ’երթամ, որ ձեզի տեղ պատրաստեմ‘»:* Ինչպէս որ գրուած է Ա. Յովհաննու 2.2-ի մէջ. *«[Յիսուս] Անիկա մեր մեղքերուն քաւութիւն է եւ ո՛չ միայն մերիններուն, հապա բոլոր աշխարհին ալ»,* այդ կը նշանակէ թէ Յիսուս մեղքերու պատը կտրեց՝ մարդոց եւ Աստուծոյ միջեւ, ուստի որեւէ անձ կրնայ երկինքը ժառանգել հաւատքով:

Առանց Յիսուս Քրիստոսի, մեղքերու պատը, քու եւ Աստուծոյ միջեւ, չէր կրնար տապալիլ: Հին Կտակարանին մէջ, երբ մարդ մը մեղքեր գործէր, անիկա կենդանիի զոհ կը մատուցանէր՝ որպէս քաւութիւն իր մեղքին համար: Ամէն պարագայի,

Յիսուս քեզ կարողացուց որ մեղքերուդ համար ներում գտնես եւ սուրբ դառնաս՝ Ինքզինք նուիրելով որպէս մէկ- անգամուայ պատարագ (Եբրայեցիս 10.12-14):

Միայն Յիսուս Քրիստոսով է որ քու եւ Աստուծոյ միջեւ եղող մեղքի պատը կրնայ տապալիլ, եւ դուն կրնաս երկնային թագաւորութիւն մտնելու օրհնութիւնը ստանալ ու վայելել գեղեցիկ եւ ուրախ կեանք մը:

«Իմ Հօրս Տունը Շատ Բնակարաններ Կան»

Յովհաննու 14.2-ի մէջ Յիսուս կ՚ըսէ. *«Իմ Հօրս տունը շատ բնակարաններ կան»:* Տէրոջը սիրտը, որ կ՚ուզէ ամէն մարդու փրկուիլը, կը հալի այս համարին մէջ: Ի միջի այլոց, ի՞նչ է պատճառը որ Յիսուս ըսաւ. *«Իմ Հօրս տունը»,* փոխանակ ըսելու՝ «Երկնքի թագաւորութեան մէջ»: Պատճառը՝ որովհետեւ Աստուած «քաղաքացիներ» չուզեր, այլ կ՚ուզէ «զաւակներ» որոնց հետ Ինք կարենայ յաւիտեան Իր սէրը բաժնեկցիլ՝ որպէս Հայր:

Երկինքը կը կառավարուի Աստուծոյ կողմէ եւ անիկա բաւական մեծ է բնակեցնելու համար բոլոր անոնք՝ որոնք հաւատքով փրկուած են: Նաեւ, երկինքը այնքան գեղեցիկ ու երեւակայական տեղ մըն է, որ ան չկրնար բաղդատուիլ այս աշխարհին հետ: Երկնքի թագաւորութեան մէջ, որուն մեծութեան չափը անսահման է, ամենէն գեղեցիկ եւ փառաւոր վայրը՝ Նոր Երուսաղէմն է, ուր Աստուծոյ Աթոռը կայ: Ճիշդ ինչպէս որ Սէուլի՝ Քորէայի մայրաքաղաքին մէջ Կապոյտ Տունը կայ, եւ Ուաշինկթըն Տի.Սի.ի՝ Միացեալ Նահանգներու մայրաքաղաքին մէջ կայ Ճերմակ Տունը՝ ամէն մէկ երկրի նախագահի համար ապրելու, նոյնպէս ալ Նոր Երուսաղէմի մէջ կայ Աստուծոյ Աթոռը:

Ուրեմն ո՞ւր է Նոր Երուսաղէմը: Անիկա երկնքի կեդրոնը կը գտնուի, եւ անիկա այն տեղն է՝ ուր հաւատքի մարդիկը, որոնք հաճեցուցին զԱստուած, յաւիտեան պիտի ապրին: Յարաբերաբար, երկնքի ամենադուրսի մասը՝ Դրախտն է: Ճիշդ Յիսուսի երկու կողմերը խաչուող աւազակներէն մէկուն նման, որ ընդունեց Յիսուս Քրիստոսը եւ փրկուեցաւ, անոնք որոնք միայն Յիսուս Քրիստոսը ընդունեցին բայց բան մը չըրին Աստուծոյ թագաւորութեան համար, հոն՝ Դրախտին մէջ պիտի մնան:

Երկինքը Կը Տրուի՝ Հաւատքի Չափին Համեմատ

Ինչո՞ւ համար Աստուած շատ բնակարաններ պատրաստած է Իր զաւակներուն համար: Աստուած արդար է ու քեզի հնձել կու տայ ամէն բան որ կը ցանես (Գաղատացիս 6.7-8), եւ կը վարձատրէ ամէն մէկ անձ՝ անոր ըրած գործերուն համեմատ (Մատթէոս 16.27, Յայտնութիւն 2.23): Աոր համար է որ Աստուած բնակարաններ պատրաստած է՝ ամէն մէկուն հաւատքի չափին համեմատ:

Հռովմայեցիս 12.3-ը կը նկատէ. *«Քանզի ինծի տրուած շնորհքով այս կ'ըսեմ ձեր մէջ եղող ամէն մէկուն, որ արժան եղածը մտածելէն աւելի բան չմտածէ, հապա զգաստ կենալ մտածէ հաւատքին չափովը, որ Աստուած ամէն մէկուն բաժնեց»:*

Ուրեմն, պէտք է անդրադառնաս որ երկնքի մէջ ամէն մէկ անձի բնակավայրը եւ փառքը կը տարբերին՝ իր ունեցած հաւատքի չափին համեմատ:

Երկնքի մէջ քու բնակավայրդ պիտի սահմանուի՝

նայած թէ դուն ո՞ր չափով կը նմանիս Աստուծոյ սրտին: Յաւիտենական երկնքի մէջ քու բնակարանդ պիտի որոշուի՝ նայած թէ դուն, որպէս հոգեւոր անձ մը, ո՞րքան իրագործած ես երկինքը քու սրտիդ մէջ:

Օրինակի համար, ըսենք թէ երեխայ մը եւ չափահաս մը իրարու հետ կը մրցին՝ մարզասիրական պատահարի մը մէջ, եւ կամ իրարու հետ հակաճառութիւն մը կ'ունենան: Երեխաներու եւ չափահասներու աշխարհը այնքան տարբեր են իրարմէ՝ որ պզտիկները շուտով կը ձանձրանան չափահասներու քով ըլլալով: Երեխաներու համար, մտածելու ձեւը, լեզուն, եւ գործերը շատ տարբեր են չափահասներէն: Զուարճալի կ'ըլլայ երբ պզտիկներ՝ պզտիկներու հետ կը խաղան, երիտասարդներ՝ երիտասարդներու հետ, եւ չափահասներ՝ չափահասներու հետ:

Նոյնն է պարագան՝ հոգեւոր տեսանկիւնէն դիտուած: Քանի որ ամէն մէկուն հոգին տարբեր է, սիրոյ եւ արդարութեան Աստուածը երկնքի բնակավայրերը հաւատքի չափին համեմատ բաժնած է, որպէսզի Իր զաւակները ուրախութեամբ ապրին:

Տէրը Կը Վերադառնայ՝ Երնային Բնակարաններ Պատրաստելէ ետք

Յովհաննու 14.3-ի մէջ, Տէրը խոստացաւ որ Ինք դարձեալ պիտի վերադառնայ եւ ձեզ երկնային թագաւորութիւնը պիտի տանի, երկնքի մէջ բնակարանները պատրաստելէն ետքը:

Ենթադրենք որ մարդ մը կայ որ մէկ անգամ ընդունեց Աստուծոյ շնորհքը եւ բազմաթիւ վարձատրութիւններ ունեցաւ երկնքի մէջ, որովհետեւ հաւատարիմ էր: Բայց եթէ ինք դարձեալ աշխարհի ձեւերուն վերադառնայ, անիկա պիտի իյնայ փրկութենէ եւ իր վերջաւորութիւնը դժոխք պիտի ըլլայ: Նաեւ, անոր երկնային բազում վարձատրութիւնները անարժէք պիտի դառնան: Նոյնիսկ եթէ դժոխք չերթայ, տակաւին անոր վարձատրութիւնները կրնան ոչնչանալ:

Երբեմն, եթէ անիկա յուսահատեցնէ զԱստուած՝ անպատուելով Զինք, թէեւ ինք ատեն մը հաւատարիմ եղած էր, կամ եթէ մէկ մակարդակ ետեւ երթայ, կամ եթէ իր Քրիստոնէական կեանքին մէջ նոյն մակարդակին վրայ մնայ, հակառակ որ միայն յառաջացում պէտք էր արձանագրէր, իր վարձատրութիւնները պիտի պակսին:

Այսուհանդերձ, Տէրը պիտի յիշէ այն ամէն բաները որ դուն կատարած ու փորձած ես՝ Աստուծոյ թագաւորութեան համար հաւատարիմ մնալով: Նաեւ, եթէ սրբագործես քու սիրտդ՝ զայն թլփատելով Սուրբ Հոգիին մէջ, դուն Տէրոջը հետ պիտի ըլլաս երբ Ինք վերադառնայ, եւ օրինեալ պիտի ըլլաս մնալու այնպիսի տեղ մը՝ որ արեւու նման կը փայլի երկնքի մէջ: Որովհետեւ Տէրը կ՚ուզէ որ իր բոլոր զաւակները կատարեալ ըլլան, Ան բսաւ. *«Եւ եթէ երթամ ու ձեզի տեղ պատրաստեմ, նորէն պիտի գամ եւ ձեզ քովս առնեմ, որպէս զի ո՛ւր որ ես եմ՝ դուք ալ հոն ըլլաք»:* Յիսուս կ՚ուզէ որ մաքրես ինքզինքդ, ճիշդ ինչպէս որ Տէրը մաքուր է, յոյսի խօսքը ամուր բռնելով:

Երբ Յիսուս ամբողջութեամբ կատարելագործեց Աստուծոյ կամքը եւ մեծապէս փառաւորեց Զինք, Աստուած փառաւորեց Յիսուսը եւ նոր անուն մը տուաւ Իրեն՝ «Թագաւոր թագաւորաց եւ Տէր տէրանց»: Նոյն ձեւով, որքան որ դուն կը փառաւորես զԱստուած այս աշխարհին մէջ, Ան քեզ փառքի պիտի առաջնորդէ: Այն չափով որ նմանիս Աստուծոյ եւ սիրուիս Աստուծմէ, երկնքի մէջ Աստուծոյ Աթոռին աւելի մօտիկ տեղ մը պիտի բնակիս:

Երկնային բնակարանները կը սպասեն իրենց տէրերուն, Աստուծոյ զաւակներուն, ճիշդ հարսերու նման՝ որոնք պատրաստուած են իրենց փեսաները ընդունելու: Ասոր համար է որ Յովհաննէս Առաքեալ կը գրէ Յայտնութիւն Յովհաննու 21.2-ի մէջ. *«Սուրբ քաղաքը՝ նոր Երուսաղէմը՝ տեսայ, որ երկնքէն Աստուծմէ կ'իջնէր, իր էրկանը համար զարդարուած հարսի մը պէս պատրաստուած»:*

Այս աշխարհի մէջ գեղեցիկ հարսի մը նոյնիսկ ամենալաւ ծառայութիւնները չեն կրնար բաղդատուիլ երկնքի մէջ եղող բնակարաններու հանգստութեան եւ ուրախութեան հետ: Երկնքի մէջ տուները ամէն բան ունին եւ ամէն բան կը հայթայթեն՝ իրենց տէրերուն մտքերը կարդալով, որպէսզի անոնք առաւելագոյն չափով ուրախ ապրին յաւիտեան:

Առակաց 17.3 կը նշէ ըսելով. *«Արծաթի համար՝ հալոց եւ ոսկիի համար քուրայ կայ, բայց սրտերը փորձողը Տէրն է»:* Ուրեմն, ես կ'աղօթեմ Տէր Յիսուս Քրիստոսի անունով, որպէսզի անդրադառնաս որ Աստուած կը զտէ մարդիկը, որպէսզի զանոնք Իր ճմշարիտ զաւակները դարձնէ: Ուստի, սրբագործէ ինքզինքդ Նոր Երուսաղէմի յոյսին համար, եւ ուժով յառաջացիր դէպի երկնքի լաւագոյնը՝ հաւատարիմ մնալով Աստուծոյ բոլոր տան մէջ ամբողջութեամբ:

Գլուխ 5

Ի՞նչպէս Պիտի Ապրինք Երկինքը

1. Ընդհանուր Ապրելակերպ մը՝ Երկինքը
2. Հագուելիք՝ Երկնքի մէջ
3. Կերակուր՝ Երկնքի մէջ
4. Փոխադրամիջոցներ՝ Երկնքի մէջ
5. Զուարճութիւն՝ Երկնքի մէջ
6. Պաշտամունք, Ուսում, եւ Մշակոյթ՝ Երկնքի մէջ

*Երկնաւոր մարմիններ ալ կան,
երկրաւոր մարմիններ ալ,
բայց երկնաւորներուն փառքը ուրիշ է
ու երկրաւորներունը՝ ուրիշ։
Արեւուն փառքը ուրիշ է
ու լուսնին փառքը՝ ուրիշ
եւ աստղերուն փառքը՝ ուրիշ
ու մէկ աստղը միւս աստղէն տարբեր է
փառքով։*
- Ա. Կորնթացիս 15.40-41 -

Երկնքի մէջ ուրախութիւնը չկրնար բաղդատուիլ երկրի վրայ եղող նոյնիսկ լաւագոյն եւ ամենէն զուարճալի բաներուն հետ: Նոյնիսկ եթէ դուն ծովեզրի մը վրայ հորիզոնը դիտելով վայելես քու սիրելիներուդ հետ միասին, այս տեսակի ուրախութիւնը միայն վայրկեանի մը համար է եւ ճմշարիտ չէ: Մտքիդ մէկ անկիւնին մէջ տակաւին մտահոգութիւններ կան այն բաներուն մասին որ պիտի դիմագրաւես՝ քու ամենօրեայ կեանքիդ վերադառնալէդ ետքը: Եթէ դուն այս տեսակի կեանքը կրկնես մէկ կամ երկու ամիսներ, կամ մէկ տարի մը շարունակ, շուտով պիտի ձանձրանաս եւ պիտի սկսիս նոր բանի մը նայիլ:

Բայց եւ այնպէս, կեանքը երկնքի մէջ, ուր ամէն բան պայծառ ու գեղեցիկ է բիւրեղի մը նման, ինքնին ուրախութիւնն է, որովհետեւ ամէն բան շարունակաբար նոր, խորհրդաւոր, ցնծալի եւ ուրախ է: Դուն կրնաս զուարճալի ժամանակներ անցընել Հայր Աստուծոյ եւ Տէրոջը հետ, կամ կրնաս քու նախասիրած ժամանցներդ, նախասիրած խաղերդ, եւ բոլոր միւս հետաքրքրական բաները վայելել՝ որքան որ կ'ուզես: Թոյլ տուէք որ նայինք թէ Աստուծոյ զաւակները ի՞նչպէս պիտի ապրին երբ երկինք երթան:

1. Ընդհանուր Ապրելակերպ մը՝ Երկինքը

Երբ քու մարմնաւոր մարմինդ կը փոխուի հոգեւոր մարմնի՝ որ կը պարունակէ հոգին, շունչը, եւ երկնային մարմինը, դուն պիտի կարողանաս ճանչնալ երկրի վրայի քու կինդ, ամուսինդ, զաւակներդ, եւ ծնողքդ: Նաեւ, դուն պիտի ճանչնաս երկրի վրայի քու հովիւդ կամ քու հօտդ: Նաեւ, դուն պիտի յիշես այն ինչ որ մոռցուած էր երկրի վրայ: Դուն շատ իմաստուն պիտի ըլլաս, որովհետեւ պիտի կարողանաս զանազանել եւ հասկնալ Աստուծոյ կամքը:

Կարգ մը մարդիկ իրենք-իրենց հարց կու տան ըսելով. «Արդեօք իմ բոլոր մեղքերս պիտի ցուցադրո՞ւին երկնքի մէջ»: Այսպէս պիտի չըլլայ: Եթէ դուն արդէն զղջացած ես, Աստուած պիտի չյիշէ քու մեղքերդ այնպէս ինչպէս արեւելքը հեռու է արեւմուտքէն (Սաղմոս 103.12), հապա միայն քու բարի գործերդ պիտի յիշէ, որովհետեւ քու բոլոր մեղքերդ արդէն ներուած են այն ժամանակ երբ դուն երկնքի մէջ ես:

Ուրեմն, երբ երկինք երթաս, դուն ի՞նչպէս պիտի փոխուիս եւ ի՞նչպէս պիտի ապրիս:

Երկնային Մարմինը

Երկրի վրայ մարդ արարածները եւ կենդանիները իրենց յատուկ կերպարանքները ունին, այնպէս որ իւրաքանչիւր ապրող էակ կը ճանչցուի թէ արդեօ՞ք անիկա փիղ է, առիւծ է, արծիւ է, կամ մարդ արարած է:

Ճիշդ ինչպէս որ այս երեք-տարածութեան աշխարհին մէջ մարմին մը կայ իրեն համար իւրայատուկ կերպարանքով մը, նոյնպէս ալ անզուգական մարմին մը կայ երկնքի մէջ, որը չորս-տարածութեան աշխարհ մըն է: Ասիկա կը կոչուի երկնային մարմինը: Ասով պիտի ճանչնաք զիրար երկնքի մէջ: Ուրեմն, երկնային մարմինը ի՞նչ բանի պիտի նմանի:

Երբ Տէրը օդին մէջ վերադառնայ, ձեզմէ ամէն մէկը կը փոխուի դառնալով յարուցեալ մարմին՝ որ հոգեւոր մարմինն է: Մեծ Դատաստանէն ետքը, այս յարուցեալ մարմինը պիտի կերպարանափոխուի երկնային մարմնի՝ որը աւելի բարձր մակարդակի վրայ է: Փառքի լոյսը որ կը փայլի ամէն մէկ երկնային մարմնէ պիտի տարբերի՝ ամէն մէկուն վարձատրութեան համեմատ:

Երկնային մարմինը ունի ոսկորներ եւ մարմին, նման Յիսուսի մարմնին՝ ճիշդ Իր յարութենէն ետք (Յովհաննու 20.27), բայց անիկա նոր մարմին մըն է, որ կը պարունակէ հոգի, շունչ, եւ անեղծանելի մարմին մը: Մեր եղծանելի մարմինը նոր մարմնի մը կը փոխուի Աստուծոյ խօսքով եւ Իր զօրութեամբ:

Երկնային մարմինը, որ կը պարունակէ յաւիտենապէս անեղծանելի ոսկորներ եւ մարմին, պիտի փայլի՝ որովհետեւ անիկա կազդուրուած եւ մաքուր է: Նոյնիսկ եթէ մէկը թեւ մը կամ սրունք մը կորսնցուցած է, կամ եթէ հաշմանդամ է, երկնային մարմնով պիտի վերափոխուի ճիշդ որպէս իր կատարեալ մարմինը:

Երկնային մարմինը մարած չէ շուքի մը նման, հապա անիկա յստակ կերպարանք մը ունի, եւ ժամանակի ու տարածութեան իշխանութեան տակ չէ: Ասոր համար է որ երբ Յիսուս աշակերտներուն երեւցաւ Իր յարութենէն ետքը, Անիկա ազատօրէն պատերուն մէջէն կ'երթար (Յովհաննու 20.26):

Երկրի վրայ մարմինը կնճիռներ պիտի ունենայ եւ պիտի կարծրանայ՝ երբ ծերանայ, բայց երկնային մարմինը պիտի կազդուրուի որպէս անեղծանելի մարմին, այնպէս որ անիկա միշտ պիտի պահէ իր երիտասարդութիւնը եւ արեւու նման պիտի փայլի:

Երեսուն-երեք Տարիքը

Շատ մարդիկ իրենք-իրենց հարց կու տան թէ արդեօ՞ք երկնային մարմինը այնքան մեծ է՝ որքան չափահասի մը մարմինը կամ այնքան փոքր է՝ որքան երեխայի մը մարմինը: Երկնքի մէջ, ամէն մարդ, հոգ չէ թէ մէկը երիտասարդ կամ ծեր եղած ատեն մեռած է, անիկա յաւիտենապէս պիտի ունենայ երեսուն-երեք տարեկանի երիտասարդութիւնը, այսինքն Յիսուսի տարիքը՝ երբ Ինք խաչուեցաւ երկրի վրայ:

Ինչո՞ւ համար Աստուած քեզի թոյլ կու տայ որ երկնքի մէջ ապրիս երեսուն-երեք տարիքը՝ յաւիտեան: Ճիշդ ինչպէս որ արեւը իր ամենէն փայլուն ատենին մէջ կ'ըլլայ կէսօր ատեն, նոյնպէս ալ երեսուն-երեքի շուրջ տարիքը մէկու մը կեանքին ամենէն գագաթնակէտ ժամանակն է:

Անոնք որոնք երեսունէն վար են, թերեւս կրնան քիչ մը անփորձառու եւ տհաս ըլլալ, իսկ անոնք որոնք քառասունէն վեր են՝ իրենց ուժը կը կորսնցնեն երբ սկսին ծերանալ: Սակայն երեսուն-երեք տարիքի շուրջ գտնուող մարդիկ աւելի հասուն եւ գեղեցիկ են՝ ամէն տեսակէտով: Նաեւ, անոնցմէ շատերը կ'ամուսնանան, կը ծնանին եւ զաւակներ կը խնամեն. այնպէս որ անոնք որոշ չափով կը հասկնան Աստուծոյ սիրտը, որ մարդ արարածները կը մշակէ երկրի վրայ:

Այսպէս, Աստուած քեզ կը փոխակերպէ երկնային մարմնի մը, որպէսզի դուն երկնքի մէջ յաւիտեան երեսուն-երեք տարիքի քու երիտասարդութիւնդ պահես, որ ամենէն գեղեցիկ տարիքն է մարդ արարածներու համար:

Կենսաբանական Յարաբերութիւն Չկայ Հոն

Եթէ դուն երկնքի մէջ յաւիտեան ապրիս՝ այս աշխարհը ձգած ժամանակուայ Ֆիզիքական նոյն երեւոյթովդ, ո՞րքան ծիծաղելի պիտի ըլլայ այդ: Ըսենք թէ մարդ մը մեռաւ իր քառասուն տարեկանին եւ երկինք գնաց: Իր որդին երկինք գնաց յիսուն տարեկանին, իսկ իր թոռնիկը իննիսուն տարեկանին մեռաւ եւ երկինք գնաց: Երբ անոնք բոլորը միասին իրարու հանդիպին երկնքի մէջ, այն ատեն թոռնիկը ամենէն մեծը պիտի ըլլայ, իսկ մեծ-հայրը՝ ամենէն երիտասարդը:

Ուրեմն, երկնքի մէջ ուր Աստուած կը տիրէ Իր արդարութեամբ ու սիրով, ամէն մարդ երեսուն-երեք տարեկան պիտի ըլլայ, եւ այս երկրի կենսաբանական կամ Ֆիզիքական յարաբերութիւնը չկիրարկուիր հոն:

Երկնքի մէջ ոչ մէկը միւսին «հայր», «մայր», «որդի», կամ «դուստր» կը կոչէ, հակառակ որ անոնք երկրի վրայ ծնողներ եւ զաւակներ էին: Պատճառը այն է՝ որովհետեւ ամէն մէկը՝ որպէս Աստուծոյ զաւակ, իրարու համար եղբայր կամ քոյր են: Քանի որ անոնք գիտեն թէ իրենք ծնողներ եւ զաւակներ էին երկրի վրայ եւ զիրար շատ կը սիրէին, անոնք կրնան աւելի մասնայատուկ սէր մը ունենալ իրարու հանդէպ:

Ի՞նչ կը պատահի սակայն, եթէ մայրը երկնքի Երկրորդ Թագաւորութիւնը երթայ, իսկ իր տղան՝ Նոր Երուսաղէմ: Այս երկրի վրայ, անշուշտ, տղան պէտք է մօրը ծառայէ: Սակայն երկնքի մէջ, մայրը պիտի խոնարհի իր տղուն առջեւ, որովհետեւ անիկա աւելի շատ կը նմանի Հայր Աստուծոյ, եւ լոյսը որ կու գայ իր տղուն երկնային մարմնէն՝ շատ աւելի փայլուն պիտի ըլլայ քան իրը:

Ուրեմն, դուն ուրիշները չես կոչեր այն անուններով եւ տիտղոսներով զոր կը գործածես երկրի վրայ, հապա Հայրը՝ Աստուած ամէն մէկուն նոր, իւրայատուկ անուններ կու տայ, որոնք հոգեւոր նշանակութիւններ ունին: Նոյնիսկ երկրի վրայ, Աստուած Աբրամի անունը փոխեց Աբրահամի, Սարան՝ Սառայի, Յակոբը՝ Իսրայէլի, որ կը նշանակէ թէ ան պայքարած էր Աստուծոյ հետ եւ յաղթած:

Երկնքի մէջ Տարբերութիւն՝ Այրերու եւ Կիներու միջեւ

Երկինքը ամուսնութիւն չկայ, բայց տակաւին յստակ զանազանութիւն կայ այրերու եւ կիներու միջեւ: Ամէն բանէ առաջ, այրեր վեցէն մինչեւ վեց-ոտնաչափ եւ երկու-մատնաչափ հասակի բարձրութիւն ունին, իսկ կիներ՝ մօտաւորապէս չորս-մատնաչափ աւելի կարճ են:

Կարգ մը մարդիկ այնքան շատ կը մտահոգուին իրենց հասակին մասին՝ շատ կարճ կամ շատ բարձրահասակ ըլլալնուն համար, բայց երկնքի մէջ պէտք չկայ այսպիսի մտահոգութիւն ունենալու: Նաեւ, պէտք չկայ մտահոգուելու կշիռի ծանրութեան մասին, որովհետեւ ամէն մարդ պիտի ունենայ ամենայարմար եւ ամենագեղեցիկ կերպարանքը:

Երկնային մարմին մը չկրնար որեւէ ծանրութիւն զգալ, հակառակ որ ան կը թուի կշիռ ունենալ, ուստի նոյնիսկ եթէ մէկը ծաղիկներու վրայ քալէ, անոնք չեն ճզմուիր կամ չեն փշրուիր: Երկնային մարմինը չկրնար կշռուիլ, բայց անիկա հովերէն զարնուող բան մը չէ, որովհետեւ շատ կայուն է: Կշիռ ունենալ՝ հակառակ որ չես զգար զայն, կը նշանակէ թէ անիկա կերպարանք ու երեւոյթ ունի: Կը նմանի անոր՝ երբ թուղթի կտոր մը կը վերցնես. դուն որեւէ ծանրութիւն չես զգար, բայց գիտես թէ անիկա որոշ կշիռ մը ունի:

Մազերը խարտեաշ են՝ քիչ մը ալիքներով: Այր մարդոց մազերը մինչեւ վիզը կը հասնին, բայց կիներու մազերուն երկարութիւնը մէկը միւսէն տարբեր է: Կնոջ մը համար երկար մազ ունենալը կը նշանակէ թէ անիկա մեծ վարձատրութիւններ ստացած է, եւ ամենէն երկար մազը մինչեւ մէջքը կը հասնի: Ուրեմն, ահագին փառք եւ հպարտութիւն է կնոջ մը համար երկար մազ ունենալը (Ա. Կորնթացիս 11.15):

Երկրի վրայ, կիներու մեծ մասը կը յուսան ու կը փորձեն ճերմակ եւ փափուկ մորթ ունենալ: Անոնք զարդագիտական արտադրութիւններ կը գործածեն որպէսզի իրենց մորթերը պինդ եւ փափուկ պահեն՝ առանց որեւէ կնճիռներու: Երկնքի մէջ, ամէն մարդ անարատ մորթ պիտի ունենայ որ չափազանց ճերմակ, պայծառ, եւ մաքուր է, եւ կը փայլի փառքի լոյսով:

Աւելին, քանի որ երկնքի մէջ չարութիւն չկայ, պէտք չկայ շպարուելու կամ արտաքին կերպարանքին մասին մտահոգուելու, որովհետեւ ամէն բան գեղեցիկ կ'երեւնայ հոն: Փառքի լոյսը որ երկնային մարմնէն դուրս կու գայ՝ աւելի ճերմակ, աւելի յստակ, եւ աւելի պայծառութեամբ պիտի փայլի, ամէն մէկուն լման սրբագործուած ըլլալու աստիճանին եւ Տէրոջը սրտին նմանելու չափին համեմատ:

Երկնային Մարդոց Սիրտը

Երկնային մարմնով մարդիկը ինքնին հոգիին սիրտը ունին, որ կը գտնուի աստուածային բնութեան մէջ եւ բոլորովին որեւէ չարութիւն չունի իր մէջ: Ճիշդ ինչպէս որ երկրի վրայ մարդիկ կ'ուզեն ունենալ եւ դպչիլ այն ինչ որ բարի ու գեղեցիկ է, երկնային մարմին ունեցող մարդոց սիրտը նոյնիսկ կ'ուզէ զգալ ուրիշներու գեղեցկութիւնը, դիտել եւ հաճոյքով դպչիլ իրենց: Սակայն տակաւին, այնտեղ բնաւ ագահութիւն կամ նախանձ գոյութիւն չունի:

Նաեւ, երկրի վրայ, մարդիկ կը փոխուին իրենց անձնական շահին համեմատ, եւ երբ կը ձանձրանան բաներէն, նոյնիսկ եթէ այդ բաները գեղեցիկ ու բարի են: Երկնային մարմնով մարդոց սիրտը խորամանկութիւն չունի եւ բնաւ չփոխուիր:

Օրինակի համար, երկրի վրայ, եթէ մարդիկ աղքատ են, անոնք կրնան նոյնիսկ աժան ու ցած որակի կերակուր ուտել՝ համեղ ձեւով: Եթէ քիչ մը աւելի հարստանան, անոնք չեն գոհանար անկէ՝ որ առաջ համով էր, եւ կը շարունակեն աւելի լաւ կերակուր փնտռել: Եթէ դուն նոր խաղալիք գնես պզտիկներու համար, անոնք շատ ուրախ կ'ըլլան սկիզբը, բայց քանի մը օր ետք կը զզուին անկէ եւ նոր խաղալիքի մը կը նային: Ամէն պարագայի, երկնքի մէջ այդպիսի մտածելակերպ չկայ, ուստի եթէ դուն մէկ անգամ բան մը հաւնիս՝ յաւիտեան պիտի հաւնիս զայն:

2. Հագուելիք՝ Երկնքի մէջ

Կարգ մը մարդիկ կը խորհին որ երկնքի մէջ հագուելիքը նոյնը պիտի ըլլայ, բայց այդ չէ պարագան: Աստուած՝ Ստեղծիչն է եւ Արդար Դատաւորը, որ քու բրածիդ համեմատ քեզ կը վերադարձնէ: Ուրեմն, ճիշդ ինչպէս որ երկնքի մէջ վարձատրութիւնները տարբեր են, հագուստներն ալ նոյնպէս տարբեր պիտի ըլլան՝ երկրի վրայ քու կատարած արարքներուդ համեմատ (Յայտնութիւն 22.12): Ուրեմն, ի՞նչ տեսակի հագուստներ պիտի հագնիս երկինքը եւ ի՞նչպէս պիտի զարդարուիս անոնցմով երկնքի մէջ:

Երկնային Հագուստներ՝ Տարբեր Գոյներով եւ Գիծերով

Երկնքի մէջ, հիմնականօրէն ամէն մարդ պայծառ, ճերմակ, եւ փայլուն հագուստներ կը հագնի: Անոնք մետաքսի նման փափուկ են եւ այնքան թեթեւ՝ որպէս թէ անոնք ծանրութիւն չէին ունեցած, եւ գեղեցիկ ձեւով կ՝օրօրուին:

Որովհետեւ ամէն մէկուն սրբագործման աստիճանը տարբեր է, ուրեմն լոյսերը, որ այդ հագուստներէն դուրս կու գան, եւ անոնց պայծառութիւնը՝ իրարմէ կը տարբերին: Մէկը որքան աւելի շատ նմանի Աստուծոյ սուրբ սրտին, այնքան աւելի պայծառութեամբ եւ շողշողուն կերպով պիտի փայլին իր հագուստները:

Նաեւ, նայած թէ դուն որքան աշխատած ես Աստուծոյ թագաւորութեան համար եւ որքանով փառաւորած ես Զինք, տեսակաւոր հագուստներ, զանազան տեսակի տարբեր ուրուագծերով եւ տարրերով, պիտի տրուին քեզի համեմատաբար:

Երկրի վրայ, մարդիկ տարբեր տեսակի հագուստներ կը հագնին՝ իրենց ընկերային եւ տնտեսական իրավիճակին համեմատ: Նոյնպէս երկինքը, երբ աւելի բարձր դիրք ստանաս երկնքի մէջ, դուն աւելի շատ գոյներով եւ ուրուագծերով հագուստներ պիտի հագնիս հոն: Նաեւ, մազի կերպարանքները եւ օժանդակող կտորները տարբեր են:

Ասկէ զատ, հին օրերուն, մարդիկ ամէն մէկուն ընկերային դասակարգը կը ճանչնային պարզապէս անոնց հագած հագուստներուն գոյներուն նայելով: Նոյնպէս, երկնային մարդիկը կրնան գիտնալ ամէն մէկուն տրուած դիրքը եւ վարձատրութիւններու ծաւալը: Ուրիշներէն տարբեր, յատուկ գոյներով եւ ուրուագծերով հագուստներ հագնիլը կը նշանակէ թէ անիկա աւելի մեծ փառք ստացեր է:

Ուրեմն, անոնք որոնք Նոր Երուսաղէմ մտած են, կամ որոնք շատ մեծ նպաստ բերած են Աստուծոյ թագաւորութեան համար՝ անոնք ամենէն գեղեցիկ, ամենէն գունագեղ, եւ ամենէն փայլուն հագուստները կը ստանան:

Մէկ կողմէն, եթէ դուն շատ բան չես ըրած Աստուծոյ թագաւորութեան համար, դուն միայն մի քանի հագուստներ պիտի ստանաս երկնքի մէջ: Միւս կողմէն, եթէ դուն շատ աշխատանք թափած ես՝ հաւատքով եւ սիրով, այն ատեն դուն կարող պիտի ըլլաս անհամար թիւով հագուստներ ստանալու՝ բազմազան գոյներով եւ ուրուագծերով:

Երկնային Հագուստներ՝ Տարբեր Զարդարանքներով

Աստուած տարբեր զարդարանքներով հագուստներ պիտի տայ որպէսզի ամէն մէկուն փառքը ցոյց տայ: Ճիշդ ինչպէս որ անցեալի թագաւորական ընտանիքները իրենց դիրքը կ՛արտայայտէին՝ մասնայատուկ զարդեղեններ դնելով իրենց հագուստներուն վրայ, նոյնպէս ալ երկնքի մէջ հագուստները մէկու մը երկնային դիրքը եւ փառքը պիտի ցուցնեն:

Երկնքի մէջ կան շնորհակալութեան, փառաբանութեան, աղօթքի, ցնծութեան, փառքի եւ այլ զարդարանքներ, որոնք կրնան հագուստներուն մէջ կարուիլ: Երբ դուն այս կեանքին մէջ փառաբանութեան երգեր կ՛երգես՝ Հայր Աստուծոյ եւ Տիրոջ սիրոյն ու շնորհքին համար շնորհակալութեամբ լեցուն մտքով, կամ երբ կ՛երգես՝ զԱստուած փառաբանելու համար, Աստուած քու սիրտդ կ՛ընդունի որպէս գեղեցիկ անուշահոտ բոյր, եւ երկնքի մէջ փառաբանութեան զարդարանք կը դնէ քու հագուստներուդ վրայ:

Ցնծութեան եւ շնորհակալութեան զարդարանքները գեղեցիկ ձեւով պիտի դրուին այն մարդոց՝ որոնք երկրի վրայ ճշմարտապէս ցնծութեամբ եւ շնորհակալութեամբ լեցուած էին իրենց սրտերուն մէջ, նոյնիսկ վիշտերու եւ փորձութիւններու մէջ, յիշելով Հայր Աստուծոյ շնորհքը որ յաւիտենական կեանք եւ երկնքի թագաւորութիւնը տուած էր:

Յետոյ, աղօթքի զարդարանքը պիտի դրուի անոնց՝ որոնք իրենց կեանքի ընթացքին աղօթած են Աստուծոյ թագաւորութեան համար: Այս բոլորին մէջ սակայն, ամենէն գեղեցիկ զարդարանքը՝ փառքի զարդարանքն է: Ասիկա ամենէն դժուարն է շահելու համար: Ասիկա կը տրուի միայն անոնց՝ որոնք ամէն բան կատարեցին Աստուծոյ փառքին համար՝ իրենց ճշմարիտ սրտերէն: Ճիշդ ինչպէս որ թագաւոր մը կամ նախագահ մը յատուկ շքանշանով մը կամ պատուանշաններով կը վարձատրէ զինուոր մը որ համբաւաւոր ծառայութիւններ մատուցած է, փառքի այս զարդարանքը մասնաւորապէս կը տրուի անոնց՝ որոնք չափազանց մեծ աշխատանք թափած են Աստուծոյ թագաւորութեան համար եւ շատ մեծ փառք բերած են Աստուծոյ: Ուրեմն, ան որ իր հագուստները կը հագնի փառքի զարդարանքով, բոլորին մէջէն ամենէն ազնուականն է երկնքի թագաւորութեան մէջ:

Պսակներու եւ Գոհարեղէններու Վարձատրութիւններ

Երկնքի մէջ անհամար թիւով գոհարեղէններ կան եւ կարգ մը գոհարեղէններ կը տրուին որպէս վարձատրութիւններ եւ կը դրուին հագուստներու վրայ: Յայտնութեան Գրքին մէջ դուք կը կարդաք որ Տէրը ոսկիէ պսակ մը կը կրէ եւ մետաքսէ գօտի մը՝ Իր կուրծքին շուրջ: Ասոնք ալ նոյնպէս վարձատրութիւններ են Իրեն տրուած՝ Աստուծոյ կողմէ:

Աստուածաշունչը կը յիշատակէ զանազան տեսակի պսակներու մասին: Պսակներ ստանալու մակարդակները եւ պսակներուն արժէքները կը տարբերին, որովհետեւ անոնք կը տրուին որպէս վարձատրութիւններ:

Զանազան տեսակի պսակներ կան որոնք կը տրուին ամէն մէկուն գործերուն համեմատ, ինչպէս որ անեղծանելի պսակը կը տրուի անոնց՝ որոնք կը մրցին խաղերու մէջ (Ա. Կորնթացիս 9.25), փառքի անթառամ պսակը կը տրուի անոնց՝ որոնք զԱստուած կը փառաւորեն (Ա. Պետրոս 5.4), կենաց պսակը կը տրուի անոնց՝ որոնք մեռնելու աստիճան հաւատարիմ մնացած են (Յակոբու 1.12, Յայտնութիւն 2.10), ոսկիէ պսակը զոր 24 երէցները կը կրեն Աստուծոյ Աթոռին շուրջ՝ (Յայտնութիւն 4.4, 14.14), եւ արդարութեան պսակը՝ որուն Պօղոս Առաքեալ կը սպասէր կարօտով (Բ. Տիմոթէոս 4.8)։

Նաեւ, զանազան ձեւերով պսակներ կան որոնք զարդարուած են գոհարեղէններով, ինչպէս՝ ոսկիով զարդարուած պսակը, ծաղիկներու պսակը, մարգարիտներու պսակը, եւայլն։ Մէկու մը ստացած պսակին տեսակէն կրնաս գիտնալ այդ անձին սրբութիւնը եւ իրեն տրուած վարձատրութիւնները։

Երկրի վրայ որեւէ մէկը կրնայ գոհարեղէններ գնել՝ եթէ դրամ ունի։ Բայց երկնքի մէջ դուն կրնաս գոհարեղէններ ունենալ միայն այն ատեն երբ անոնք քեզի կը տրուին որպէս վարձատրութիւններ։ Այսպիսի ազդակներ, ինչպէս՝ մարդոց թիւը որոնք առաջնորդած ես փրկութեան, Աստուծոյ նուիրած ընծաներուդ արժէքը զոր դուն ճշմարիտ սրտով մատուցած ես, եւ քու հաւատարմութեանդ աստիճանը. այս բոլորը կը սահմանեն զանազան տեսակի վարձատրութիւնները՝ որոնք պիտի տրուին։ Ուրեմն, գոհարեղէնները եւ պսակները պէտք է տարբեր ըլլան, որովհետեւ անոնք ամէն մէկուն գործերուն համեմատ կը տրուին։ Նաեւ, լոյսը, գեղեցկութիւնը, փառքը, եւ գոհարեղէններու ու պսակներու թիւը նոյնպէս կը տարբերին։

Նոյնն է պարագան երկնային բնակավայրերու եւ տուներու նկատմամբ։ Բնակարանները կը տարբերին ամէն մէկուն հաւատքին համեմատ. մեծութեան չափը, գեղեցկութիւնը, անձնական տուներու համար տրուած ոսկիի եւ ուրիշ գոհարեղէններու փայլքը՝ բոլորն ալ կը տարբերին: Դուք աւելի մօտէն պիտի ծանօթանաք այս բաներուն եւ երկնային բնակավայրերու մասին՝ 6-րդ գլուխէն սկսեալ:

3. Կերակուր՝ Երկնքի մէջ

Երբ առաջին մարդը՝ Ադամ եւ Եւա Եդեմի Պարտէզին մէջ կ'ապրէին, անոնք միայն պտուղներ եւ սերմ ունեցող բոյսեր կ'ուտէին (Ծննդոց 1.29): Ամէն պարագայի, երբ Ադամ Եդեմի Պարտէզէն դուրս վռնտուեցաւ իր անհնազանդութեան պատճառաւ, անոնք սկսան դաշտի բոյսերը ուտել: Մեծ ջրհեղեղէն ետք, մարդոց արտօնուեցաւ միս ուտել: Այս ձեւով, մինչ մարդը սկսաւ աւելի չարանալ, կերակուրի տեսակն ալ անոր համեմատ փոխուեցաւ:

Ուրեմն ի՞նչ պիտի ուտես երկինքը՝ ուր բնաւ չարութիւն չկայ: Կարգ մը մարդիկ կրնան իրենք-իրենց հարց տալ թէ արդեօ՞ք երկնային մարմինն ալ պէտք է ուտէ: Երկնքի մէջ, դուն կրնաս Կեանքի Ջուրը խմել, եւ տեսակաւոր պտուղներ ուտել կամ հոտոտալ զանոնք՝ հաճոյք ստանալու համար:

Երկնային Մարմինին Շնչառութիւնը

Ինչպէս որ մենք՝ մարդ արարածներս երկրի վրայ կը շնչենք, երկնային մարմնիններն ալ երկնքի մէջ կը շնչեն: Անշուշտ երկնային մարմինը բնաւ պէտք չունի շնչելու, բայց անիկա կը հանգչի՝ շնչելով, ինչպէս որ դուն կը շնչես երկրի վրայ: Ուստի անիկա կրնայ շնչել ոչ միայն քիթով կամ բերնով, այլ նաեւ իր աչքերով կամ մարմնին բոլոր բջիջներով, կամ նոյնիսկ իր սրտին միջոցաւ:

Աստուած մեր սրտերուն խունկերը կը շնչէ որովհետեւ Անիկա Հոգի է: Հին Կտակարանի ժամանակներուն, Աստուած հաճոյք կը ստանար արդար մարդոց զոհերով եւ անոնց սրտերէն բխող անուշահոտ բոյրը կը հոտուըտար (Ծննդոց 8.21): Նոր Կտակարանին մէջ, Յիսուս, որ մաքուր ու անարատ է, Ինքզինքը մեզի համար ընծայեց ու զոհեց Աստուծոյ՝ որպէս անուշահոտ բոյր (Եփեսացիս 5.2):

Ուրեմն Աստուած քու սրտիդ անուշահոտ բոյրը կ՚ընդունի՝ երբ դուն պաշտես, աղօթես կամ փառաբանութեան երգեր երգես՝ ճշմարիտ սրտով:Որքան աւելի նմանիս Տէրոջը եւ արդար դառնաս, այնքան աւելի կրնաս Քրիստոսի անուշահոտ բոյրը տարածել շուրջիններուդ, եւ քու կարգիդ, դուն ալ կ՚ընդունուիս որպէս արժէքաւոր ընծայ՝ Աստուծոյ համար: Աստուած ուրախութեամբ կ՚ընդունի քու փառաբանութիւններդ եւ աղօթքներդ՝ շնչառութեան միջոցաւ:

Մատթէոս 26.29-ի մէջ, կը տեսնես թէ Տէրը կ՚աղօթէ քեզի համար այն ատենէն որ Ինք երկինք համբարձաւ, առանց որեւէ բան մը ուտելու՝ վերջին երկու հազարամեակներուն: Նոյն իմաստով, երկնքի մէջ, երկնային մարմինը կրնայ նոյնիսկ առանց ուտելու եւ առանց շնչելու ապրիլ: Դուն ալ երկնքի մէջ յաւիտեան պիտի ապրիս երբ երկինք երթաս, որովհետեւ այն ատեն դուն պիտի փոխուիս՝ դառնալով հոգեւոր մարմին, որ բնաւ չմեռնիր:

Ամէն պարագայի, երբ երկնային մարմինը կը շնչէ, անիկա աւելի շատ ցնծութիւն եւ ուրախութիւն կրնայ զգալ, եւ հոգին կը սկսի դարձեալ երտասարդանալ եւ նորոգուիլ: Ճիշդ ինչպէս որ մարդիկ իրենց սննդականոնը կը հաւասարակշռեն որպէսզի իրենց առողջութիւնը պահպանեն, երկնային մարմինն ալ կը զուարճանայ՝ շնչելով անուշահոտ բոյրը երկնքի մէջ:

Ուստի, երբ շատ տեսակի ծաղիկներ եւ պտուղներ իրենց անուշ բուրմունքը դուրս կու տան, երկնային մարմինը կը շնչէ այդ բոյրը: Նոյնիսկ եթէ ծաղիկները յարատեւ նոյն բուրմունքը դուրս տան, անիկա միշտ ուրախ եւ գոհացուցիչ զգացում պիտի տայ:

Աւելին, երբ երկնային մարմին մը ծաղիկներու եւ պտուղներու գեղեցիկ բոյրը կը ստանայ, այդ անուշ բոյրը մամնին մէջ կը ծծուի անուշահոտի մը նման: Մարմինը դուրս կու տայ այդ բոյրը մինչեւ որ անիկա բոլորովին անհետանայ: Ինչպէս որ երկրի վրայ դուն ինքզինքդ լաւ կը զգաս երբ անուշահոտ դնես մարմնիդ վրայ, երկնային մարմինն ալ աւելի ուրախ կը զգայ զայն հոտուըտալով՝ անուշահոտ բոյրին պատճառաւ:

Արտաքսում՝ Շնչառութեան Միջոցաւ

Ուրեմն մարդիկ երկնքի մէջ ի՞նչպէս կ՚ուտեն եւ ի՞նչպէս իրենց կեանքերը կը շարունակեն: Աստուածաշունչին մէջ կը տեսնես թէ երբ Տէրը Իր յարութենէն ետքը երեւցաւ Իր աշակերտներուն, Անիկա կամ արտաշնչեց (Յովհաննու 20.22), եւ կամ ալ քիչ մը կերակուր կերաւ (Յովհաննու 21.12-15): Պատճառը, որ յարուցեալ Տէրը քիչ մը կերակուր կերաւ, այն չէր որովհետեւ Ինք անօթի էր, այլ որպէսզի իր աշակերտներուն ցնծութեան մասնակից դառնար եւ քեզ թոյլ տար գիտնալու որ դուն ալ երկնքի մէջ պիտի ունենաս՝ որպէս երկնային մարմին մը: Ասոր համար է որ Սուրբ Գիրքը արձանագրած է թէ Յիսուս Քրիստոս Իր յարութենէն ետք քիչ մը հաց եւ ձուկ կերաւ՝ որպէս նախաճաշ:

Ուրեմն ինչո՞ւ համար Աստուածաշունչը կ'ըսէ թէ Տէրը արտաշնչեց նոյնիսկ Իր յարութենէն ետքը: Երբ դուն երկնքի մէջ կերակուր ուտես, անիկա անմիջապէս կը լուծուի եւ շունչին միջոցաւ դուրս կ'արտաքսուի: Երկնքի մէջ, կերակուրը երկվայրկեանի մը մէջ կ'անջատուի եւ շունչին միջոցաւ մարմնէն դուրս կ'ելլէ: Ուստի, արտաքսելու կամ արտաքնոցներու պէտքը չկայ հոն: Ո՜րքան հանգստաւէտ եւ հիանալի է որ սպառած ուտելիքը շունչին միջոցաւ մարմնէն դուրս կ'ելլէ՝ որպէս անուշահոտ բոյր, եւ շուտով կը լուծուի....

4. Փոխադրամիջոցներ՝ Երկնքի մէջ

Մարդկային ամբողջ պատմութեան մէջ, մինչ քաղաքակրթութիւնը եւ գիտութիւնը յառաջ գացին, աւելի արագ եւ աւելի հանգստաւէտ փոխադրամիջոցներ հնարուեցան, ինչպէս՝ կառքեր, վակոններ, ինքնաշարժներ, նաւեր, հանրակառքեր, օդանաւեր, եւայլն:

Երկնքի մէջ ալ զանազան տեսակի փոխադրամիջոցներ կան: Այնտեղ կայ հանրային փոխադրութեան դրութիւն մը, ինչպէս՝ երկնային հանրակառքը, եւ անձնական փոխադրամիջոցներ, ինչպէս՝ ամպէ ինքնաշարժները եւ ոսկիէ վակոնները:

Երկնքի մէջ, երկնային մարմինը կրնայ շատ արագ երթալ կամ նոյնիսկ թռչիլ, որովհետեւ անիկա տարածութենէն եւ ժամանակէն անդին կ՚անցնի, բայց աւելի հաճելի ու զուարճալի է գործածել այն փոխադրամիջոցները որոնք կը տրուին որպէս վարձատրութիւններ:

Ճամբորդութիւն եւ Երթեւեկութիւն Երկնքի մէջ

Որքան ուրախ եւ ցնծալի պիտի ըլլայ եթէ դուն կարենաս ճամբորդել՝ ամբողջ երկնքի շուրջը դիտելով, եւ տեսնելով այն բոլոր գեղեցիկ ու հրաշալի բաները զոր Աստուած շինած է...

Երկնքի ամէն մէկ անկիւնը իւրայատուկ գեղեցկութիւն մը ունի, եւ ուստի դուն կրնաս անոր ամէն մէկ մասը վայելել: Այսուհանդերձ, որովհետեւ երկնային մարմնի սիրտը բնաւ չփոխուիր, անիկա բնաւ չձանձրանար կամ չյոգնիր նոյն տեղը դարձեալ այցելելով: Ուստի, երկնքի մէջ ճամբորդելը միշտ ալ շատ զուարճալի եւ հետաքրքրական բան մըն է:

Իրականութեան մէջ, երկնային մարմինը պէտք չունի մեքենայական որեւէ տեսակի փոխադրամիջոցի մը վրայ ըլլալու, որովհետեւ անիկա բնաւ ուժասպառ չզգար եւ կրնայ նոյնիսկ թռչիլ: Այսուհանդերձ, զանազան տեսակի փոխադրամիջոցներու գործածութիւնը աւելի հանգստաւէտ ըլլալու զգացումը կու տայ, ինչպէս որ երկրի վրայ օթոպիւս հեծնելը քիչ մը աւելի հանգստաւէտ է քան քալելը, եւ վարձակառքեր կամ ինքնաշարժներ քշելը քիչ մը աւելի հանգստաւէտ են քան օթոպիւս հեծնելը եւ կամ ստորերկեայ շոգեկառք մը առնելը:

Ուստի եթէ դուն երկնքի հանրակառքը նստած ես, որ գոյնզգոյն գոհարեղէններով զարդարուած է, դուն կրնաս քու որոշեալ վայրդ երթալ նոյնիսկ առանց որեւէ երկաթուղագիծի, եւ ան կրնայ ազատօրէն շարժիլ աջ ու ձախ, կամ նոյնիսկ վեր եւ վար:

Երբ Դրախտի մէջ մարդիկ Նոր Երուսաղէմ երթան, անոնք երկնքի հանրակառքը պիտի հեծնեն, որովհետեւ երկու տեղերն ալ բաւական հեռու են իրարմէ: Ասիկա խորապէս կը յուզէ ճամբորդները: Փայլուն լոյսերու ընդմէջէն թռչելով, անոնք կրնան երկնքի գեղեցիկ տեսարանները դիտել պատուհաններէն: Անոնք նոյնիսկ աւելի եւս ուրախ կը զգան տեսնելով զԱստուած՝ Հայրը:

Երկնքի փոխադրամիջոցներուն միջեւ կայ ոսկիէ վակոնը, զոր մասնայատուկ անձ մը կը քշէ Նոր Երուսաղէմի մէջ՝ երբ ան երկնքի շուրջը կը պտըտի: Վակոնը ունի ճերմակ թեւեր, եւ այնտեղ՝ ներսը կոճակ մը կայ: Այդ կոճակով, վակոնը լման ինքնագործ կերպով կը շարժի, եւ կրնայ վազել կամ նոյնիսկ թռչիլ՝ անոր տիրոջը ուզածին պէս:

Ամպէ Ինքնաշարժ

Երկնքի մէջ ամպերը զարդի մը նման են, որպէսզի երկնքի գեղեցկութիւնը աւելցնեն: Ուստի, երբ երկնային մարմին մը ճամբորդէ՝ շրջապատուած ամպերով, անիկա աւելի կը փայլի քան թէ երբ առանց ամպերու ճամբորդէ: Նաեւ, այդպէս ճամբորդելով անիկա կրնայ ուրիշներուն զգացնել տալ ամպերով պատուած հոգեւոր մարմնին արժանապատուութիւնը, անոր փառքն ու հեղինակութիւնը, եւ մեծարել տալ կամ յարգանք պարտադրել իրեն հանդէպ:

Աստուածաշունչը կ՚ըսէ թէ Տէրը ամպերով պիտի գայ (Ա. Թեսաղոնիկեցիս 4.16-17), եւ ասոր պատճառը այն է՝ որովհետեւ փառքի ամպերով գալը շատ աւելի վեհաշուք, մեծապատիւ, եւ գեղեցիկ է՝ քան թէ օդին մէջ գալը՝ առանց որեւէ բանի մը: Նոյն ձեւով, երկնքի մէջ ամպերը գոյութիւն ունին որպէսզի Աստուծոյ զաւակներուն փառքը աւելցնեն:

Եթէ դուն որակեալ ես Նոր Երուսաղէմ մտնելու, դուն կրնաս տիրանալ շատ աւելի զմայլելի ամպէ ինքնաշարժին: Անիկա շոգիով կազմուած ամպ մը չէ՝ ինչպէս երկրի վրայ եղող ամպը, այլ անիկա երկնային փառքի ամպով շինուած է:

Ամպէ ինքնաշարժը ցոյց կու տայ անոր տիրոջը փառքը, վեհափառութիւնը, եւ հեղինակութիւնը: Ամէն պարագայի, ոչ ամէն անձ կրնայ ամպէ ինքնաշարժի տիրանալ, որովհետեւ անիկա կը տրուի միայն անոնց՝ որոնք որակեալ են մտնելու Նոր Երուսաղէմ, բոլորովին սրբագործուած ըլլալով եւ հաւատարիմ մնացած ըլլալով Աստուծոյ բոլոր տան մէջ ամբողջութեամբ:

Անոնք որոնք Նոր Երուսաղէմ կը մտնեն, կրնան ամէն տեղ երթալ Տէրոջը հետ, հեծնելով այս ամպէ ինքնաշարժը: Այս պտոյտի ընթացքին, երկնային զօրքը եւ հրեշտակները կ՚ուղեկցին եւ կը ծառայեն իրենց: Ճիշդ կը նմանի երբ բազմաթիւ հոգեւոր գործիչներ կը ծառայեն թագաւորի մը կամ իշանի մը՝ երբ անիկա ճամբան է: Ուրեմն, երկնային զօրքին եւ հրեշտակներուն ուղեկցիլը եւ ծառայելը աւելի եւս ցոյց կու տան ամպէ ինքնաշարժին տիրոջը հեղինակութիւնը:

Սովորաբար հրեշտակներն են որոնք կը քշեն ամպէ

ինքնաշարժները: Այնտեղ կան մէկ-նստարանով ամպէ ինքնաշարժներ անձնական գործածութեան համար, կամ բազմապատիկ-նստարաններով՝ որոնց մէջ շատ մարդիկ կրնան միասին հեծնել: Երբ Նոր Երուսաղէմի մէջ անձ մը կուլֆ խաղայ եւ դաշտին շուրջ երթայ-գայ, ամպէ ինքնաշարժը կու գայ եւ կը կենայ անոր տիրոջ ոտքերուն առջեւ: Երբ ամպէ ինքնաշարժին տէրը անոր մէջ մտնէ, ինքնաշարժը վայրկեանի մը մէջ մեղմօրէն կը շարժի դէպի գնդակը:

Երեւակայէ թէ դուն երկնակամարին վրայ կը թռչիս, ամպէ ինքնաշարժ հեծած, Նոր Երուսաղէմի երկնային զօրքին եւ հրեշտակներուն ընկերակցութեամբ: Նաեւ, երեւակայէ թէ դուն ամպէ ինքնաշարժ հեծած ես Տէրոջը հետ միասին, կամ կը ճամբորդես դէպի անհուն մեծ երկինքը, քու սիրելիներուդ հետ միասին երկնային հանրակառքը նստած: Հաւանաբար դուն ցնծութեամբ ու հրճուանքով պիտի նուաճուիս:

5. Զուարճութիւն՝ Երկնքի մէջ

Կարգ մը մարդիկ կը խորհին որ շատ զուարճալի չէ ապրիլը որպէս երկնային մարմին մը. բայց այդպէս չէ: Այս ֆիզիքական աշխարհին մէջ դուն կը յոգնիս եւ կամ լման չես կրնար գոհանալ զուարճութենէն, բայց հոգեւոր աշխարհին մէջ «զուարճութիւնը» միշտ նորորգուած եւ կազդուրուած զգալ կու տայ քեզի:

Ուստի, նոյնիսկ այս աշխարհի մէջ, դուն որքան աւելի շատ իրագործես հոգիի ամբողջութիւնը, այնքան աւելի խորունկ սիրոյ փորձառութիւնը կ՚ունենաս եւ աւելի ուրախ կ՚ըլլաս: Երկնքի մէջ, դուն ոչ միայն քու նախասիրած ժամանցներդ կրնաս վայելել՝ այլ նաեւ շատ ուրիշ տեսակի զուարճութիւններ, եւ անիկա անբաղդատելիօրէն աւելի հաճելի է՝ քան երկրի վրայ գտնուող ուրիշ որեւէ տեսակի զուարճութիւն մը:

Նախասիրած ժամանցներ եւ Խաղեր Վայելել

Ճիշդ ինչպէս որ երկրի վրայ մարդիկ իրենց տաղանդները կը յառաջացնեն եւ իրենց կեանքերը աւելի յորդառատ կը դարձնեն՝ իրենց նախասիրած ժամանցներուն միջոցաւ, երկնքի մէջ ալ դուն կրնաս ունենալ եւ վայելել քու նախասիրած ժամանցներդ: Դուն կրնաս ճաշակել ոչ միայն այն՝ ինչ որ կը սիրէիր երկրի վրայ, այլ նաեւ կրնաս քու ուզածիդ չափ վայելել այն բաները՝ որոնցմէ հեռու մնացեր էիր՝ որպէսզի Աստուծոյ գործերը ընէիր: Նաեւ, դուն կրնաս նոր բաներ սորվիլ:

Անոնք որոնք հետաքրքրուած են նուագարաններ գործածելու մէջ, կրնան զԱստուած փառաբանել տաւիղով եւ կամ կրնան դաշնամուր, սրինգ, եւ շատ ուրիշ գործիքներ նուագել սորվիլ, եւ դուն շատ արագ կրնաս սորվիլ զանոնք, որովհետեւ եկրնքի մէջ ամէն մարդ շատ աւելի իմաստուն կը դառնայ:

Նաեւ, դուն կրնաս խօսակցութիւններ ունենալ բնութեան եւ երկնային կենդանիներու հետ, հաճոյքդ աւելցնելու համար: Նոյնիսկ բոյսերը եւ կենդանիները կրնան ճանչնալ Աստուծոյ զաւակները, սիրալիր ընդունելութիւն ցոյց տալ անոնց, եւ իրենց սէրն ու յարգանքը արտայայտել անոնց հանդէպ:

Ասկէ զատ, դուն կրնաս բազմատեսակ մարզասիրութիւններ վայելել ինչպէս՝ թենիս, պասքէթպոլ, փլչախաղ, կոլֆ, եւ սահամոյկ. բայց ոչ կարգ մը վայրի մարզասիրական յայտագիրներ՝ ինչպէս՝ ըմբշամարտութիւն կամ կռփամարտութիւն որոնք կրնան վնաս տալ ուրիշներուն: Դիւրիւթիւնները եւ սարքերը բնաւ վտանգաւոր չեն: Անոնք շինուած են հիանալի ատաղձներով եւ զարդարուած՝ ոսկիով ու գոհարեղէններով, որպէսզի աւելի ուրախութիւն եւ ցնծութիւն պատճառեն՝ մինչ դուն կը վայելես այդ մարզասիրութիւնը:

Նաեւ, մարզասիրական սարքերը կը ճանչնան ժողովուրդին սրտերը եւ աւելի մեծ հաճոյք կը պատճառեն անոնց: Օրինակի համար, եթէ դուն փլչախաղ կը սիրես, գնդակը կամ սեպերը կը փոխեն իրենց գոյները, եւ իրենց դիրքերն ու հեռաւորութիւնները կը զետեղեն այնպէս՝ ինչպէս դուն կը փափաքիս: Սեպերը կ'հյնան գեղեցիկ լոյսերով եւ զուարճալի ձայներ հանելով: Եթէ դուն կ'ուզես վնասել քու ընկերոջդ համար, սեպերը կը շարժին քու ցանկացածիդ համեմատ՝ որպէսզի աւելի ուրախ պահեն քեզ:

Երկնքի մէջ չարութիւն չկայ որպէսզի ուզէ չարաշահիլ եւ կամ դիմացինը պարտութեան մատնել: Հաճոյք պատճառելը եւ ուրիշներուն օգուտը փնտռելը՝ խաղը յաղթել կը նշանակէ: Կարգ մը մարդիկ կրնան հարցաքննել խաղին իմաստը որ ոչ շահող ունի եւ ոչ ալ պարտուող, բայց երկնքի մէջ դուն ուրիշին դէմ յաղթելով չէ որ հաճոյք կը ստանաս: Խաղը խաղալը ինքնին ցնծութիւն է:

Անշուշտ կան կարգ մը խաղեր որով դուն հաճոյք կը ստանաս՝ բարի ու արդար մրցակցութեամբ մը: Օրինակի համար, խաղ մը կայ որուն մէջ կը յաղթես այն համեմատութեամբ թէ դուն ո՞րքան հոտաւէտ բոյր կրնաս շնչել ծաղիկներէն, թէ ո՞րքան գեղեցկութեամբ կրնաս բաղադրել զանոնք լաւագոյն ձեւով, եւ լաւագոյն բոյրը դուրս հանելով, եւ ասոնց նման բաներ:

Զանազան Տեսակի Զուարճութիւններ

Կարգ մը մարդիկ որոնք խաղեր կը սիրեն, կը հարցնեն եթէ երկնքի մէջ կա՞յ այսպիսի բան ինչպէս՝ կամարաշարք մը կամ ծածկուած փողոցներ՝ երկու կողմերը խանութներով: Անշուշտ երկնքի մէջ շատ խաղեր կան որոնք շատ աւելի զուարճալի են քան երկրի վրայ եղող խաղերը:

Խաղերը երկնքի մէջ, բոլորովին տարբեր՝ երկրի վրայ եղողներէն, քեզ բնաւ չեն յոգնեցներ կամ բնաւ քու տեսողութիւնդ չեն վատթարացներ: Դուն երբեք չես ձանձրանար անոնցմէ: Ընդհակառակը, անոնք ետքը քեզ կ՝երտասարդացնեն եւ խաղաղութեան մէջ կը պահեն: Երբ դուն կը շահիս կամ լաւագոյն նիշը կը ստանաս, դուն չափազանց մեծ հաճոյք կը զգաս եւ բնաւ չես կորսնցներ քու հետաքրքրութիւններդ:

Երկնքի մէջ մարդիկ երկնային մարմիններու մէջ են, ուստի անոնք բնաւ չեն վախնար զբօսավայրերու մէջ հեծելակառքէն վար իյնալէ, ինչպէս գլորող գլանիկներէն: Անոնք միայն զգայացունց սարսուռը եւ հրճուանքը կը զգան: Ուստի նոյնիսկ անոնք որոնք երկրի վրայ բարձր տեղեր ըլլալու վախը ունէին, կրնան երկնքի մէջ այս բաները վայելել՝ որքան որ կ՝ուզեն:

Նոյնիսկ եթէ գլորող գլանիկներէն վար իյնաս, չես վիրաւորուիր, որովհետեւ երնային մարմին մըն ես: Դուն կրնաս շատ ապահովութեամբ էջք կատարել՝ կարգ մը ռազմասիրական արուեստներու տէր մէկու մը նման, եւ կամ հրեշտակները կը պաշտպանեն քեզ: Ուստի երեւակայէ թէ դուն գլորող գլանիկ մը հեծած ես, Տէրոջը եւ քու սիրելիներուդ հետ միասին ձուալով: Ո՜րքան ուրախ եւ հաճոյալի պիտի ըլլայ անիկա...

6. Պաշտամունք, Ուսում, եւ Մշակոյթ՝ Երկնքի մէջ

Երկնքի մէջ պէտք չկայ աշխատելու ուտելիքի, հագուելիքի, եւ բնակութեան համար: Ուստի կարգ մը մարդիկ կրնան զարմանալ հարց տալով. «Մենք ի՞նչ պիտի ընենք հոն յաւիտեան: Արդեօք անօգնական պիտի չըլլա՞նք պարապ կենալով»: Այսուհանդերձ, բնաւ պէտք չկայ մտահոգուելու:

Երկնքի մէջ այնքան շատ բաներ կան որ դուն կրնաս ուրախութեամբ վայելել: Այնտեղ կան բազմատեսակ հետաքրքրական ու զգայացունց գործունէութիւններ եւ յայտագիրներ, ինչպէս՝ խաղեր, ուսում, պաշտամունքի արարողութիւններ, հաւաքոյթներ եւ փառատօներ, ճամբորդութիւն եւ մարզասիրութիւններ:

Քեզմէ պահանջուած չէ կամ դուն ստիպուած չես մասնակցելու այդ գործունէութիւններուն: Իւրաքանչիւր անձ՝ ամէն բան կամաւոր կերպով եւ ցնծութեամբ կ'ընէ զայն, որովհետեւ ամէն ինչ որ դուն կ'ընես՝ առատապէս մեծ ուրախութիւն կը պատճառէ քեզ:

Ցնծութեամբ Պաշտամունք Կատարէ Աստուծոյ՝ Ստեղծիչին առջեւ

Ճիշդ ինչպէս որ երկրի վրայ եկեղեցական

արարողութիւններու ներկայ կ՚ըլլաս եւ զԱստուած կը պաշտես մասնայատուկ ժամու մը մէջ, երկնքի մէջ ալ դուն որոշատեններ զԱստուած կը պաշտես: Անշուշտ Աստուած Ինքը կը քարոզէ պատգամը, եւ Իր պատգամներուն միջոցաւ դուն կրնաս սորվիլ Աստուծոյ ծագումին եւ հոգեւոր աշխարհին մասին՝ որ ոչ սկիզբ ունի եւ ոչ ալ վերջաւորութիւն:

Ընդհանրապէս, անոնք որոնք կը գերազանցեն իրենց դասերուն մէջ՝ անհամբեր կը սպասեն դասապահերուն եւ ուսուցիչը տեսնելու: Նոյնիսկ հաւատքի կեանքին մէջ, անոնք որոնք կը սիրեն զԱստուած, եւ հոգիով ու ճշմարտութեամբ կը պաշտեն Զինք, անհամբեր կը սպասեն զանազան պաշտամունքի արարողութիւններու եւ լսելու հովիւին ձայնը որ կեանքի խօսքը կը քարոզէ:

Երբ երկինք երթաս, դուն կ՚ունենաս զԱստուած պաշտելու ցնծութիւնը եւ ուրախութիւնը, եւ անհամբեր կը սպասես Աստուծոյ Խօսքը լսելու: Դուն կրնաս Աստուծոյ Խօսքը լսել արարողութիւններու միջոցաւ, կրնաս ժամանակներ ունենալ Աստուծոյ հետ խօսելու, կամ Տէրոջը Խօսքը լսելու: Նաեւ, աղօթքի ժամանակներ կան հոն: Այսուհանդերձ, դուն ծունկի չես գար եւ կամ աղօթած ատենդ քու աչքերդ չես գոցեր՝ ինչպէս երկրի վրայ կ՚ընես: Անիկա Աստուծոյ հետ խօսակցելու ժամանակն է: Երկնքի մէջ աղօթքները խօսակցութիւններ են Հայր Աստուծոյ, Տէրոջը, եւ Սուրբ Հոգիին հետ միասին: Ո՜րքան ուրախ եւ ցնծալի պիտի ըլլան այդ ժամանակները...

Նաեւ, դուն կրնաս զԱստուած փառաբանել ճիշդ ինչպէս որ երկրի վրայ կ՚ընես: Այնուամենայնիվ, անիկա աշխարհի մէջ եղող պարզապէս որեւէ լեզու մը չէ, հապա դուն զԱստուած պիտի փառաբանես՝ նոր երգերով: Անոնք որոնք միասին փորձութիւններէ անցած են, եւ կամ երկրի վրայի նոյն եկեղեցւոյ անդամները կը հաւաքուին իրենց հովիւին հետ միասին՝ զԱստուած պաշտելու եւ իրարու հետ հաղորդակցութեան ժամ մը ունենալու համար:

Ուրեմն մարդիկ ի՞նչպէս իրարու հետ միասին կը պաշտեն երկնքի մէջ, մասնաւորապէս երբ իրենց բնակավայրերը տարբեր տեղերու մէջ կը գտնուին՝ երկնքի մէկ ծայրէն միւսը: Երկնքի մէջ, երկնային մարմիններու լոյսերը իրարմէ կը տարբերին ամէն մէկ բնակավայրի մէջ, ուստի անոնք իւրայատուկ հագուստներ փոխ կ՚առնեն որպէսզի աւելի բարձր մակարդակի ուրիշ տեղեր երթան: Ուրեմն ներկայ ըլլալու համար պաշտամունքի արարողութիւններու, որոնք տեղի կ՚ունենան Նոր Երուսաղէմի մէջ՝ որ ծածկուած է փառքի լոյսով, ամբողջ ժողովուրդը, որոնք ուրիշ տեղերու մէջ կը գտնուին, պէտք է իւրայատուկ հագուստներ փոխ առնեն:

Ի միջի այլոց, ճիշդ ինչպէս որ դուն կրնաս յաճախել եւ նոյն արարողութիւնը ամբողջ աշխարհի վրայով նոյն ժամուն դիտել՝ արբանեակներու միջոցաւ, նոյն բանը կրնաս երկնքի մէջ ալ ընել: Դուն կրնաս ներկայ ըլլալ եւ կամ երկնքի միւս բոլոր տեղերէն կրնաս դիտել նոյն արարողութիւնը՝ որ տեղի կ՚ունենայ Նոր Երուսաղէմի մէջ, բայց երկնքի մէջ պաստառը այնքան բնական է, որ այնպէս կը զգաս՝ որպէս թէ արարողութիւնը անձամբ կը յաճախես:

Նաեւ, դուն կրնաս հաւատքի նախահայրերը հրաւիրել, ինչպէս՝ Մովսէս եւ Պօղոս Առաքեալ, եւ իրարու հետ միասին պաշտամունք ընել:

Ամէն պարագայի, դուն պէտք է յատուկ հոգեւոր հեղինակութիւն ունենաս որպէսզի այդ ազնուական դէմքերը հրաւիրես:

Նոր եւ Խորունկ Հոգեւոր Գաղտնիքներ Սորվիլ

Աստուծոյ զաւակները բազմաթիւ հոգեւոր բաներ կը սորվին երկրի վրայ մշակուած ատեն, բայց ինչ որ անոնք հոս կը սորվին՝ միայն քայլ մըն է որ կ՚առնեն՝ երկինք երթալու համար: Երկինք մտնելէ ետք, անոնք կը սկսին նոր աշխարհին մասին սորվիլ:

Օրինակի համար, երբ Յիսուս Քրիստոսի հաւատացողները մեռնին, բացի անոնցմէ՝ որոնք Նոր Երուսաղէմ պիտի երթան, միւսները կը մնան Դրախտին ծայրը գտնուող շրջանին մէջ, եւ հոն անոնք կը սկսին հրեշտակներէն սորվիլ երկնքի կենցաղագիտութիւններն ու օրէնքները:

Ճիշդ ինչպէս որ երկրի վրայ մարդիկ, մինչ իրենք կը մեծնան, պէտք է ուսում ստանան որպէսզի կարենան յարմարիլ ընկերային շրջանակին հետ, նոյն ձեւով, հոգեւոր տարածութեան նոր աշխարհին մէջ ապրելու համար ալ, դուն պէտք է մանրամասնութեամբ սորվիս թէ ինչպէս պէտք է ինքզինքդ կառավարես:

Կարգ մը մարդիկ կրնան իրենք-իրենց հարց տալ թէ ինչո՞ւ համար իրենք տակաւին պէտք է ուսանին երկնքի մէջ, երբ արդէն շատ բաներ կը սորվին երկրի վրայ: Այս երկրի վրայ, սորվիլը հոգեւոր վարժութեան ընթացք մըն է, իսկ իրական սորվիլը կը սկսի քու երկինք մտնելէդ ետքը միայն:

Նոյնպէս, սորվիլը վերջ չունի, որովհետեւ Աստուծոյ թագաւորութիւնը անսահման է եւ յաւիտեան կը մնայ: Հոգ չէ թէ որքան սորվիս, դուն չես կրնար լման գիտնալ Աստուծոյ մասին՝ որ սկիզբէն առաջ էր: Դուն բնաւ չես կրնար ամբողջութեամբ իմանալ Աստուծոյ խորութիւնը՝ որ ներկայ էր յաւիտենականութենէն, որ կը կառավարէ ամբողջ տիեզերքը եւ անոր մէջ գտնուող բոլոր բաները, եւ որ ներկայ պիտի ըլլայ յաւիտեանս յաւիտենից:

Ուրեմն, կրնաս անդրադառնալ որ անհամար թիւով բաներ կան սորվելու՝ եթէ դուն անհուն ու անսահման հոգեւոր աշխարհը մտնես, եւ հոգեւորապէս սորվիլը շատ հետաքրքրական ու զուարճալի է, բոլորովին տարբեր՝ այս աշխարհի մէջ եղող կարգ մը ուսուցումներէ:

Անկէ զատ, հոգեւոր ուսումը երբեք ստիպողական չէ եւ քննութիւն չկայ հոն: Դուն բնաւ չես մոռնար քու սորվածդ, ուստի անիկա բնաւ դժուար կամ յոգնեցուցիչ չէ: Դուն երբեք պիտի չձանձրանաս կամ պարապ պիտի չըլլաս երկնքի մէջ: Պարզապէս ուրախ պիտի ըլլաս հիանալի եւ նոր բաներ սորվելով:

Հաւաքոյթներ, Խնճոյքնիեր, եւ Հանդէսներ

Երկնքի մէջ ալ նոյնպէս բազմատեսակ հաւաքոյթներ եւ հանդէսներ կան: Այս հաւաքոյթները երկնքի հաճոյքի գագաթնակէտերն են: Ասիկա այն տեղն է՝ ուր դուն պիտի վայելես ցնծութիւն եւ ուրախութիւն՝ արագ ակնարկով մը դիտելով երկնքի հարստութիւնը, ազատութիւնը, գեղեցկութիւնը եւ փառքը:

Ճիշդ ինչպէս որ երկրի վրայ մարդիկ շատ գեղեցիկ ձեւով ինքզինքնին կը զարդարեն հմայիչ հաւաքոյթներու երթալու, ուտելու, խմելու եւ լաւագոյն բաները վայելելու համար, երկնքի մէջ ալ դուն կրնաս հաւաքոյթներ ունենալ այն մարդոց հետ՝ որոնք ինքզինքին շատ գեղեցիկ ձեւով կը զարդարեն: Հաւաքոյթները լեցուն են գեղեցիկ պարերով, երգերով, եւ ուրախութեան խնդուքի ձայներով:

Նաեւ, այնտեղ կան տեղեր, ինչպէս՝ Նիւ Եորք Քաղաքի Քարնըկի Սրահը կամ Աւստրալիոյ Սիտնի Օփերան ուր կրնաս զանազան ներկայացումներ վայելել: Երկնքի մէջ ներկայացումները ինքզինքով հպարտանալու համար չէ այլ զԱստուած փառաբանելու, Տէրոջը ուրախութիւն ու ցնծութիւն տալու, եւ զանոնք ուրիշներու հետ բաժնեկցելու համար:

Դերակատարները մեծ մասամբ անոնք են՝ որոնք երկրի վրայ մեծապէս փառաբանեցին զԱստուած՝ երգերով, պարերով, երաժշտական գործիքներով, եւ նուագներով: Երբեմն այս մարդիկը կրնան երաժշտական նոյն կտորները նուագել՝ ինչ որ կ՛ընէին երկրի վրայ: Եւ կամ անոնք որոնք կ՛ուզէին այս բաները կատարել երկրի վրայ, բայց տուեալ պարագաներու տակ չկրցան ընել, երկնքի մէջ կրնան զԱստուած փառաբանել՝ նոր երգերով եւ նոր պարերով:

Նաեւ, սինեմայի թատրոններ կան հոն, ուր դուն կրնաս շարժանկարներ դիտել: Առաջին կամ Երկրորդ Թագաւորութեան մէջ, մարդիկ սովորաբար հանրային թատրոններու մէջ կը դիտեն շարժանկարները: Երրորդ Թագաւորութեան եւ Նոր Երուսաղէմի մէջ, ամէն մէկ բնակիչ իր իւրայատուկ դիւրիւթիւնը ունի իր տան մէջ: Մարդիկ կրնան շարժանկարներ դիտել՝ առանձին, եւ կամ իրենց սիրելիները հրաւիրել շարժանկարի մը համար, մինչ իրենք իրարու հետ միասին թեթեւ ճաշեր կ՚առնեն:

Աստուածաշունչին մէջ, Պօղոս Առաքեալ Երրորդ Երկինք գացած էր, բայց չէր կրնար զայն յայտնել ուրիշներու (Բ. Կորնթացիս 12.4): Շատ դժուար է մարդոց հասկցնել երկինքը, որովհետեւ անիկա ճանչցուած կամ լաւ հասկցուած աշխարհ մը չէ մարդոց համար: Ընդհակառակը, շատ կարելիութիւն կայ որ մարդիկ սխալ հասկնան զայն:

Երկինքը կը պատկանի հոգեւոր աշխարհին: Երկինքը լեցուն է այնպիսի ուրախութեամբ եւ ցնծութեամբ, որուն փորձառութիւնը դուն բնաւ չես կրնար ունենալ երկրի վրայ: Երկնքի մէջ այնքան շատ բաներ կան՝ զոր դուն բնաւ չես կրնար հասկնալ կամ երեւակայել:

Աստուած չափազանց գեղեցիկ երկինք մը պատրաստած է քեզի համար ապրելու, եւ Ինք Աստուածաշունչին միջոցաւ կը քաջալերէ քեզ որպէսզի դուն յարմար յատկութիւնները ունենաս հոն մտնելու:

Ուրեմն, ես Տէրոջը անունով կ՚աղօթեմ որ դուն ցնծութեամբ կարենաս ընդունիլ Տէրը, յարմար բարեմասնութիւններով, որոնք անհրաժեշտ են կարենալ պատրաստ ըլլալու որպէս Իր գեղեցիկ հարսը՝ երբ Ինք դարձեալ վերադառնայ:

Գլուխ 6

Դրախտ

1. Դրախտի Գեղեցկութիւնը եւ Ուրախութիւնը
2. Ինչ Տեսակի Մարդիկ Դրախտ Կ'երթան

Յիսուս ալ ըսաւ անոր.
«Ճշմարիտ կ՚ըսեմ քեզի,
"Դուն այսօր Ինծի հետ դրախտին մէջ
պիտի ըլլաս"»:
- Ղուկաս 23.43 -

Բոլոր անոնք որոնք կը հաւատան Յիսուս Քրիստոսի որպէս իրենց անձնական Փրկիչը, եւ որոնց անունները գրուած են կենաց գրքին մէջ, կարող պիտի ըլլան յաւիտենական կեանք վայելելու երկինքը: Ամէն պարագայի, ես արդէն բացատրած եմ որ հաւատքի աճումին մէջ քայլեր կան, եւ երկնքի մէջ տրուած բնակավայրերը, պսակներն ու վարձատրութիւնները կախում պիտի ունենան ամէն մէկուն հաւատքի չափին վրայ:

Անոնք որոնք աւելի շատ կը նմանին Աստուծոյ սրտին, անոնք Աստուծոյ Աթոռին աւելի մօտիկ տեղ մը պիտի բնակին, եւ որքան հեռու կենան Աստուծոյ Աթոռէն, անոնք այդքան նուազ կը նմանին Աստուծոյ սրտին:

Դրախտը՝ Աստուծոյ Աթոռէն ամենէն հեռու տեղն է, որ Աստուծոյ փառքին նուազագոյն լոյսը ունի, եւ երկնքի մէջ ամենէն ցած մակարդակն է: Սակայն տակաւին, անիկա անբաղդատելիօրէն աւելի գեղեցիկ է քան այս երկիրը, նոյնիսկ աւելի գեղեցիկ՝ քան Եդեմի Պարտէզը:

Ուրեմն, ի՞նչ տեսակ տեղ մըն է Դրախտը, եւ ի՞նչ տեսակի մարդիկ կ'երթան հոն:

1. Դրախտի Գեղեցկութիւնը եւ Ուրախութիւնը

Դրախտին ծայրի շրջանը կը գործածուի որպէս Սպասման Վայր, մինչեւ Ճերմակ Աթոռի Դատաստանին Մեծ Օրը (Յայտնութիւն 20.11-12):

Բացի անոնցմէ, որոնք արդէն Նոր Երուսաղէմ գացած են Աստուծոյ սիրտը իրագործելէ ետք, եւ որոնք կ՚օգնեն Աստուծոյ գործերուն մէջ, սկիզբէն ամէն մէկ փրկուած անձ կը սպասէ Դրախտին ծայրը:

Ուրեմն դուն կրնաս անդրադառնալ թէ Դրախտը այնքան ընդարձակ է, որ անոր ծայրը գտնուող շրջանները կը գործածուին որպէս Սպասման Վայր՝ բազմաթիւ մարդոց համար: Հակառակ որ այս ընդարձակ Դրախտը երկնքի ամենէն ցած մակարդակն է, անիկա տակաւին անբաղդատելիօրէն աւելի գեղեցիկ եւ աւելի ուրախ տեղ մըն է քան այս երկիրը՝ որ անիծուած է Աստուծոյ կողմէ:

Ասկէ զատ, որովհետեւ անիկա տեղն մըն է՝ ուր պիտի մտնեն անոնք որոնք երկրի վրայ մշակուած են, հոն շատ աւելի ուրախութիւն եւ ցնծութիւն կայ քան Եդեմի Պարտէզին մէջ, ուր առաջին մարդը՝ Ադամ ապրած էր:

Հիմա թոյլ տուէք որ դիտենք Դրախտի գեղեցկութիւնը եւ ուրախութիւնը զոր Աստուած յայտնած ու ճանչցուցած է:

Ընդարձակ Դաշտեր՝ Գեղեցիկ Կենդանիներով եւ Բոյսերով Լեցուն

Դրախտը կը նմանի ընդարձակ դաշտի մը, եւ այնտեղ կան բազմաթիւ լաւ-կազմակերպուած մարզագետիններ եւ գեղեցիկ պարտէզներ: Բազմաթիւ հրեշտակներ կը պահպանեն եւ հոգ կը տանին այդ տեղերուն: Թռչուններուն երգերը չափազանց յստակ ու մաքուր են, եւ կ՚արձագանգեն Դրախտին մէկ ծայրէն միւսը: Երկնքի թռչունները գրեթէ կը նմանին երկրի վրայ եղող թռչուններուն, բայց անոնք քիչ մը աւելի մեծ են եւ աւելի գեղեցիկ փետուրներ ունին: Շատ սիրուն է դիտել անոնց խումբերով երգելը:

Նաեւ, պարտէզներուն մէջի ծառերն ու ծաղիկները չափազանց թարմ եւ հոյակապ են: Երկրի վրայի ծառերն ու ծաղիկները ժամանակի ընթացքին կը թառամին, բայց Դրախտի մէջ ծառերը միշտ կանաչ են եւ ծաղիկները բնաւ չեն թառամիր: Երբ մարդիկ մօտենան անոնց, ծաղիկները կը ժպտին, եւ երբեմն ալ իրենց իւրայատուկ անուշահոտ բոյրերը դուրս կու տան՝ որոշ հեռաւորութեան մը վրայ:

Թարմ ծառերը բազմատեսակ պտուղներ կը կրեն: Անոնք քիչ մը աւելի մեծ են քան երկրի վրայ եղող պտուղները: Անոնց կեղեւները փայլուն են եւ շատ համեղ կ'երեւնան: Դուն պէտք չունիս կեղուելու զանոնք, որովհետեւ փոշի կամ որդեր չկան հոն: Ի՜նչքան գեղեցիկ եւ ուրախ պիտի ըլլայ տեսարանը՝ ուր մարդիկ գեղեցիկ դաշտի մը մէջ շրջանակի նստած՝ իրար հետ կը խօսակցին, համեղ եւ ախորժաբեր պտուղներով լեցուն կողովներով:

Նաեւ, այնտեղ, ընդարձակ դաշտին վրայ, կան բազմաթիւ կենդանիներ: Անոնց մէջ կան նաեւ առիւծներ, որոնք խաղաղութեամբ կը կերակրուին խոտին վրայ: Անոնք շատ աւելի մեծ են քան երկրի վրայ եղող առիւծները, բայց բնաւ յարձակողական չեն: Անոնք շատ սիրուն են որովհետեւ մեղմ նկարագիրներ ունին, եւ մաքուր, փայլուն մազեր:

Կեանքի Ջուրի Գետը Հանդարտօրէն Կը Հոսի

Կեանքի Ջուրի Գետը կը հոսի երկնքի մէկ ծայրէն միւսը՝ սկսելով Նոր Երուսաղէմէն դէպի դրախտ, եւ անիկա բնաւ չշոգիանար կամ չապականիր: Այս գետէն ելլող ջուրը որ Աստուծոյ Աթոռէն կը բղխի եւ ամէն բան կը զովացնէ՝ կը ներկայացնէ Աստուծոյ սիրտը: Անիկա պայծառ ու գեղեցիկ միտքն է՝ որ անարատ, անբիծ եւ փայլուն է, առանց որեւէ խաւարի: Աստուծոյ սիրտը կատարեալ է եւ ամէն բանի մէջ անթերի:

Կեանքի Ջուրի Գետը որ հանդարտօրէն կը բխի՝ շողշողացող ծովու ջուրին նման է՝ արեւոտ օրուայ մը մէջ, արեւու լոյսը ցոլացնող: Անիկա այնքան յստակ եւ թափանցիկ է՝ որ չկրնար բաղդատուիլ երկրի վրայ եղող ուրիշ որեւէ ջրային մարմնի մը հետ: Քիչ մը հեռուէն դիտելով, անիկա կապոյտ կ՛երեւնայ, եւ կը նմանի խորունկ կապոյտ Միջերկրական Ծովուն կամ Ատլանտեան Ովկեանոսին:

Այնտեղ, Կեանքի Ջուրի Գետին երկու կողմերը, ճամբաներուն վրայ կան գեղեցիկ նստարաններ: Նստարաններուն շուրջ կան կենաց ծառեր որոնք ամէն ամիս տարբեր պտուղ կ՛արտադրեն: Կենաց ծառին պտուղները երկրի վրայ եղող պտուղներէն մեծ են, եւ անոնք այնքան համեղ կը շնչուին ու կը համտեսուին, որ չեն կրնար յարմար ձեւով նկարագրուիլ: Անոնք բամպակէ քաղցրեղէնի մը նման կը հալին երբ անոնցմէ մէկը բերնիդ մէջ դնես:

Անձնական Ստացուածքներ Չկան Երկինքը

Երկնքի մէջ, այր մարդոց մազերը կը հասնին մինչեւ վիզին գիծը, բայց կիներուն մազերը կը ցոլացնեն տրուած վարձատրութիւններու քանակը: Կնոջ մը ամենաերկար մազը կրնայ մինչեւ մէջքը հասնիլ: Ամէն պարագայի, Դրախտի մէջ մարդիկ վարձատրութիւններ չեն ստանար, ուստի կիներուն մազերը պարզապէս քիչ մը աւելի երկար են քան այր մարդոցը:

Անոնք ճերմակ հանդերձ կը հագնին, մէկ կտոր հիւսուած, բայց հագուստին վրայ որեւէ զարդարանք չկայ ինչպէս՝ լանջասեղ մը կամ որեւէ պսակներ եւ կամ մազի գնդասեղներ: Պատճառը՝ որովհետեւ անոնք ոչ մէկ բան ըրած են Աստուծոյ թագաւորութեան համար՝ երբ իրենք կ'ապրէին երկրի վրայ:

Նոյնպէս, որովհետեւ ամէն անոնք որոնք Դրախտ կ'երթան վարձատրութիւններ չունին, այնտեղ անձնական տուն, պսակ, զարդեղէններ, կամ հրեշտակներ չկան իրենց համար նշանակուած՝ որպէսզի ծառայեն իրենց: Հոն միայն տեղ կայ այն հոգիներուն որոնք Դրախտին մէջ կ'ապրին՝ հոն մնալու համար: Անոնք այդ տեղը կ'ապրին՝ իրար ծառայելով:

Նոյնն է պարագան Եդեմի Պարտէզին՝ ուր անձնական տուն չկայ ամէն մէկ բնակիչի համար, բայց նշանակալից տարբերութիւն կայ երկու տեղերուն միջեւ եղող ուրախութեան քանակի մեծութեան մէջ: Դրախտի մէջ մարդիկ զԱստուած «Աբբա Հայր» կը կոչեն, որովհետեւ անոնք ընդունած են Յիսուս Քրիստոսը եւ Սուրբ Հոգին ստացած են. ուստի անոնք այնպիսի մեծ ուրախութիւն կը զգան որ չկրնար բաղդատուիլ Եդեմի Պարտէզին մէջ եղող ուրախութեան հետ:

Ուրեմն, չափազանց մեծ օրհնութիւն եւ արժէքաւոր բան մըն է որ դուք ծնած էք այս աշխարհին մէջ, որ ամէն տեսակ լաւ ու գէշ բաներու փորձառութիւնը ունեցած էք, Աստուծոյ ճշմարիտ զաւակներ դարձած էք, եւ հաւատք ունիք:

Դրախտը Լեցուն է Ուրախութեամբ եւ Ցնծութեամբ

Նոյնիսկ Դրախտի մէջ կեանքը լեցուն է ուրախութեամբ եւ ցնծութեամբ՝ ճշմարտութեան մէջ, որովհետեւ այնտեղ չարութիւն չկայ եւ ամէն անձ, ամէն բանէ առաջ ուրիշներուն օգուտը կը փնտռէ: Այնտեղ ոչ մէկը վնաս կը հասցնէ միւսին, այլ հոն միայն զիրար կը ծառայեն սիրոյ հոգիով: Ո՜րքան մեծ երջանկութիւն պիտի պատճառէ եւ հաճոյալի պիտի ըլլայ այդ կեանքը...

Ասկէ զատ, բնակութեան, հագուելիքի, եւ ուտելիքի մասին մտահոգուելու պէտք չունենալը եւ այն իրողութիւնը որ այնտեղ արցունքներ, վիշտ, հիւանդութիւններ, ցաւ, եւ մահ չկան՝ արդէն այդ ինքնին ուրախութիւնն է:

> *Եւ Ինք անոնց աչքերէն բոլոր արցունքները պիտի սրբէ եւ ա՜լ մահ պիտի չըլլայ: Ո՛չ սուգ եւ ո՛չ աղաղակ եւ ո՛չ ցաւ պիտի ըլլայ ասկէ յետոյ, վասն զի առաջուան բաները անցան* (Յայտնութիւն 21.4):

Նաեւ, դուն կը տեսնես թէ ճիշդ ինչպէս որ հրեշտակներուն մէջ գլխաւոր հրեշտակներ կան, Դրախտի ժողովուրդին մէջ ալ նուիրապետութեան աստիճան կայ, այսինքն հոն կան ներկայացուցիչներ եւ ներկայացուածներ: Որովհետեւ ամէն մէկուն հաւատքի գործը տարբեր է, անոնք որոնք յարաբերաբար աւելի մեծ հաւատք ունին՝ նշանակուած են որպէս ներկայացուցիչներ, որպէսզի հոգ տանին վայրի մը կամ ժողովուրդի խումբի մը:

Այս մարդիկը Դրախտի սովորական ժողովուրդէն

տարբեր հագուստներ կը հագնին, եւ անոնք ամէն բանի մէջ նախապատուութիւնը ունին: Ասիկա անարդար բան մը չէ, բայց կը կիրարկուի Աստուծոյ անշեղ արդարութեամբը՝ ամէն մէկուն իր արարքներուն համեմատ փոխ-հատուցում ընելու համար:

Որովհետեւ երկնքի մէջ նախանձութիւն կամ անձնասիրութիւն չկայ, մարդիկ բնաւ ատելութիւն կամ թշնամութիւն չեն զգար երբ աւելի լաւ բաներ տրուին ուրիշներուն: Ընդհակառակը, անոնք ուրախ եւ գոհ կը զգան տեսնելով որ ուրիշներ լաւ բաներ կը ստանան:

Պէտք է անդրադառնաք որ Դրախտը անբաղդատելիօրէն աւելի գեղեցիկ եւ աւելի ուրախ տեղ մըն է քան այս երկիրը:

2. Ինչ Տեսակի Մարդիկ Դրախտ Կ'երթան

Դրախտը գեղեցիկ տեղ մըն է որ պատրաստուած է Աստուծոյ մեծ սիրոյն եւ ողորմութեան մէջ: Անիկա տեղն է անոնց՝ որոնք բաւարար չափով որակեալ չեն կոչուելու որպէս Աստուծոյ ճշմարիտ զաւակներ, բայց անոնք ճանչցած են զԱստուած եւ հաւատացած են Յիսուս Քրիստոսի, եւ ուրեմն չեն կրնար դժոխք դրկուիլ: Ուրեմն ճշգրտօրէն խօսելով, ի՞նչ տեսակի մարդիկ Դրախտ կ'երթան:

Դարձի Գալ Մեռնելէ Ճիշդ Առաջ

Ամէն բանէ առաջ, Դրախտը տեղն է անոնց՝ որոնք ճիշդ իրենց մեռնելէն առաջ ապաշխարեցին եւ Յիսուս Քրիստոսը ընդունեցին՝ փրկուելու համար, Յիսուսի երկու կողմերէն մէկուն վրայ խաչուող աւազակին նման: Եթէ կարդաս Ղուկաս 23.39-էն անդին, պիտի տեսնես թէ երկու աւազակներ խաչուեցան Յիսուսի երկու կողմերը: Աւազակներէն մէկը անարգանքներ արձակեց Յիսուսի վրայ, բայց երկրորդը յանդիմանեց առաջինին, զղջաց, եւ ընդունեց Յիսուսը որպէս իր Փրկիչը: Յետոյ Յիսուս ըսաւ երկրորդ աւազակին որ ապաշխարեց, թէ ինք փրկուած էր: Յիսուս այսպէս ըսաւ աւազակին. «Ճշմարիտ կ'ըսեմ քեզի, 'Դուն այսօր Ինծի հետ Դրախտին մէջ պիտի ըլլաս'»: Այս աւազակը պարզապէս միայն ընդունեց Յիսուսը որպէս իր Փրկիչը: Անիկա ոչ ձերբազատուեցաւ իր մեղքերէն, եւ ոչ ալ Աստուծոյ Խօսքին համեմատ ապրեցաւ: Որովհետեւ ինք Տէրը ընդունեց ճիշդ իր մեռնելէն առաջ, անիկա ժամանակ չունեցաւ Աստուծոյ Խօսքը սորվելու եւ անոր համեմատ ապրելու:

Պէտք է անդրադառնաք որ Դրախտը անոնց համար է՝ որոնք ընդունած են Յիսուս Քրիստոսը, բայց ոչ մէկ բան ըրած են Աստուծոյ թագաւորութեան համար, ճիշդ ինչպէս որ Ղուկաս 23-ի մէջ այս աւազակը պատկերացուց:

Տակաւին, եթէ դուն խորհիս ըսելով. «Ես Տէրը պիտի ընդունիմ մեռնելէս ճիշդ առաջ, որպէսզի կարող ըլլամ Դրախտ երթալ, որը այնքան գեղեցիկ եւ ուրախ տեղ մըն է, որ չկրնար այս երկրի հետ բաղդատուիլ», ասիկա սխալ գաղափար մըն է: Աստուած թոյլ տուաւ որ Յիսուսի մէկ կողմը խաչուող աւազակը փրկուի, որովհետեւ Ան գիտէր թէ այդ աւազակը բարի սիրտ մը ունէր մինչեւ վերջը սիրելու զԱստուած եւ չլքելու Տէրը՝ եթէ աւելի շատ ժամանակ ունենար ապրելու:

Ամէն պարագայի, ոչ ամէն անձ կրնայ Տէրը

ընդունիլ իր մեռնելէն ճիշդ առաջ, եւ հաւատքը չկրնար երկվայրկեանի մը մէջ տրուիլ իրեն: Ուեմն, դուն պէտք է անդրադառնաս որ այսպիսի պարագայ մը հազուագիւտ է՝ որուն մէջ Յիսուսի մէկ կողմը խաչուող աւազակը փրկուեցաւ իր մեռնելէն ճիշդ առաջ:

Նաեւ, մարդիկ որոնք ամօթալի փրկութիւն կը ստանան, տակաւին շատ չարութիւն ունին իրենց սրտերուն մէջ, նոյնիսկ եթէ փրկուած են, որովհետեւ անոնք իրենց ուզածին պէս ապրած են իրենց կեանքերը:

Անոնք յաւիտեան երախտապարտ պիտի ըլլան Աստուծոյ պարզապէս միայն այն իրողութեան համար որ իրենք Դրախտի մէջ կը գտնուին եւ յաւիտենական կեանք կը վայելեն երկինքը՝ միայն Յիսուս Քրիստոսը ընդունելով որպէս իրենց Փրկիչը, հակառակ որ իրենք երկրի վրայ որեւէ բան մը չեն ըրած հաւատքով:

Դրախտը շատ տարբեր է Նոր Երուսաղէմէն ուր Աստուծոյ Աթոռը կայ, բայց սոսկ այն իրողութիւնը միայն, որ իրենք դժոխք չեն գացած՝ այլ փրկուած են, զիրենք չափազանց ուրախ կ՛ընէ եւ ցնծութեամբ կը լեցնէ:

Աճումի Պակաս՝ Հոգեւոր Հաւատքի մէջ

Երկրորդ, նոյնիսկ եթէ մարդիկ ընդունած են Յիսուս Քրիստոսը եւ հաւատք ունին, անոնք ամօթալի փրկութիւն կը ստանան եւ Դրախտ կ՛երթան՝ եթէ աճում չըլլայ իրենց հաւատքին մէջ: Ոչ միայն նոր հաւատացեալները, այլ անոնք ալ, որոնք երկար ժամանակէ իվեր կրնան հաւատացած ըլլալ, Դրախտ պէտք է երթան որովհետեւ իրենց հաւատքը շարունակ հաւատքի առաջին մակարդակին վրայ մնացած է:

Անգամ մը Աստուած ինծի թոյլ տուաւ լսելու հաւատացեալի մը խոստովանութիւնը որ երկար ատենէ իվեր հաւատքի մէջ էր, եւ անիկա ներկայիս կը մնայ երկնքի Սպասման Վայրին մէջ՝ Դրախտին ծայրը:

Այդ անձը ծնած էր ընտանիքի մը մէջ որոնք բնաւ չէին ճանչնար զԱստուած եւ կուռքեր կը պաշտէին, եւ անիկա աւելի ուշ իր կեանքին մէջ սկսաւ Քրիստոնէական կեանք ապրիլ: Սակայն քանի որ ճշմարիտ հաւատք չունէր, անիկա տակաւին մեղքի սահմաններուն մէջ ապրեցաւ եւ իր աչքերէն մէկուն տեսողութիւնը կորսնցուց: Ան անդրադարձաւ թէ ինչ է ճշմարիտ հաւատքը, կարդալէ ետք իմ վկայութեանս գիրքը՝ Համտեսել Յաւիտենական Կեանք՝ Մահուընէ Առաջ, վերջը ինք արձանագրուեցաւ այս եկեղեցիին մէջ եւ յետոյ երկինք գնաց՝ մինչ Քրիստոնէական կեանք կը վարէր այս եկեղեցիին մէջ:

Ես կրցայ լսել փրկուած ըլլալու իր ցնծութեամբ լեցուն վկայութիւնը, որովհետեւ ինք Դրախտ գնաց, երկրի վրայ իր կեանքի ընթացքին չափէն աւելի տառապելէ ետք՝ վիշտերով, ցաւերով եւ հիւանդութիւններով:

«Ես չափազանց ազատ եւ ուրախ եմ այստեղ՝ վեր գալուս համար, մարմինս ձգելէ ետք: Ես չեմ գիտեր ինչո՞ւ կը փորձէի մարմնաւոր բաներու ետեւէ երթալ: Անոնք բոլորն ալ անիմաստ էին: Մարմնաւոր բաներու հետեւիլը շատ անիմաստ եւ անպէտք է, քանի որ ես հոս վեր եկած եմ մարմինը ձգելէս յետոյ:

Երկրի վրայ իմ կեանքիս մէջ կային ցնծութեան եւ գոհութեան, յուսախափութեան եւ յուսահատութեան ժամանակներ։ Այստեղ, երբ ինքզինքիս կը նայիմ այս հանգստութեան եւ ուրախութեան մէջ, ես կը յիշեմ այն ժամանակները երբ կը փորձէի պինդ բռնել այս անիմաստ կեանքը եւ ինքզինքս պահել այդ անիմաստ կեանքին մէջ։ Սակայն իմ հոգիս բանի մը պակասը չունի հիմա որ ես այս հանգստաւէտ տեղը կը գտնուիմ, եւ այն իրողութիւնը որ ես կարողացայ փրկութեան այս վայրին մէջ ըլլալ, ինքնին մեծ հրճուանք կը պատճառէ ինծի։

Ես շատ հանգիստ եմ հոս՛ այս վայրին մէջ։ Ես չափազանց հանգիստ եմ, որովհետեւ ձգեցի մարմինս, եւ հաճոյք կ՛առնեմ այն բանին մէջ որ ես այս խաղաղութեամբ լեցուն տեղը եկած եմ՛ երկրի վրայ իմ ունեցած սպառիչ կեանքէս յետոյ։ Ես իսկապէս չէի գիտեր թէ որքան ուրախալի բան մըն էր մարմինէն ձերբազատուիլը, բայց ես չափէն աւելի խաղաղութեամբ եւ ցնծութեամբ լեցուած եմ մարմինը ձգելով եւ այս տեղը գալով։

Չկրնալ տեսնելը, չկրնալ քալելը, եւ չկրնալ շատ ուրիշ բաներ ընելը, բոլորն ալ այդ ժամանակ ֆիզիքական մարտահրաւէր մըն էին ինծի համար, բայց ես երջանկութեամբ եւ շնորհակալութեամբ լեցուն եմ յաւիտենական կեանք ստանալէս եւ հոս գալէս ետք, որովհետեւ կը զգամ թէ ես այս մեծ տեղը կարողացայ ըլլալ՛ այդ բոլոր բաներուն պատճառաւ։

Ուր որ եմ՛ Առաջին Թագաւորութիւնը, Երկրորդ Թագաւորութիւնը, Երրորդ Թագաւորութիւնը, կամ Նոր Երուսաղէմը չէ։ Ես միայն Դրախտի մէջ եմ, բայց ես չափէն աւելի շնորհակալութեամբ եւ ցնծութեամբ լեցուած եմ Դրախտի մէջ ըլլալուս համար:

Իմ հոգիս գոհացած է աստւ:
Իմ հոգիս կը փառաբանէ աստւ:
Իմ հոգիս ուրախ է աստւ:
Իմ հոգիս շնորհակալութեամբ լեցուն է աստր համար:

Ես ցնծութեամբ եւ երախտագիտութեամբ լեցուած եմ որովհետեւ ես վերջացուցի այդ խեղճ ու թշուառ կեանքը, եւ եկայ վայելելու այս հանգստաւէտ կեանքը»:

Հաւատքի մէջ Յետադիմել՝ Փորձութիւններու Պատճառաւ

Վերջապէս, կարգ մը մարդիկ կան որոնք հաւատարիմ եղած են, բայց անոնք աստիճանաբար զաղջ եւ անտարբեր դարձած են իրենց հաւատքին մէջ՝ զանազան պատճառներով, եւ ուրեմն անոնք հազիւ թէ փրկութիւն կը ստանան:

Մարդ մը որ իմ եկեղեցիիս մէջ երէց մըն էր, հաւատարմութեամբ ծառայեց եկեղեցւոյ շատ մը գործերուն մէջ: Ուստի դուրսէ դուրս իր հաւատքը մեծ կը թուէր, սակայն օր մը, ան յանկարծ լրջօրէն հիւանդացաւ: Անիկա նոյնիսկ չկրցաւ խօսիլ եւ եկաւ իմ աղօթքս ստանալու: Փոխանակ բժշկութեան համար աղօթելու, ես աղօթեցի անոր փրկութեան համար: Այդ ժամանակ, իր հոգին չափէն աւելի կը տանջուէր՝ հրեշտակներուն եւ չար ոգիներուն միջեւ եղող պայքարի վախէն –

հրեշտակներուն՝ որոնք կը փորձէին զինք երկինք տանիլ եւ չար ոգիներուն՝ որոնք կը փորձէին զինք դժոխք տանիլ: Եթէ ինքը բաւական հաւատք ունեցած ըլլար փրկուելու համար, չար ոգիները պիտի չզային զինք առնելու: Ուստի ես անմիջապէս աղօթեցի չար ոգիները դուրս քշելու համար, եւ աղօթեցի Աստուծոյ որ ընդունի այս մարդը: Աղօթքէն անմիջապէս ետք, ան հանգստացաւ եւ արցունքներ թափեց: Անիկա իր մեռնելէն ճիշդ առաջ ապաշխարեց եւ ուրեմն հազիւ թէ փրկուեցաւ:

Նմանապէս, նոյնիսկ եթէ դուն Սուրբ Հոգին ստացած ըլլաս եւ սարկաւագի մը կամ երէցի մը պաշտօնին համար նշանակուած ըլլաս, Աստուծոյ աչքին ամօթ պիտի ըլլայ մեղքի մէջ ապրիլը: Եթէ դուն չդառնաս այս տեսակի գաղջ հոգեւոր կեանքէ, քու մէջդ եղող Սուրբ Հոգին աստիճանաբար պիտի անհետանայ, եւ դուն պիտի չկրնաս փրկուիլ:

> *Գիտեմ քու գործերդ, որ ո՛չ պաղ ես ու ո՛չ տաք. երանի՜ թէ պաղ ըլլայիր կամ տաք: Ուստի դուն որ գաղջ ես ու ո՛չ տաք՝ ո՛չ ալ պաղ, քեզ բերնէս դուրս փսխելու վրայ եմ* (Յայտնութիւն 3.15-16):

Ուրեմն, դուք պէտք է անդրադառնաք որ Դրախտ երթալը շատ ամօթալի փրկութիւն է եւ աւելի խանդավառ եւ կորովի պէտք է ըլլաք ձեր հաւատքը հասունցնելու նկատմամբ:

Անգամ մը անցեալին՝ այս մարդը առողջացաւ աղօթքս ընդունելէ ետք, եւ նոյնիսկ իր կինը իմ աղօթքիս միջոցաւ դարձեալ կենդանութիւն ստացաւ՝ մահուան դռնէն ետ դառնալով: Կեանքի խօսքերը լսելով, անոր ընտանիքը, որ շատ նեղութիւններ ունէր, ուրախ ընտանիք մը դարձաւ: Անկէ ետք ինք հասունցաւ՝ դառնալով հաւատարիմ գործակատար մը Աստուծոյ համար՝ իր ջանքերով, եւ ինք հաւատարիմ էր իր պարտականութիւններուն մէջ:

Բայց եւ այնպէս, ատեն մը, երբ եկեղեցին փորձութիւն մը կը դիմագրաւէր, ան չփորձեց պաշտպանել եկեղեցին, այլ ընդհակառակը, անիկա թոյլ տուաւ որ իր խորհուրդները Սատանային կողմէ կառավարուին: Այն բառերը որ իր բերնէն ելան՝ մեղքի մեծ պատ մը շինեցին իր եւ Աստուծոյ միջեւ: Վերջապէս, ան այլեւս չկրցաւ Աստուծոյ պաշտպանութեան տակ ըլլալ, եւ բռնուեցաւ լուրջ հիւանդութենէ մը:

Որպէս Աստուծոյ գործակատար, ինք պէտք չէր տեսնէր կամ լսէր որեւէ բան մը՝ որ ճշմարտութեան եւ Աստուծոյ կամքին հակառակ էր. բայց ընդհակառակը, ան ուզեց լսել այդ բաները եւ տարածայնեց զանոնք: Ուրեմն Աստուած պէտք էր միայն Իր երեսը դարձնէր անկէ, որովհետեւ ինք ետ դարձած էր Աստուծոյ այն մեծ շնորհքէն՝ որ զինք բժշկած էր լուրջ հիւանդութենէ մը:

Ուրեմն, իր վարձատրութիւնները վար իյնալով փշրուեցան, եւ ինք չկրցաւ աղօթելու զօրութիւն ստանալ: Իր հաւատքը սկսաւ յետադիմել եւ վերջապէս հասաւ այն կէտին ուր ինք չկրցաւ նոյնիսկ իր փրկութեան վստահութիւնը ունենալ: Բարեբախտաբար, Աստուած յիշեց իր անցեալի ծառայութիւնները եկեղեցիին նկատմամբ, ուստի այդ մարդը ամօթալի փրկութիւն ստացաւ, քանի որ Աստուած իրեն ապաշխարութեան շնորհքը տուաւ իր գործերուն համար՝ որ ինք առաջ կատարած էր:

Երախտագիտութեամբ Լեցուն՝ Փրկուած Ըլլալու Համար

Ուստի ինչ տեսակի խոստովանութիւններ պիտի ընէ անիկա՝ մէյ մը որ ինք փրկուեցաւ եւ Դրախտ ղրկուեցաւ: Որովհետեւ ինք փրկուեցաւ երկնքի եւ դժոխքի խաչմերուկին վրայ, ես կրցայ լսել իր ճշմարիտ խաղաղութեամբ վկայելը:

> *«Ես այս ձեւով փրկուած եմ: Հակառակ որ Դրախտի մէջ եմ, ես գոհ եմ, որովհետեւ ազատագրուեցայ ամէն տեսակի վախերէ եւ նեղութիւններէ: Իմ հոգիս, որ կրնար իջնել վար՝ դէպի խաւար, այս գեղեցիկ եւ հանգստաւէտ լոյսին մէջ եկած է»:*

Ո՜րքան մեծ պիտի ըլլայ իր ցնծութիւնը՝ դժոխքի վախէն ազատագրուելէն ետքը... Սակայն տակաւին, քանի որ ինք ամօթալի կերպով փրկուեցաւ որպէս եկեղեցւոյ երէց մը, Աստուած թոյլ տուաւ որ ես իր զղջումի աղօթքը լսեմ՝ մինչ ինք կը մնար Վերին Գերեզմանին մէջ՝ Դրախտի Սպասման Վայրը երթալէն առաջ: Հոն ալ ան զղջաց իր գործած մեղքերուն համար, եւ շնորհակալութիւն յայտնեց ինծի՝ իրեն համար աղօթելուս համար: Նաեւ, ան ուխտ ըրաւ Աստուծոյ՝ շարունակ աղօթելու ինծի ու եկեղեցիին համար որ ինք ծառայած էր, մինչեւ դարձեալ երկնքի մէջ իրար հետ մեր հանդիպիլը:

Երկրի վրայ մարդկային մշակումի սկիզբէն իվեր, թիւով շատ աւելի մարդիկ՝ աւելի որակեալ դարձած են Դրախտ երթալու, քան թէ ամբողջ թիւը այն բոլոր մարդոց՝ որոնք կարող են երկնքի մէջ որեւէ ուրիշ տեղ երթալու:

Անոնք որոնք հազիւ թէ փրկուած են եւ Դրախտ կ՚երթան՝ այնքան շնորհակալութեամբ լեցուն եւ ուրախ են կարողանալ վայելելու համար Դրախտի հանգստութիւնը եւ օրհնութիւնը, որովհետեւ իրենք դժոխքի մէջ չինկան՝ հակառակ որ երկրի վրայ իրենց Քրիստոնէական կեանքերը շնորհքով չապրեցան:

Ամէն պարագայի, Դրախտի ուրախութիւնը չկրնար նոյնիսկ բաղդատուիլ այն ուրախութեան հետ որ Նոր Երուսաղէմի մէջ է: Նաեւ, անիկա շատ տարբեր է յաջորդ մակարդակի ուրախութենէն՝ երկնքի Առաջին Թագաւորութենէն: Ուրեմն, դուն պէտք է անդրադառնաս որ Աստուծոյ համար աւելի կարեւորը ոչ թէ քու հաւատքի տարիներդ են, այլ քու ներքին սրտիդ դիրքը Աստուծոյ հանդէպ, եւ Աստուծոյ կամքին համեմատ գործելը:

Այսօր շատ մարդիկ թոյլատու կը գտնուին եւ մեղսալից բնութեան մէջ կ՚ապրին՝ մինչ անոնք կը դաւանին թէ Սուրբ Հոգին ստացած են: Այս մարդիկը հազիւ կրնան ամօթալի փրկութիւն ստանալ եւ Դրախտ երթալ, կամ վերջապէս մահուան մէջ իյնալ, որ դժոխքն է, որովհետեւ իրենց մէջ եղող Սուրբ Հոգին պիտի անհետանայ:

Կան կարգ մը անուանական հաւատացեալներ՝ որոնք ամբարտաւան կը դառնան՝ Աստուծոյ Խօսքին մասին մեծ մասամբ լսելով ու սորվելով, եւ կը դատեն ու կը դատապարտեն ուրիշ հաւատացեալներ, հակառակ որ իրենք երկար տարիներ շարունակ

Քրիստոնէական կեանք վարած են: Հոգ չէ թէ անոնք որքան խանդավառ եւ հաւատարիմ են Աստուծոյ հոգեւոր ծառայութիւններուն նկատմամբ, իմաստ մը չունի՝ եթէ անոնք իրենց սրտերուն մէջ չանդրադառնան իրենց չարութիւններուն մասին, եւ երբ չձերբազատուին իրենց մեղքերէն:

Ուրեմն, ես Տէրոջը անունով կ՚աղօթեմ որ դուն, Աստուծոյ զաւակ մը՝ որ Սուրբ Հոգին ստացած է, ձերբազատուիս քու մեղքերէդ եւ ամէն տեսակի չարութենէ, եւ ջանաս միայն Աստուծոյ Խօսքին համաձայն գործել:

Գլուխ 7

Երկնքի Առաջին Թագաւորութիւնը

1. Անոր Գեղեցկութիւնը եւ Ուրախութիւնը Կը Գերազանցէ Դրախտը
2. Ինչ Տեսակի Մարդիկ Կ'երթան Առաջին Թագաւորութիւն

Ամէն ով որ կը մրցի,
ամէն բանի մէջ չափաւորութիւն կը պահէ։
Անոնք եղծանելի պսակը առնելու համար
ու մենք՝ անեղծանելին։
- Ա. Կորնթացիս 9.25 -

Դրախտը տեղն է անոնց՝ որոնք ընդունած են Յիսուս Քրիստոսը, բայց որոնք ոչ մէկ բան ըրած են իրենց հաւատքով: Դրախտը շատ աւելի գեղեցիկ եւ ուրախ տեղ մըն է քան այս աշխարհը: Ուստի, ո՞րքան աւելի գեղեցիկ պէտք է ըլլայ երկնքի Առաջին Թագաւորութիւնը, տեղը անոնց՝ որոնք կը փորձեն Աստուծոյ Խօսքին համաձայն ապրիլ:

Առաջին Թագաւորութիւնը աւելի մօտ է Աստուծոյ Աթոռին՝ քան Դրախտը, բայց երկնքի մէջ շատ ուրիշ աւելի լաւ տեղեր կան քան Առաջին Թագաւորութիւնը: Այսուհանդերձ, անոնք որոնք Առաջին Թագաւորութիւնը մտած են՝ պիտի գոհանան իրենց տրուած բաներով, եւ ուրախ պիտի զգան: Կը նմանի ոսկեձուկի մը որ կը գոհանայ մնալով ձուկի խորունկ ամանին մէջ, չփափաքելով ուրիշ որեւէ աւելի բան:

Դուք մանրամասնութեամբ պիտի տեսնէք թէ ինչ տեսակի տեղ մըն է երկնքի Առաջին Թագաւորութիւնը, որ մէկ մակարդակ աւելի բարձր է քան Դրախտը, եւ թէ ինչ տեսակի մարդիկ կը մտնեն հոն:

1. Անոր Գեղեցկութիւնը եւ Ուրախութիւնը Կը Գերազանցեն Դրախտը

Քանի որ Դրախտը տեղն է անոնց՝ որոնք ոչ մէկ բան ըրած են իրենց հաւատքով, այնտեղ անձնական ստացուածքներ եւ վարձատրութիւններ պիտի չըլլան: Ամէն պարագայի, Առաջին Թագաւորութենէն սկսեալ եւ անկէ վեր, անձնական ստացուածքներ՝ ինչպէս տուներ եւ պսակներ կը տրուին որպէս վարձատրութիւններ:

Առաջին Թագաւորութեան մէջ, մէկը իր անձնական տան մէջ կը բնակի եւ կը ստանայ պսակը՝ որ պիտի մնայ յաւիտեան: Ինքնին շատ մեծ փառք է մէկու մը համար երկնքի մէջ իր անձնական տունը ունենալը, ուստի Առաջին Թագաւորութեան մէջ ամէն ոք կը զգայ այն ուրախութիւնը՝ որ չկրնար բաղդատուիլ Դրախտի ուրախութեան հետ:

Անձնական Տուներ՝ Գեղեցիկ Ձեւով Զարդարուած

Առաջին Թագաւորութեան մէջ անձնական բնակավայրերը առանձին տուներ չեն՝ այլ անոնք կը նմանին երկրի վրայ եղող յարկաբաժիններուն: Այսուհանդերձ, անոնք շաղախով կամ աղիւսով շինուած չեն, այլ երկնային գեղեցիկ տարրերով, ինչպէս՝ ոսկիով եւ գոհարեղէններով:

Այս տուները աստիճաններ չունին, այլ միայն գեղեցիկ վերելակներ: Երկրի վրայ, դուն պէտք է կոճակը կոխես որ վերելակը ելլէ, բայց երկնքի մէջ անոնք ինքնագործ կերպով կ'ելլեն՝ քու ուզած յարկդ:

Անոնց մէջ՝ որոնք երկինք գտնուած են, կան ոմանք, որոնք կը վկայեն թէ իրենք յարկաբաժիններ տեսած են երկնքի մէջ, եւ ասոր պատճառը՝ որովհետեւ անոնք Առաջին Թագաւորութիւնը տեսած են միւս բազմաթիւ երկնային վայրերուն մէջէն: Այս յարկաբաժինի տեսակի տուները ամէն հարկաւոր բան ունին ապրելու համար. ուստի հոն բնաւ անպատշաճութիւն չկայ:

Այնտեղ կան երաժշտական գործիքներ, անոնց համար՝ որոնք երաժշտութիւն կը սիրեն, այնպէս որ անոնք կրնան նուագել այդ գործիքները: Հոն կան նաեւ գիրքեր, անոնց համար՝ որոնք կը սիրեն կարդալը: Ամէն ոք իրեն յատուկ անձնական տեղը ունի, ուր ինք կրնայ հանգչիլ, եւ անիկա իսկապէս մտերմիկ տեղ մըն է:

Այսպէս, Առաջին Թագաւորութեան մէջ շրջապատը շինուած է անոր տիրոջ նախընտրութիւններուն համաձայն: Ուստի անիկա շատ աւելի գեղեցիկ եւ աւելի ուրախ տեղ մըն է քան Դրախտը, եւ լեցուն է ցնծութեամբ ու հանգստաւէտութեամբ՝ որուն փորձառութիւնը դուն երբե՛ք չես կրնար ունենալ երկրի վրայ:

Հանրային Պարտէզներ, Լիճեր, Լողաւազաններ, եւ Նման բաներ

Քանի որ Առաջին Թագաւորութեան մէջ բնակարանները առանձին տուներ չեն, այնտեղ կան հանրային պարտէզներ, լիճեր, լողաւազաններ, եւ կոլֆի դաշտեր: Այդ ճիշդ կը նմանի երկրի վրայ ապրող մարդոց՝ որոնք յարկաբաժիններու մէջ կ'ապրին, եւ իրար հետ կը բաժնեկցին հանրային պարտէզներ, թենիսի դաշտեր, կամ լողաւազաններ:

Այս հանրային ստացուածքները բնաւ չեն հիննար կամ բնաւ անգործածելի չեն դառնար, այլ հրեշտակները զանոնք միշտ լաւագոյն վիճակի մէջ կը պահեն: Հրեշտակները կ'օգնեն մարդոց այդ դիւրիւթիւնները գործածելու համար. ուստի այնտեղ անյարմարութիւն չկայ, հակառակ որ անոնք հանրային ստացուածքներ են:

Դրախտի մէջ ծառայող հրեշտակներ չկան, բայց Առաջին Թագաւորութեան մէջ մարդիկ կրնան հրեշտակներէն օգնութիւն ստանալ: Ուստի անոնք տարբեր տեսակի ցնծութիւն եւ ուրախութիւն կը զգան այստեղ: Հակառակ որ հոն չկայ հրեշտակ մը որ կը պատկանի որեւէ առանձնայատուկ անձի մը, այսուհանդերձ այնտեղ կան հրեշտակներ՝ որոնք հոգ կը տանին այդ դիւրացնող սարքերուն:

Օրինակի համար, եթէ դուն կը փափաքիս քիչ մը պտուղ ուտել, մինչ քու սիրելիներուդ հետ միասին կը խօսակցիս՝ Կենաց Ջուրի Գետին մօտ գտնուող ոսկիէ նստարաններուն վրայ նստած, հրեշտակները անմիջապէս պտուղներ պիտի բերեն եւ քաղաքավարութեամբ պիտի ծառայեն քեզի: Որովհետեւ այնտեղ կան հրեշտակներ որոնք Աստուծոյ զաւակներուն կ՛օգնեն: Ուստի ուրախութիւնը եւ ցնծութիւնը որ կը զգացուի՝ շատ աւելի տարբեր է Դրախտին մէջ զգացուած ուրախութենէն եւ ցնծութենէն:

Առաջին Թագաւորութիւնը Կը Գերազանցէ Դրախտը

Նոյնիսկ ծաղիկներուն գոյներն ու անոնց բոյրերը, նաեւ կենդանիներուն մուշտակներուն փայլքը եւ գեղեցկութիւնը՝ Դրախտի մէջ եղողներէն տարբեր են: Այսպէս է պարագան՝ որովհետեւ Աստուած երկինքի ամէն մէկ վայրին մէջ ամէն բան հայթայթած է՝ այնտեղ գտնուող մարդոց հաւատքին համաձայն:

Նոյնիսկ երկրի վրայ մարդիկ գեղեցկութեան տարբեր մակարդակներ ունին: Օրինակի համար, ծաղիկներու փորձագէտներ, նոյնիսկ մէկ ծաղիկի մը գեղեցկութիւնը կը դատեն՝ տարբեր տեսակի բազմաթիւ չափանիշերու հիման վրայ: Ծաղիկներու բոյրերը երկնքի ամէն մէկ բնակավայրի մէջ՝ իրարմէ տարբեր են: Նոյնիսկ նոյն վայրին մէջ, ամէն ծաղիկ իր իւրայատուկ բոյրը ունի:

Աստուած ծաղիկները այնպիսի ձեւով հայթայթած է, որ Առաջին Թագաւորութեան մէջ մարդիկ լաւագոյն զգացումը կ՛ունենան երբ ծաղիկներուն անուշահոտ բոյրերը շնչեն: Անշուշտ պտուղներն ալ տարբեր համ կ՛ունենան երկնքի տարբեր վայրերու մէջ: Աստուած ամէն մէկ պտուղի գոյնը եւ հոտը հայթայթած է նոյնպէս ամէն մէկ բնակավայրի մակարդակին համեմատ:

Դուն ի՞նչ տեսակի պատրաստութիւն կը տեսնես եւ ի՞նչպէս կը ծառայես երբ կարեւոր հիւր մը ընդունիս: Հիւրին ճաշակը գոհացնելու համար դուն քու լաւագոյնդ պիտի փորձես ընել՝ այնպիսի ձեւով մը որ քու հիւրիդ ծայրագոյն աստիճան զուարճութիւն պիտի պատճառէ:

Նոյն ձեւով, Աստուած ամէն բան մտածելով հայթայթած է, որպէսզի Իր զաւակները գոհացում զգան բոլոր երեւոյթներու մէջ:

2. Ինչ Տեսակի Մարդիկ Կ՛երթան Առաջին Թագաւորութիւն

Դրախտը երկնքի վայրն է անոնց համար՝ որոնք հաւատքի առաջին մակարդակին վրայ կը գտնուին, որոնք փրկուած են՝ հաւատալով Յիսուս Քրիստոսի, բայց որոնք որեւէ բան չեն ըրած Աստուծոյ թագաւորութեան համար: Ուրեմն, ի՞նչ տեսակի մարդիկ երկնքի Առաջին Թագաւորութիւնը կ՛երթան, որ Դրախտէն վեր է, եւ յաւիտենական կեանք կը վայելեն հոն:

Մարդիկ որոնք Կը Փորձեն Աստուծոյ Խօսքին Համեմատ Գործել

Երկնքի Առաջին Թագաւորութիւնը տեղն է անոնց՝ որոնք ընդունած են Յիսուս Քրիստոսը եւ փորձած են Աստուծոյ Խօսքին համաձայն ապրիլ: Անոնք որոնք ճիշդ նոր ընդունած են Տէրը, Կիրակի օրերը եկեղեցի կ'երթան եւ Աստուծոյ Խօսքը կը լսեն, բայց անոնք չեն գիտեր թէ մեղքը իսկապէս ի՞նչ է, թէ ինչո՞ւ իրենք պէտք է աղօթեն, եւ ինչո՞ւ պէտք է իրենց մեղքերէն ձերբազատուին: Նմանապէս, անոնք որոնք հաւատքի առաջին մակարդակին վրայ կը գտնուին, որոնք առաջին սիրոյ ցնծութեան փորձառութիւնը ունեցած են՝ ջուրէն եւ Սուրբ Հոգիէն ծնանելով, բայց անոնք չեն անդրադառնար թէ ի՞նչ է մեղքը եւ տակաւին չեն յայտնաբերած իրենց մեղքերը:

Սակայն եթէ հաւատքի երկրորդ մակարդակը հասնիս, Սուրբ Հոգւոյն օգնութեամբ դուն կ'անդրադառնաս մեղքերու եւ արդարութեան մասին: Ուստի կը փորձես Աստուծոյ Խօսքին համեմատ ապրիլ, բայց դուն չես կրնար անմիջապէս այդպէս ընել: Ճիշդ կը նմանի մանուկի մը, որ նոր կը սորվի քալել. անիկա շարունակ պիտի կրկնէ քալել եւ վար իյնալ:

Առաջին Թագաւորութիւնը այս տեսակի մարդոց տեղն է, որոնք կը փորձեն Աստուծոյ Խօսքին համեմատ ապրիլ, եւ որոնք անեղծանելի պսակները պիտի ստանան: Ճիշդ ինչպէս որ մարզիկները պէտք է խաղին օրէնքներուն համեմատ խաղան, (Բ. Տիմոթէոս 2.5-6), Աստուծոյ զաւակներն ալ պէտք է հաւատքի բարի պատերազմը պատերազմին՝ ճշմարտութեան համաձայն: Եթէ դուն անտեսես հոգեւոր աշխարհի օրէնքները, որոնք Աստուծոյ օրէնքներն են, մարզիկի մը նման՝ որ օրէնքներուն համաձայն չխաղար, կը նշանակէ թէ դուն մեռած հաւատք ունիս: Ուրեմն դուն պիտի չնկատուիս որպէս մասնակից, եւ որեւէ պսակ պիտի չտրուի քեզի:

Տակաւին, որեւէ մէկու մը համար որ Առաջին Թագաւորութեան մէջ կը գտնուի, պսակ մը կը տրուի որովհետեւ անոնք փորձած են Աստուծոյ Խօսքին համեմատ ապրիլ, հակառակ որ իրենց գործերը բաւարար չէին: Այսուհանդերձ, անիկա տակաւին ամօթալի փրկութիւն մըն է: Պատճառը այն է՝ որովհետեւ անոնք ամբողջութեամբ չեն ապրած Աստուծոյ Խօսքին համեմատ, նոյնիսկ եթէ հաւատք ունին՝ Առաջին Թագաւորութիւնը մտնելու:

Ամօթալի Փրկութիւն՝ Եթէ Գործը Այրի

Ուրեմն, ճշգրտօրէն ի՞նչ է «ամօթալի փրկութիւնը»: Ա. Կորնթացիս 3.12-15-ի մէջ կը տեսնենք թէ մէկու մը շինած գործը կրնայ կամ մնալ, եւ կամ այրիլ:

> *Եթէ մէկը այս հիմին վրայ շինելու գործածէ ոսկի, արծաթ, պատուական քարեր, փայտ, խոտ, եղէգ, ամէն մէկուն գործը յայտնի պիտի ըլլայ. քանզի օրը երեւան պիտի հանէ, վասն զի կրակով պիտի յայտնուի եւ ամէն մէկուն գործին ի՛նչ տեսակ ըլլալը կրակը պիտի փորձէ: Եթէ մէկուն շինած գործը մնայ, ինք վարձք պիտի առնէ. եւ եթէ մէկուն շինածը այրի, անիկա վնաս պիտի քաշէ. բայց ինք պիտի ազատի, սակայն այնպէս՝ իբր թէ կրակի մէջէն ելած է:*

«Հիմը» այստեղ կ՝ակնարկէ Յիսուս Քրիստոսի, եւ կը նշանակէ թէ ամէն բան որ դուն կը շինես այս հիմին վրայ, քու գործդ երեւան պիտի ելլէ՝ կրակի նման փորձութիւններու միջոցաւ:

Մէկ կողմէն՝ ոսկիէ, արծաթէ, կամ պատուական քարերէ հաւատք ունեցողներուն գործերը կը մնան նոյնիսկ կրակէ փորձութիւններու մէջ, որովհետեւ անոնք Աստուծոյ Խօսքին համեմատ կը գործեն: Միւս կողմէն՝ փայտէ, խոտէ, կամ եղէգէ հաւատք ունեցողներուն գործերը պիտի այրին՝ երբ կրակէ փորձութիւններ դիմագրաւեն, որովհետեւ անոնք Աստուծոյ Խօսքին համեմատ չեն գործեր:

Ուրեմն, այս բաները հաւատքի չափերուն յատկացնելու համար, ոսկին հինգերորդն է (ամենէն բարձր), արծաթը՝ չորրորդ, պատուական քարերը՝ երրորդ, փայտը՝ երկրորդ, եւ խոտը՝ առաջին (ամենէն ցած) հաւատքի աստիճանն է: Փայտը եւ խոտը կեանք ունին, եւ փայտի նմանող հաւատքը կը նշանակէ թէ մէկը կենդանի հաւատք ունի, բայց անիկա տկար հաւատք է: Եղէգը, ամենայնդէպս, չոր է եւ նոյնիսկ կեանք չունի, եւ անիկա կ՝ակնարկէ անոնց՝ որոնք որեւէ հաւատք չունին:

Ուրեմն, անոնք որոնք բնաւ հաւատք չունին՝ կապ չունին փրկութեան հետ: Փայտը եւ խոտը, որոնց գործերը պիտի այրին կրակէ փորձութիւններով, կը պատկանին ամօթալի փրկութեան: Աստուած պիտի ճանչնայ ոսկիէ, արծաթէ կամ պատուական քարերու հաւատքը, բայց Ան չկրնար ճանչնալ փայտէ եւ խոտէ հաւատքը:

Հաւատք առանց Գործերու՝ Մեռած է

Կարգ մը մարդիկ կրնան խորհիլ ըսելով. «Ես երկար ատենէ իվեր Քրիստոնեայ եղած եմ, ուստի պէտք է անցուցած ըլլամ հաւատքի առաջին մակարդակը, եւ ուրեմն ես կրնամ գոնէ Առաջին Թագաւորութիւնը մտնել»: Այսուհանդերձ, եթէ դուն ճշմարտապէս հաւատք ունիս, բացայայտ է որ դուն Աստուծոյ Խօսքին համեմատ պիտի ապրիս: Նոյն իմաստով, եթէ դուն օրէնքը կոտրես եւ քու մեղքերէդ չձերբազատուիս, այն ատեն Առաջին Թագաւորութիւնը, մի գուցէ նոյնիսկ Դրախտը, կրնայ քու հասանելիութենէն դուրս ըլլալ:

Աստուածաշունչը քեզի հարց կու տայ Յակոբու 2.14-ի մէջ ըսելով. *«Ի՞նչ օգուտ է, եղբա՛յրներս, եթէ մէկը ըսէ թէ հաւատք ունի ու գործ չունենայ. միթէ հաւատքը կրնա՞յ փրկել զանիկա»:* Եթէ դուն գործեր չունիս, պիտի չփրկուիս: Հաւատքը առանց գործի՝ մեռած է: Ուստի անոնք որոնք մեղքին դէմ չեն պատերազմիր՝ չեն կրնար փրկուիլ, որովհետեւ այդ ճիշդ կը նմանի մարդու մը՝ որ մնաս մը ստացաւ ու թաշկինակի մը մէջ ծրարելով մէկդի դրաւ ու պահեց զայն (Ղուկաս 19.20-26):

Մնաասը այստեղ կ՚ակնարկէ Սուրբ Հոգիին: Աստուած Սուրբ Հոգին կու տայ որպէս պարգեւ անոնց՝ որոնք իրենց սրտերը կը բանան եւ Յիսուս Քրիստոսը կ՚ընդունին որպէս իրենց անձնական Փրկիչը: Սուրբ Հոգին կարողութիւն կու տայ քեզի որ դուն անդրադառնաս մեղքի, արդարութեան, եւ դատաստանի մասին, նաեւ Ան կ՚օգնէ քեզի՝ փրկուելու եւ երկինք երթալու:

Մէկ կողմէն, եթէ դուն Աստուծոյ մէջ քու հաւատքդ դաւանիս, բայց եթէ քու սիրտդ չթլփատես՝ ո՛չ Սուրբ

Հոգիին փափաքին հետեւելով, եւ ո՛չ ալ ճշմարտութեան համաձայն գործելով, այն ատեն Սուրբ Հոգին պէտք չունի մնալու քու սրտիդ մէջ: Միւս կողմէն, եթէ դուն ձերբազատուիս մեղքերէդ եւ Սուրբ Հոգւոյն օգնութեամբ Աստուծոյ Խօսքին համաձայն գործես, այն ատեն դուն կրնաս նմանիլ Յիսուս Քրիստոսի սրտին՝ որ Ինքնին ճմշարտութիւնն է:

Ուրեմն, Աստուծոյ զաւակները, որոնք Սուրբ Հոգին ստացած են որպէս պարգեւ, պէտք է մաքրագործեն իրենց սրտերը եւ Սուրբ Հոգիին պտուղները կրեն, որպէսզի հասնին կատարեալ փրկութեան:

Ֆիզիքապէս Հաւատարիմ, Բայց Հոգեւորապէս Չթլփատուած

Անգամ մը Աստուած ինծի յայտնեց եկեղեցւոյ անդամի մը մասին որ մահացած էր եւ անկէ ետք Առաջին Թագաւորութիւնը գացած էր, եւ Տէրը ինծի ցոյց տուաւ գործի հետ ընկերակցող հաւատքի կարեւորութեան մասին: Այդ անձը եկեղեցւոյ Դրամական Բաժանմունքին մէջ որպէս անդամ ծառայած էր տասնըութ տարիներ, առանց դաւաճանելու իր սրտին մէջ: Անիկա հաւատարիմ էր Աստուծոյ միւս գործերուն մէջ ալ նոյնպէս, եւ երէց ըլլալու տիտղոսը տրուած էր իրեն: Ան փորձեց բազմաթիւ ուրիշ գործառնութիւններու մէջ պտուղ կրել եւ Աստուծոյ փառք բերել, յաճախ ինքն իրեն հարց տալով. «Ես ի՞նչպէս կրնամ Աստուծոյ թագաւորութիւնը աւելի մեծ ձեւով իրագործել»:

Այսուհանդերձ, ինք այդքան ալ յաջող չէր, որովհետեւ երբեմն ամօթով կը ձգէր Աստուծոյ՝ չհետեւելով շիտակ ճամբուն, իր մարմնաւոր խորհուրդներուն ու իր սրտին պատճառաւ, որով ինք յաճախ իր անձնական շահը կը փնտռէր: Նաեւ, անիկա անպարկեշտ նկատողութիւններ կ'ընէր, բարկութեամբ կը գրգռուէր ուրիշ մարդոց հանդէպ, եւ Աստուծոյ Խօսքին անհնազանդ կ'ըլլար՝ շատ երեւոյթներու մէջ:

Այլ խօսքով, ինք ֆիզիքապէս հաւատարիմ էր, բայց քանի որ իր սիրտը չէր թլփատած – որ ամենակարեւոր բանն է – հաւատքի երկրորդ մակարդակին վրայ մնաց: Աւելին, եթէ իր դրամական եւ անձնական հարցերը շարունակուէին, պիտի չպահէր հաւատքը, այլ փոխզիջում պիտի ընէր անարդարութեան հետ:

Վերջաւորութեան, որովհետեւ անոր հաւատքի յետադիմութեան աստիճանը կրնար իրեն թոյլ չտալ որ նոյնիսկ Դրախտ մտնէր, Աստուած լաւագոյն ժամանակին իր հոգին կանչեց:

Իր մահուընէ ետք, հոգեւոր խօսակցութիւններու ընդմէջէն, ան իր երախտագիտութիւնը յայտնեց եւ զղջաց բազմաթիւ բաներու համար: Անիկա զղջաց հոգեւոր ծառաներու զգացումները վիրաւորած ըլլալուն համար՝ չհետեւելով ճշմարտութեան, նաեւ զղջաց պատճառ դարձած ըլլալուն որ ուրիշներ իյնան հաւատքէն, նաեւ՝ ուրիշները վշտացնելուն եւ Աստուծոյ Խօսքը, նոյնիսկ լսելէ ետք, չկիրարկելուն համար: Նաեւ ըսաւ որ ինք միշտ այդ ճնշումը զգացած էր իր մէջը, որովհետեւ երկրի վրայ եղած ժամանակ ամբողջութեամբ չէր զղջացած իր սխալներուն համար, բայց հիմա ուրախ էր որովհետեւ կրնար խոստովանիլ իր սխալները:

Նաեւ, ըսաւ թէ ինք շնորհակալութեամբ լեցուած էր որ վերջաւորութեան Դրախտ չէր ինկած որպէս երէց: Սակայն տակաւին, իրեն համար ամօթալի էր որպէս երէց՝ Առաջին Թագաւորութեան մէջ ըլլալը.

բայց ինք շատ լաւ կը զգար, որովհետեւ Առաջին Թագաւորութիւնը շատ աւելի փառաւոր է քան Դրախտը:

Ուրեմն, պէտք է անդրադառնաս որ ամենէն կարեւոր բանը՝ քու սիրտդ թլփատելն է, քան թէ ֆիզիքական հաւատարմութիւնը եւ տիտղոսները:

Փորձութիւններու միջոցաւ, Աստուած Իր Զաւակները Երկնքի Աւելի Լաւ Վայրը Կ՚առաջնորդէ

Ճիշդ ինչպէս որ մարզիկի մը համար ծանր ձեւով մարզուիլ եւ շատ ժամեր վարժութիւններ ընել պէտք է՝ որպէսզի կարենայ շահիլ, դուն ալ պէտք է փորձութիւններ դիմագրաւես որպէսզի երկնքի աւելի լաւ բնակավայրերը երթաս: Աստուած թոյլ կու տայ որ Իր զաւակները փորձութիւններէ անցնին, որպէսզի զանոնք աւելի լաւ տեղեր առաջնորդէ երկնքի մէջ: Այդ փորձութիւնները երեք դասակարգերու կը բաժնուին:

Առաջին, փորձութիւններ կան՝ մեղքերէ ձերբազատուելու համար: Աստուծոյ ճշմարիտ զաւակները դառնալու համար, դուն պէտք է որ մեղքերու դէմ պայքարիս՝ արիւնդ թափելու աստիճան, որպէսզի կարենաս ամբողջովին ձերբազատուիլ մեղքերէն: Այսուհանդերձ, երբեմն Աստուած կը պատժէ Իր զաւակները, որովհետեւ անոնք չեն ձերբազատուիր իրենց մեղքերէն՝ այլ կը շարունակեն մեղքերու մէջ ապրիլ (Եբրայեցիս 12.6): Ճիշդ ինչպէս որ ծնողներ երբեմն կը պատժեն իրենց զաւակները, որպէսզի զիրենք շիտակ ճամբուն մէջ առաջնորդեն, Աստուած ալ երբեմն փորձութիւնները կը թոյլատրէ Իր զաւակներուն համար, որպէսզի անոնք կատարեալ ըլլան:

Երկրորդ, փորձութիւններ կը թոյլատրէ՝ որպէսզի պիտանի անօթ մը շինէ եւ օրհնութիւններ պարգեւէ: Դաւիթ, նոյնիսկ երբ անիկա երիտասարդ տղայ մըն էր, իր ոչխարները կ՚ազատէր՝ սպաննելով արջը կամ առիւծը որ իր ոչխարները կը գողնար: Դաւիթ այնքան մեծ հաւատք ունէր որ ան նոյնիսկ սպաննեց Գողիաթը, որմէ ամբողջ Իսրայէլի բանակը կը վախնար: Դաւիթ զինք սպաննեց միայն պարսատիկով մը եւ քարով մը՝ պարզապէս ապաւինելով Աստուծոյ: Պատճառը՝ որ ինք տակաւին փորձութիւններ պէտք էր դիմագրաւէր, այսինքն՝ հալածուելու Սաւուղ Թագաւորին կողմէ, որովհետեւ Աստուած թոյլ տուաւ որ այդ փորձութիւնները մեծ անօթ մը եւ մեծ թագաւոր մը դարձնեն Դաւիթին:

Երրորդ, փորձութիւններ կան որոնք վերջ կը դնեն ծուլութեան, որովհետեւ մարդիկ կրնան Աստուծմէ հեռանալ երբ իրենք խաղաղութեան մէջ ըլլան: Օրինակի համար, կան կարգ մը մարդիկ որոնք հաւատարիմ են Աստուծոյ թագաւորութեան մէջ, եւ հետեւաբար անոնք դրամական օրհնութիւններ կը ստանան: Յետոյ անոնք կը դադրին աղօթելէ եւ Աստուծոյ հանդէպ իրենց խանդավառութիւնը կը պաղի: Եթէ Աստուած թոյլ տայ որ անոնք իրենց այդ վիճակին մէջ մնան, կրնան անոնք մահուան մէջ իյնալ: Ուստի Աստուած թոյլ կու տայ փորձութիւնները անոնց համար, որպէսզի անոնք դարձեալ պայծառամիտ դառնան:

Դուք պէտք է ձերբազատուիք ձեր մեղքերէն,

արդարութեամբ գործէք, եւ պիտանի անօթներ դառնաք Աստուծոյ աչքին, ճանչնալով Աստուծոյ սիրտը՝ որ կը թոյլատրէ հաւատքի փորձութիւնները։ Կը յուսամ որ դուն ամբողջութեամբ պիտի ստանաս այն հիանալի օրհնութիւնները զոր Աստուած պատրաստեր է քեզի համար։

Կարգ մը մարդիկ կրնան ըսել. «Ես կ՚ուզեմ փոխուիլ, բայց դիւրին չէ, հակառակ որ ես կը փորձեմ այդ ընել»: Տակաւին, անիկա այդպիսի բաներ կ՚ըսէ որովհետեւ իսկապէս դժուար է փոխուիլը, բայց աւելին՝ որովհետեւ անիկա փոխուելու փափաքը եւ այդ ցանկութիւնը չունի իր սրտին խորը՝ ներսը։

Եթէ դուն իրապէս հոգեւորապէս ճանչնաս Աստուծոյ Խօսքը, եւ փորձես փոխուիլ քու սրտիդ ներսի խորերէն, այն ատեն դուն շուտով կը փոխուիս, որովհետեւ Աստուած քեզի շնորհք եւ զօրութիւն կու տայ այդպէս ընելու։ Սուրբ Հոգին ալ անշուշտ կ՚օգնէ քեզի այդ ճամբուն ընթացքին։ Եթէ դուն Աստուծոյ Խօսքը պարզապէս քու մտքիդ մէջ ունենաս որպէս միայն կտոր մը գիտութիւն, եւ անոր համեմատ չգործես, դուն շատ հաւանաբար հպարտ եւ սնապարծ կը դառնաս, եւ այն ատեն քեզի համար շատ դժուար պիտի ըլլայ փրկուիլ։

Ուրեմն, Տէրոջը անունով կ՚աղօթեմ որ դուն չկորսնցնես քու առաջին սիրոյ ցանկութիւնդ եւ ցնծութիւնդ, եւ շարունակես հետեւիլ Սուրբ Հոգւոյն ցանկութեան, որպէսզի երկնքի մէջ աւելի լաւ վայրի մը տիրանաս։

Գլուխ 8

Երկնքի Երկրորդ Թագաւորութիւնը

1. Գեղեցիկ Անձնական Տուն Կը Տրուի Ամէն Մէկուն
2. Ինչ Տեսակի մարդիկ Կ'երթան Երկրորդ Թագաւորութիւն

Ձեր մէջ եղող երէցներուն կ՚աղաչեմ,
ես ալ նոյնպէս երէց ըլլալովս,
Քրիստոսին չարչարանքներուն վկայ
եւ մասնակից հանդերձեալ փառքին
որ պիտի յայտնուի,
Աստուծոյ հօտը որ ձեր մէջ է՝ արածեցէք,
վերակացու ըլլալով ոչ թէ ակամայ,
հապա կամաւ,
ո՛չ թէ անարգ շահախնդրութեամբ՝
հապա յօժարութեամբ,
ո՛չ թէ վիճակներուն վրայ տիրելով՝
հապա հօտին օրինակ ըլլալով.
Եւ Հովուապետին երեւցած ատենը
փառքի անթառամ պսակը պիտի
ընդունիք:
- Ա. Պետրոս 5.1-4 -

Մէկ կողմէն, հոգ չէ թէ որքան շատ լսես երկնքի մասին, անիկա օգուտ մը պիտի չունենայ քեզի՝ եթէ քու սրտիդ մէջ չճանչնաս զայն, այլապէս դուն չես կրնար հաւատալ երկնքի: Ճիշդ ինչպէս որ թռչունը ճամբուն քով ցանուած սերմը կը փախցնէ, թշնամի Բանսարկու Սատանան ալ երկնքի մասին ցանուած խօսքը կը յափշտակէ քեզմէ (Մատթէոս 13.19):

Միւս կողմէն, եթէ դուն երկնքի մասին ցանուած խօսքը լսես եւ ըմբռնես զայն, այն ատեն կրնաս հաւատքի եւ յոյսի կեանք ապրիլ եւ առատ բերք տալ, արտադրելով՝ ցանուածէն երեսուն, վաթսուն, կամ հարիւր անգամներ աւելի: Որովհետեւ հիմա դուն կրնաս Աստուծոյ Խօսքին հաեմատ գործել, ոչ միայն քու պարտականութիւնդ կը կատարես, այլ նաեւ կը սրբագործուիս եւ հաւատարիմ կ'ըլլաս Աստուծոյ բոլոր տան մէջ: Ուրեմն ի՞նչ տեսակ տեղ մըն է երկնքի Երկրորդ Թագաւորութիւնը եւ ի՞նչ տեսակի մարդիկ կ'երթան հոն:

1. Գեղեցիկ Անձնական Տուն Կը Տրուի Ամէն Մէկուն

Արդէն ես բացատրեցի որ անոնք որոնք Դրախտ կամ Առաջին Թագաւորութիւն կ'երթան, ամօթալի ձեւով կը փրկուին, որովհետեւ անոնց գործերը չեն կրնար մնալ երբ իրենք կրակէ փորձութիւններու մէջ դրուին: Ամէն պարագայի, անոնք որոնք Երկրորդ Թագաւորութիւն կ'երթան, անոնք տիրացած կ'ըլլան այն տեսակի հաւատքին՝ որ կրակէ փորձութիւններէ անցնելով կը յաղթէ, եւ ուրեմն կը ստանան այնպիսի վարձատրութիւններ՝ որոնք չեն կրնար բաղդատուիլ Դրախտի կամ Առաջին Թագաւորութեան մէջ տրուած վարձատրութիւններուն, Աստուծոյ արդարութեան համեմատ, որ ցանուածը կը վարձատրէ:

Ուրեմն, եթէ մէկու մը ուրախութիւնը, որ Առաջին Թագաւորութիւն գացած է, բաղդատուի խորունկ թասին մէջ գտնուող ոսկեձուկին ուրախութեան, այն անձին ուրախութիւնը՝ որ Երկրորդ Թագաւորութիւն գացած է, կրնայ բաղդատուիլ Խաղաղական Ովկեանոսին մէջ գտնուող կէտ ձուկի մը ուրախութեան հետ:

Հիմա թոյլ տուէք որ քննենք Երկրորդ Թագաւորութեան յատկանիշները, կեդրոնանալով տուներուն եւ կեանքին վրայ:

Միայարկ Անձնական Տուն Կը Տրուի Ամէն Մէկուն

Առաջին Թագաւորութեան մէջ տուները յարկաբաժիններու կը նմանին, բայց Երկրորդ Թագաւորութեան մէջ գտնուող տուները բոլորովին անկախ՝ միայարկ անձնական շէնքեր են: Երկրորդ Թագաւորութեան մէջ տուները չեն կրնար բաղդատուիլ այս աշխարհի մէջ գտնուող որեւէ գեղեցիկ տուներու կամ հիւղակներու կամ ամառնային տուներու: Անոնք մեծ են ու գեղեցիկ, եւ վայելուչ կերպով զարդարուած են ծաղիկներով ու ծառերով:

Եթէ դուն Երկրորդ Թագաւորութիւն երթաս, քեզի ոչ միայն տուն պիտի տրուի, այլ նաեւ քու ամենէն աւելի նախասիրած առարկայ: Եթէ դուն լողաւազան կ'ուզես ունենալ, քեզի պիտի տրուի գեղեցկօրէն ոսկիով եւ ամէն տեսակի գոհարեղէններով զարդարուած լողաւազան մը: Եթէ դուն գեղեցիկ լիճ մը կ'ուզես ունենալ, քեզի լիճ պիտի տրուի: Եթէ դուն պարապարահ մը կ'ուզես, քեզի պարապարահ մը պիտի տրուի: Եթէ դուն կը սիրես քալելով պտոյտ ընել, քեզի գեղեցիկ ճամբայ մը պիտի տրուի, հրաշալի ծաղիկներով եւ բոյսերով շրջապատուած՝ ուր բազմաթիւ կենդանիներ կը խաղան:

Ամէն պարագայի, նոյնիսկ եթէ դուն կ'ուզես այդ բոլորը ունենալ՝ լողաւազանը, լիճը, պարապարահը, ճամբան, եւայլն, դուն կրնաս ունենալ միայն մէկ բան՝ զոր ամենէն աւելի շատ կը սիրես: Որովհետեւ Երկրորդ Թագաւորութեան մէջ մարդիկ ինչ բանի որ տիրացած են՝ կը տարբերին իրարմէ, անոնք իրարու տուները կ'այցելեն եւ միասին կը վայելեն իրենց ունեցածը:

Մէկը որ պարապարահ ունի՝ բայց ոչ լողաւազան, եւ կը փափաքի լողալ, ան կրնայ իր դրացիին քով երթալ որ լողաւազան ունի, եւ վայելել զայն: Երկնքի մէջ մարդիկ իրարու կը ծառայեն, եւ անոնք բնաւ ձանձրոյթ չեն զգար եւ կամ բնաւ չեն մերժեր որեւէ այցելու մը: Ընդհակառակը, անոնք աւելի ուրախ կը զգան այդպէս ընելով: Ուստի եթէ դուն կը փափաքիս վայելել բան մը, դուն կրնաս քու դրացիներդ այցելել եւ վայելել անոնց ունեցածը:

Նոնպէս, Երկրորդ Թագաւորութիւնը ամէն տեսակէտով շատ աւելի լաւ է քան Առաջին Թագաւորութիւնը,: Այսուհանդերձ, անշուշտ անիկա չկրնար նոյնիսկ բաղդատուիլ՝ Նոր Երուսաղէմի հետ: Այնտեղ հրեշտակներ չկան՝ Աստուծոյ ամէն մէկ զաւակին ծառայելու համար: Տուներու մեծութեան չափը, գեղեցկութիւնը, եւ անոնց փառաւորութիւնը շատ տարբեր են. եւ զոհարեղէնները, որոնցմով տուները զարդարուած են, անոնց ատաղձը, գոյները, եւ փայլքը նոյնպէս շատ կը տարբերին:

Դրան Փեղկի Տախտակը՝ Գեղեցիկ եւ Հոյակապ Լոյսով

Երկրորդ Թագաւորութեան մէջ տուն մը միայարկ շէնք մըն է՝ դրան փեղկի տախտակով մը: Փեղկի տախտակը ցոյց կու տայ թէ ո՞վ է այդ տունին տէրը, եւ կարգ մը յատուկ պարագաներու մէջ այնտեղ կը գրուի անունը այն եկեղեցիին՝ ուր այդ տունին տէրը կը ծառայէր: Տան դրան փեղկի տախտակը, որմէ գեղեցիկ եւ հոյակապ փայլուն լոյսեր կ'ելլեն, այդ տունին տէրոջը անունին հետ միասին կը փայլին, գրուած՝ երկնային գիրերով, որոնք կը նմանին Արաբերէնի կամ Եբրայերէնի: Ուստի Երկրորդ Թագաւորութեան մէջ մարդիկ բարի նախանձով պիտի ըսեն. «Օօօ... Ասիկա այս-ինչին տունն է, որ կը ծառայէր այս-ինչ եկեղեցիին...»:

Ինչո՞ւ համար եկեղեցիին անունը մասնայատուկ կերպով պիտի գրուի: Աստուած այդպէս կ'ընէ, որպէսզի եկեղեցւոյ անունը ըլլայ հպարտութիւնը եւ փառքը անդամներուն՝ որոնք կը ծառայէին այն եկեղեցիին՝ որ Մեծ Սրբարանը շինած պիտի ըլլար, ընդունելու համար Տէրը՝ Իր Երկրորդ Գալուստին, օդին մէջ:

Այսուհանդերձ, Երրորդ Թագաւորութեան եւ Նոր Երուսաղէմի մէջ տուները դրան փեղկի տախտակներ չունին: Այնտեղ, այդ երկու թագաւորութիւններուն մէջ, շատ մարդիկ չկան. ուստի իւրայատուկ լոյսերէն եւ անուշահոտ բոյրերէն, որոնք այդ տուներէն դուրս կու գան, դուն կրնաս գիտնալ թէ որո՛ւ կը պատկանին այս տուները:

Գէշ Զգալ՝ Ամբողջութեամբ Չարքագործուելու Համար

Կարգ մը մարդիկ կրնան իրենք-իրենց հարց տալ ըսելով. «Արդեօք անպատշաճ պիտի չըլլա՞յ երկինքը, քանի որ այնտեղ, Դրախտին մէջ, անձնական տուներ չկան, իսկ Երկրորդ Թագաւորութեան մէջ մարդիկ միայն մէկ բանի կրնան տիրանալ»: Ամէն պարագայի, երկնքի մէջ ոչ մէկ բան անբաւարար կամ անպատշաճ է: Մարդիկ բնաւ անհանգիստ չեն զգար իրարու հետ միասին ապրելով: Անոնք չեն կծծիանար ուրիշներու հետ իրենց ստացուածքները բաժնեկցելու նկատմամբ: Անոնք պարզապէս շնորհակալութեամբ կը լեցուին որ կարող եղած են ուրիշներու հետ բաժնեկցելու իրենց ստացուածքները, եւ այդ կը նկատեն ուրախութեան մեծ աղբիւր մը:

Նաեւ, անոնք ո՛չ գէշ կը զգան միայն մէկ անձնական ստացուածք ունենալնուն համար, ո՛չ ալ կը նախանձին այն բաներուն համար որ ուրիշները ունին: Ընդհակառակը, անոնք միշտ խորապէս կը յուզուին եւ շնորհակալութեամբ կը լեցուին Աստուծոյ՝ Հօրը հանդէպ, որ շատ աւելին տուած է իրենց՝ քան ինչի որ իրենք արժանի էին, եւ միշտ գոհացում կը զգան՝ անփոփոխ ցնծութեամբ եւ երջանկութեամբ:

Մէկ բանը՝ որուն համար գէշ կը զգան, այն իրողութիւնն է որ երկրի վրայ իրենք պէտք եղածին չափ չփորձեցին ամբողջութեամբ սրբագործուիլ: Անոնք կը նեղուին եւ ամօթ կը զգան Աստուծոյ առջեւ կայնելու, որովհետեւ չձերբազատուեցան իրենց մէջ եղող բոլոր չարութիւններէն: Նոյնիսկ երբ տեսնեն այն բոլոր անձերը որոնք Երրորդ Թագաւորութիւն կամ Նոր Երուսաղէմ գացած են, չե՛ն նախանձիր անոնց մեծ տուներուն եւ փառաւոր վարձատրութիւններուն համար, այլ կը նեղուին որ իրենք ինքզինքնին լման չեն սրբագործած:

Քանի որ Աստուած արդար է, Անիկա քու ցանածդ հնձել կու տայ քեզի, եւ քու արարքներուդ համեմատ կը վարձատրէ քեզ: Ուրեմն, մինչ դուն երկրի վրայ կը սրբագործուիս եւ հաւատարիմ կ՛ըլլաս, Աստուած երկնքի մէջ քեզի համար տեղ մը կը պատրաստէ եւ վարձատրութիւններ կու տայ: Այն չափով որ դուն Աստուծոյ Խօսքով կ՛ապրիս, Աստուած քեզի անոր համեմատ հատուցում պիտի ընէ, եւ նոյնիսկ առատաձեռնութեամբ:

Եթէ դուն ամբողջովին Աստուծոյ Խօսքով ապրած ըլլայիր, երկնքի մէջ Ան քեզի 100% տոկոսով պիտի տար ամէն բան որ դուն կը ցանկայիր ունենալ: Ամէն պարագայի, եթէ դուն ամբողջութեամբ Աստուծոյ Խօսքով չապրիս, Ան միայն քու ըրածիդ համեմատ պիտի վարձատրէ քեզ, բայց տակաւին՝ առատութեամբ:

Ուրեմն, հոգ չէ թէ երկնքի ո՞ր մակարդակը կը մտնես, դուն միշտ շնորհակալութեամբ պիտի լեցուիս Աստուծոյ հանդէպ որ երկրի վրայ քու ըրածէդ շատ աւելին տուած է քեզի, եւ յաւիտեան ուրախութեան ու ցնծութեան մէջ պիտի ապրիս:

Փառքի Պսակը

Աստուած, որ առատօրէն կը վարձատրէ, Առաջին

Թագաւորութիւնը եղողներուն կու տայ պսակ մը՝ որ բնաւ պիտի չկորսուի: Իսկ ի՞նչ տեսակի պսակ կը տրուի Երկրորդ Թագաւորութիւն մտնողներուն:

Հակառակ որ ամբողջութեամբ չեն սրբագործուած, անոնք փառք բերին Աստուծոյ իրենց պարտականութիւնները կատարելով: Ուստի անոնք փառքի անթառամ պսակը պիտի ստանան: Եթէ կարդաս Ա. Պետրոս 5.1-4 համարները, պիտի տեսնես որ փառքի պսակը վարձատրութիւն մըն է որ կը տրուի անոնց՝ որոնք օրինակ կը դառնան՝ Աստուծոյ Խօսքին համեմատ հաւատարմութեամբ ապրելով:

> *Ձեր մէջ եղող երէցներուն կ՚աղաչեմ, ես ալ նոյնպէս երէց ըլլալովս, Քրիստոսին չարչարանքներուն վկայ եւ մասնակից հանդերձեալ փառքին որ պիտի յայտնուի, Աստուծոյ հօտը որ ձեր մէջ է՝ արածեցէք, վերակացու ըլլալով ո՛չ թէ ակամայ՝ հապա կամաւ, ո՛չ թէ անարգ շահախնդրութեամբ՝ հապա յօժարութեամբ: Ո՛չ թէ վիճակներուն վրայ տիրելով՝ հապա հօտին օրինակ ըլլալով. եւ Հովուապետին երեւցած ատենը փառքի անթառամ պսակը պիտի ընդունիք:*

Պատճառը՝ որ կ՚ըսէ. «փառքի անթառամ պսակը» որովհետեւ երկնքի մէջ ամէն մէկ պսակ յաւիտենական է եւ բնաւ չթառամիր: Դուն պիտի կարենաս անդրադառնալ որ երկինքը այնպիսի կատարեալ տեղ մըն է ուր ամէն բան յաւիտենական է եւ մէկ պսակ իսկ՝ բնաւ չթառամիր:

2. Ինչ Տեսակի մարդիկ Կ՛երթան Երկրորդ Թագաւորութիւն

Քորէայի Հանրապետութեան մայրաքաղաք Սէուլի շուրջ կան արբանեակային քաղաքներ, եւ այդ քաղաքներուն շուրջ կան աւելի փոքր քաղաքներ: Նոյն ձեւով, երկնքի մէջ, Երրորդ Թագաւորութեան շուրջ, որուն մէջ կը գտնուի Նոր Երուսաղէմը, կը գտնուին Երկրորդ Թագաւորոթւինը, Առաջին Թագաւորութիւնը, եւ Դրախտը:

Առաջին Թագաւորութիւնը անոնց տեղն է՝ որոնք հաւատքի երկրորդ մակարդակին վրայ կը գտնուին, որոնք կը փորձեն Աստուծոյ Խօսքով ապրիլ: Իսկ ի՞նչ տեսակի մարդիկ կ՛երթան Երկրորդ Թագաւորութիւն: Երրորդ մակարդակի վրայ եղող մարդիկ որոնք կրնան Աստուծոյ Խօսքով ապրիլ, Երկրորդ Թագաւորութիւն կ՛երթան: Հիմա թոյլ տուէք որ մանրամասնութեամբ քննենք թէ ի՞նչ տեսակի մարդիկ Երկրորդ Թագաւորութիւն կ՛երթան:

Երկրորդ Թագաւորութիւնը. Տեղն է այն Մարդոց՝ որոնք Լման Չեն Սրբագործուած

Դուն կրնաս Երկրորդ Թագաւորութիւն երթալ՝ եթէ Աստուծոյ Խօսքին համեմատ ապրիս եւ քու պարտականութիւններդ կատարես, բայց քու սիրտդ տակաւին ամբողջութեամբ չէ սրբագործուած:

Եթէ դուն գեղեցիկ, խելացի, եւ իմաստուն ես, վստահաբար պիտի ուզես որ քու զաւակներդ քեզի նմանին: Նոյնպէս Աստուած, որ սուրբ եւ կատարեալ է, կ'ուզէ որ Իր ճշմարիտ զաւակները Իրեն նմանին: Ան կ'ուզէ զաւակներ՝ որոնք Իրեն կը նմանին եւ Իր պատուիրանքները կը կատարեն - որոնք կը հնազանդին Իր պատուէրներուն միայն որովհետեւ կը սիրեն Զինք, եւ ոչ թէ պարտականութեան զգացումէն մղուած: Ճիշդ ինչպէս որ դուն նոյնիսկ շատ դժուար բան մը պիտի ընես եթէ ճշմարտապէս կը սիրես մէկը, եթէ դուն իսկապէս քու սրտիդ մէջէն կը սիրես զԱստուած, քու սրտիդ մէջ պիտի կարենաս ցնծութեամբ կատարել Իր պատուիրանքներէն որեւէ մէկը:

Դուն առանց պայմանի կը հնազանդիս՝ ցնծութեամբ եւ շնորհակալութեամբ, հնազանդելով ամէն պատուէրի որ Ինք քեզի կ'ըսէ որ կատարես, ձերբազատուելով ամէն բանէ որ Ինք կ'ըսէ թէ պէտք է ձերբազատուիս, չընելով որեւէ բան որ Ինք կ'արգիլէ քեզմէ, ընելով ինչ բան որ Ինք քեզի կ'ըսէ որ ընես: Սակայն անոնք որոնք հաւատքի Երրորդ մակարդակին վրայ կը գտնուին, չեն կրնար իրենց սրտերուն մէջ կատարեալ ուրախութեամբ եւ գոհունակութեամբ գործել Աստուծոյ Խօսքին համաձայն, որովհետեւ անոնք սիրոյ այս մակարդակին չեն հասած դեռ:

Աստուածաշունչին մէջ գրուած է մարմինին գործերուն (Գաղատացիս 5.19-21), եւ մարմնին խորհուրդներուն (Հռովմայեցիս 8.5) մասին: Երբ դուն քու սրտիդ մէջ գտնուող չարութեան համեմատ կը գործես, ասիկա կը կոչուի մարմնին գործերը: Մեղքի բնութիւնները զոր դուն քու սրտիդ մէջ ունիս, որոնք տակաւին արտաքնապէս ցոյց չեն տրուած, կը կոչուին մարմնին խորհուրդները կամ մարմինին ցանկութիւնները:

Անոնք որոնք հաւատքի երրորդ մակարդակին վրայ կը գտնուին, արդէն ձերբազատուած են մարմինին բոլոր գործերէն որոնք դուրսէն կը տեսնուին, բայց անոնք տակաւին մարմնաւոր խորհուրդներ կամ մարմնաւոր ցանկութիւններ ունին իրենց սրտերուն մէջ: Անոնք կը կատարեն Աստուծոյ բառձները, կը ձերբազատուին ամէն բանէ որ Աստուած կ'ըսէ ձերբազատուիլ, չեն ըներ ամէն ինչ որ Աստուած իրենց կ'արգիլէ, եւ կ'ընեն այն ինչ որ Աստուած իրենց կ'ըսէ որ ընեն: Սակայն իրենց սրտերուն մէջ գտնուող չարութիւնը տակաւին ամբողջութեամբ դուրս չէ ելած:

Նոյնպէս, եթէ դուն քու պարտականութիւնդ կը կատարես երբ սակայն քու սիրտդ տակաւին կատարելապէս չէ սրբագործուած, դուն կրնաս Երկրորդ Թագաւորութիւնը երթալ: «Սրբագործութիւն» ըսելով կ'ակնարկէ այն վիճակին որուն մէջ դուն ամէն տեսակի չարութիւններէ ձերբազատուած ես եւ միայն բարութիւն ունիս սրտիդ մէջ:

Օրինակի համար, ըսենք թէ անձ մը կայ որուն դուն կ'ատես: Հիմա, դուն լսեցիր Աստուծոյ Խօսքը որ քեզի կ'ըսէ. «Մի՛ ատեր», եւ փորձեցիր չատել զայն: Անոր որպէս հետեւանք, դուն հիմա չես ատեր զինք: Այսուհանդերձ, եթէ դուն սրտիդ մէջէն ճշմարտապէս չսիրես զինքը, կը նշանակէ թէ դուն տակաւին սրբագործուած չես:

Ուրեմն, երրորդ մակարդակէն աճիլ՝ հասնելու համար հաւատքի չորրորդ մակարդակը, կենսական է որ դուն ջանք թափես մեղքերէ ձերբազատուելու՝ արիւն թափելու աստիճան:

Մարդիկ որոնք Աստուծոյ Շնորհիքով Իրենց Պարտականութիւնը Կատարեցին

Երկրորդ Թագաւորութիւնը անոնց տեղն է՝ որոնք իրենց սրտերուն կատարեալ սրբագործումը չեն իրագործած, բայց Աստուծոյ կողմէ տրուած իրենց բոլոր պարտականութիւնները կատարած են: Թոյլ տուէք որ նկատենք այն տեսակի մարդիկը՝ որոնք Երկրորդ Թագաւորութիւն կ'երթան՝ քննելով անդամի մը պարագան, որ մահացաւ մինչ ինք կը ծառայէր Մէնմին Կեդրոնական Եկեղեցիին:

Ան իր ամուսնոյն հետ միասին եկաւ Մէնմին Կեդրոնական Եկեղեցի այն տարին՝ երբ եկեղեցին հիմնուեցաւ: Անիկա լուրջ հիւանդութենէ մը կը տառապէր, բայց աղօթքս լսելէ ետք բժշկուեցաւ, եւ իր ընտանիքի անդամները հաւատացեալ դարձան: Անոնք հասունցան իրենց հաւատքին մէջ, եւ ինք աւագ սարկաւագուհի դարձաւ, իսկ իր ամուսինը՝ երէց մը, եւ իրենց զաւակները մեծցան եւ սկսան Տէրոջը ծառայել որպէս՝ հոգեւոր գործակատար, հովիւի կին, եւ փառաբանութեան աւետարանիչ:

Ամէն պարագայի, ան ձախողեցաւ ամէն տեսակի չարութիւններէ ձերբազատուելու եւ իր պարտականութիւնը օրինաւոր ձեւով կատարելու մէջ, բայց Աստուծոյ շնորհիքով աշխատեց, իր պարտականութիւնը լաւ կատարեց, եւ մեռաւ: Աստուած ինծի թոյլ տուաւ գիտնալու որ անիկա երկնքի Երկրորդ Թագաւորութիւնը պիտի մնար եւ ինծի արտօնեց որ անոր հետ հաղորդակցութեան մէջ ըլլամ հոգիով:

Երբ ան երկինք գնաց, այն բանը որուն համար ինք ամենէն աւելի շատ կը նեղուէր այն իրողութիւնն էր, որ սրբագործուելու համար, ինք ամբողջութեամբ չէր ձերբազատուած իր բոլոր մեղքերէն, նաեւ այն իրողութիւնը որ ինքը իսկապէս իր սրտին մէջէն որեւէ ձեւով շնորհակալութեան խոստովանութիւն չէր կատարած իր հովիւին՝ որ իրեն համար աղօթած էր որպէսզի բժշկուէր, եւ զինք սիրով առաջնորդած էր:

Նաեւ, ինք կը խորհէր թէ, նկատի առնելով որ ի՛նչ կրցած էր իրագործել իր հաւատքով, թէ ինչպէս ծառայած էր Տէրոջը, նաեւ այն խօսքերը որ իր բերնով խօսեր էր, ինք կրնար միայն Առաջին Թագաւորութիւն գացած ըլլալ: Այսուհանդերձ, երբ իրեն համար շատ ժամանակ չէր մնացած երկրի՝ վրայ մնալու, իր հովիւին սիրալիր աղօթքին եւ իր արարքներուն միջոցաւ, որոնք կը հաճեցնէին զԱստուած, իր հաւատքը շուտով աճեցաւ եւ ինք կարողացաւ մտնել Երկրորդ Թագաւորութիւնը:

Մեռնելէն առաջ, անոր հաւատքը իսկապէս շատ արագ աճեցաւ: Ան կեդրոնացաւ աղօթքի վրայ եւ հազարաւոր լրագրութիւններ բաժնեց իր շրջակայքը գտնուողներուն: Ան ինքզինքին չնայեցաւ, այլ միայն հաւատարմութեամբ ծառայեց Տէրոջը:

Ան ինծի պատմեց այն տունին մասին ուր ինք պիտի բնակէր երկնքի մէջ, ըսելով թէ, հակառակ որ անիկա մէկ-յարկանի շէնք մըն էր, անիկա հրաշալիօրէն զարդարուած էր գեղեցիկ ծաղիկներով եւ ծառերով, եւ այնքան ընդարձակ ու փառաւոր էր, որ չէր կրնար բաղդատուիլ երկրի վրայ գտնուող ուրիշ տունի մը հետ:

Վստահաբար, Երրորդ Թագաւորութեան կամ Նոր Երուսաղէմի մէջ գտնուող տուներուն հետ բաղդատելով, ան կը նմանի եղէգով-տանիքապատուած տունի մը, բայց ինք շնորհակութեամբ լեցուած ու շատ գոհ էր, որովհետեւ արժանի չէր այդ ունենալու: Ան ուզեց հետեւեալ պատգամը փոխանցել իր ընտանիքի անդամներուն, որպէսզի անոնք Նոր Երուսաղէմ երթային:

> «Երկինքը ճշգրիտ ձեւով բաժնուած է: Փառքը եւ լոյսը չափազանց կը տարբերին իրարմէ՝ իւրաքանչիւր վայրի մէջ, ուստի ես դարձեալ ու դարձեալ կը շեշտեմ եւ կը քաջալերեմ զիրենք որպէսզի Նոր Երուսաղէմ մտնեն: Ես պիտի ուզէի իմ ընտանիքի անդամներուս ըսել, որոնք տակաւին երկրի վրայ կը գտնուին, թէ որքան ամօթալի պիտի ըլլայ բոլոր մեղքերէն ձերբազատուած չըլլալը՝ երբ երկնքի մէջ մեր Հօր՝ Աստուծոյ հանդիպինք: Այն վարձատրութիւնները որոնք Աստուած կու տայ անոնց՝ որոնք Նոր Երուսաղէմ կ'երթան, եւ տուներուն մեծութիւնն ու փառքը՝ բոլորն ալ նախանձելի են, բայց ես կը փափաքիմ իրենց ըսել թէ Աստուծոյ առջեւ որքան ցաւալի եւ որքան ամօթալի է ամէն տեսակի չարութիւններէ ձերբազատուած չըլլալը: Ես կը փափաքիմ այս պատգամը փոխանցել իմ ընտանիքի անդամներուս, որպէսզի անոնք ամէն տեսակ չարութիւններ հեռացնեն իրենց մէջէն եւ Նոր Երուսաղէմի փառաւոր դիրքերը մտնեն»:

Ուրեմն, ես քեզ կը մղեմ որ անդրադառնաս թէ որքան արժէքաւոր եւ թանկագին է սիրտդ մաքրագործելը, եւ քու ամէօրեայ կեանքդ Աստուծոյ թագաւորութեան եւ Անոր արդարութեան նուիրելը՝ երկնքի յոյսով, որպէսզի կարողանաս ուժով յառաջ երթալ դէպի Նոր Երուսաղէմ:

Մարդիկ որոնք Ամէն Բանի մէջ Հաւատարիմ են, բայց Անհնազանդ Կ'ըլլան՝ Արդարութեան մասին Իրենց Անձնական Սխալ Կառոյցին Պատճառաւ

Հիմա թոյլ տուէք որ քննենք ուրիշ անդամի մը պարագան, որ կը սիրէր Տէրը եւ հաւատարմութեամբ կը կատարէր իր պարտականութիւնը, բայց չկրցաւ Երրորդ Թագաւորութիւն երթալ, իր հաւատքին մէջ կարգ մը թերութիւններ ունենալուն համար:

Անիկա Մէնմին Կեդրոնական Եկեղեցի եկաւ իր ամուսնոյն հիւանդութեան համար, եւ շատ գործունեայ անդամ մը դարձաւ: Անոր ամուսինը պատգարակով եկեղեցի բերուեցաւ, բայց անոր ցաւը անհետացաւ եւ ան ոտքի ելլելով սկսաւ քալել: Երեւակայեցէք թէ որքան երախտագիտութեամբ եւ ցնծութեամբ լեցուած պէտք էր ըլլար ան... Ինք միշտ շնորհակալութեամբ լեցուած էր Աստուծոյ հանդէպ որ բժշկեր էր իր ամուսինին հիւանդութիւնը եւ իրեն ծառայող հովիւին՝ որ սիրով աղօթեր էր: Ինք միշտ հաւատարիմ էր: Կ'աղօթէր Աստուծոյ թագաւորութեան համար, եւ ամէն ատեն շնորհակալութեամբ կ'աղօթէր իր հովիւին համար՝ իր քալած ատենը, նստած ատենը, կայնած ատենը, եւ նոյնիսկ ճաշ եփած ատենը:

Նաեւ, որովհետեւ ինք կը սիրէր Քրիստոսով իր եղբայրներն ու քոյրերը, ուստի մխիթարութիւն ստանալէ աւելի ի՛նք կը մխիթարէր ուրիշները, կը քաջալերէր, եւ հոգ կը տանէր ուրիշ հաւատացեալներու: Ինք միայն կ՛ուզէր Աստուծոյ Խօսքով ապրիլ եւ կը փորձէր իր բոլոր մեղքերէն ձերբազատուիլ՝ արիւն թափելու աստիճան: Ան բնաւ չէր նախանձէր կամ չէր ցանկար աշխարհային ստացուածքներ ունենալ, այլ անիկա միայն կեդրոնացած էր իր դրացիներուն աւետարանը քարոզելու մասին:

Որովհետեւ անիկա հաւատարիմ էր Աստուծոյ թագաւորութեան մէջ, իմ սիրտս Սուրբ Հոգիով ներշնչուեցաւ, տեսնելով անոր հաւատարմութիւնը, եւ հարցուցի իրեն որ իմ եկեղեցւոյ արարողութեանս պարտականութիւնը ստանձնէ: Ես հաւատք ունէի որ եթէ անիկա իր պարտականութիւնը հաւատարմութեամբ կատարէր, այն ատեն իր ընտանիքի բոլոր անդամները, ներառեալ իր ամուսինը, պիտի սկսէին հոգեւոր հաւատք ունենալ:

Ամէն պարագայի, անիկա չկրցաւ հնազանդիլ, որովհետեւ իր պարագաներուն նայեցաւ եւ սպառեցաւ մարմնաւոր խորհուրդներէն: Քիչ մը ժամանակ ետքը, անիկա մահացաւ: Իմ սիրտս կոտրուած էր, եւ մինչ կ՛աղօթէի Աստուծոյ, ես կրցայ իր խոստովանութիւնը լսել՝ հոգեւոր հաղորդակցութեամբ:

«Նոյնիսկ եթէ ես զղջամ եւ զղջամ հովիւին չհնազանդելուս համար, ժամանակը չկրնար ետ երթալ: Ուստի ես միայն աւելի ու աւելի կ՛աղօթեմ Աստուծոյ թագաւորութեան եւ հովիւին համար: Մէկ բան զոր պէտք է ըսեմ իմ սիրելի եղբայրներուս եւ քոյրերուս, այն է, թէ ինչ որ հովիւը կը հռչակէ՝ անիկա Աստուծոյ կամքն է: Ամենէն մեծ մեղքն է Աստուծոյ կամքին անհնազանդ ըլլալը, եւ անոր հետ միասին՝ բարկութիւնը: Այս պատճառով է որ մարդիկ դժուարութիւններ կը դիմագրաւեն, եւ ես գնահատուեցայ բարկութեամբ չգրգռուելուս համար, այլ իմ սիրտս խոնարհեցուցի, եւ ջանացի իմ ամբողջ սրտովս հնազանդիլ: Ես եղած եմ անձ մը որ Տէրոջը փողը կը հնչեցնէ: Օրը շուտով պիտի գայ երբ ես սիրելի եղբայրներ եւ քոյրեր պիտի ընդունիմ: Պարզապէս ես ջերմեռանդութեամբ կը յուսամ որ իմ սիրելի եղբայրներս եւ քոյրերս պայծառամիտ ըլլան եւ բանի մը պակասը չունենան, որպէսզի իրենք ալ նոյնպէս այս ակնկալութեամբ սպասեն այս օրուան»:

Աստնցմէ զատ ան շատ ուրիշ բաներ խոստովանեցաւ, եւ ինծի ըսաւ որ պատճառը՝ թէ ինչո՞ւ ինքը չէր կրցած Երրորդ Թագաւորութիւն երթալ՝ իր անհնազանդութիւնն էր:

«Մի քանի բաներ կային որոնց ես չհնազանդեցայ, մինչեւ որ այս թագաւորութիւնը եկայ: Ես երբեմն կ՚ըսէի. «Ոչ, Ոչ, Ոչ» մինչ պատգամները կը լսէի: Ես իմ պարտականութիւնս օրինաւոր ձեւով չկատարեցի, որովհետեւ կը խորհէի թէ երբ իմ պայմաններս աւելի լաւ ըլլային, այն ատեն է որ ես կրնայի իմ պարտականութիւնս կատարել. այսպէս, ես իմ մարմնաւոր խորհուրդներուս հետեւեցայ: Ասիկա չափազանց մեծ սխալ մըն է Աստուծոյ աչքին»:

Նաեւ ըսաւ թէ ինք կը նախանձէր հոգեւոր այն ծառաներուն որոնք եկեղեցւոյ դրամական հարցերուն հոգ կը տանէին, ամէն անգամ որ տեսնէր զիրենք, խորհելով որ անոնց վարձատրութիւնները շատ մեծ պիտի ըլլային երկինքը: Սակայն ան խոստովանեցաւ որ երբ ինք երկինք գնաց, տեսաւ թէ, իսկապէս, յաճախ այդպէս չէր պարագան:

«Ոչ, Ոչ, Ոչ... Միայն անոնք որոնք Աստուծոյ կամքին համաձայն կը գործեն՝ մեծ վարձատրութիւններ եւ օրհնութիւններ պիտի ստանան: Եթէ առաջնորդները սխալ մը գործեն, ասիկա շատ աւելի մեծ մեղք մըն է քան թէ երբ սովորական անդամ մը յանցանք գործէ: Առաջնորդները աւելի շատ պէտք է աղօթեն: Անոնք աւելի հաւատարիմ պէտք է ըլլան: Անոնք աւելի լաւ պէտք է սորվեցնեն: Անոնք զանազանելու կարողութիւնը պէտք է ունենան: Ասոր համար է որ Չորս Աւետարաններէն մէկուն մէջ գրուած է թէ կոյր մարդ մը ուրիշ կոյր մարդու մը կ՚առաջնորդէ: Հետեւեալ խօսքին նշանակութիւնը՝ «Թող ձեզմէ ոչ շատերը ուսուցիչներ ըլլան»՝ թէ մէկը կ՚օրհնուի եթէ ան իր լաւագոյնը փորձէ ընել իր դիրքին մէջ: Հիմա, այն օրը որ մենք յաւիտենական թագաւորութեան մէջ իրարու պիտի հանդիպինք որպէս Աստուծոյ զաւակներ՝ շուտով պիտի գայ: Ուրեմն, իւրաքանչիւր անձ պէտք է ձերբազատուի մարմնի բոլոր գործերէն, պէտք է արդարանայ, եւ որպէս Տէրոջը հարսը՝ պէտք է պատշաճ բարեմասնութիւններ ունենայ՝ առանց որեւէ ամօթի, երբ Աստուծոյ առջեւ կենայ»:

Ուրեմն, պէտք է անդրադառնաս թէ որքան կարեւոր է հնազանդիլ ոչ միայն պարտականութեան զգացումէ տարուած, այլ քու սրտիդ ներսիդին եղող ուրախութեան պատճառաւ եւ Աստուծոյ հանդէպ քու ունեցած սիրոյդ համար, նաեւ որպէսզի քու սիրտդ մաքրագործես: Աւելին, դուն պէտք չէ պարզապէս միայն եկեղեցի գացող մը ըլլաս, այլ պէտք է ետիդ դառնաս եւ ինքզինքդ քննես թէ արդեօք ի՞նչ տեսակի երկնային թագաւորութիւն կրնաս մտնել եթէ Հայրը քու հոգիդ կանչէր հիմա:

Դուն պէտք է փորձես հաւատարիմ ըլլալ քու բոլոր պարտականութիւններուդ մէջ, եւ պէտք է Աստուծոյ Խօսքին համեմատ ապրիս, որպէսզի կատարելապէս սրբագործուիս, եւ պէտք եղած յատկութիւնները ունենաս պատրաստ՝ Նոր Երուսաղէմ մտնելու համար:

Ա. Կորնթացիս 15.41 կ՚ըսէ թէ ամէն մէկ անձի փառքը զոր ինք կը ստանայ երկինքը՝ տարբեր պիտի ըլլայ: Ան կ՚ըսէ. *«Արեւուն փառքը ուրիշ է ու լուսնին փառքը՝ ուրիշ եւ աստղերուն փառքը՝ ուրիշ ու մէկ աստղը միւս աստղէն տարբեր է փառքով»:*

Բոլոր անոնք որոնք փրկուած են՝ յաւիտենական կեանք պիտի վայելեն երկինքը: Այսուհանդերձ, կարգ մը մարդիկ Դրախտ պիտի մնան, մինչ ուրիշներ Նոր Երուսաղէմ՝ իրենց հաւատքի չափին համեմատ: Անոնց միջեւ եղող փառքին տարբերութիւնը այնքան մեծ է, որ բառերով կարելի չէ արտայայտել զայն:

Ուրեմն, ես Տէրոջը անունով կ՛աղօթեմ որ դուն հաւատքի մէջ պարզապէս միայն փրկուելու համար չմնաս, հապա ինչպէս որ պարտիզպան մը իր բոլոր ստացուածքները ծախեց որպէսզի դաշտը գնէ եւ գանիկա փորելով գանձը դուրս հանէ, դուն ալ կատարելապէս Աստուծոյ Խօսքին համեմատ ապրիր, եւ ձերբազատուիր ամէն տեսակի չարութիւններէ, որպէսզի կարենաս մտնել Նոր Երուսաղէմ եւ մնալ այն փառքին մէջ՝ որ կը փայլի արեւուն նման:

Գլուխ 9

Երկնքի Երրորդ Թագաւորութիւնը

1. Հրեշտակները Կը Ծառայեն Ամէն Մէկ Աստուծոյ Զաւակի
2. Ի՞նչ Տեսակի մարդիկ Երրորդ Թագաւորութիւնը կ'երթան

Երանելի է այն մարդը, որ փորձութեան
կը համբերէ:
Վասն զի եթէ փորձուելով ընտիր գտնուի,
կենաց պսակը պիտի առնէ,
որ Տէրը Զինք սիրողներուն խոստացաւ:
- Յակոբու 1.12 -

Աստուած Հոգի է, եւ Ինքնին բարութիւնը, լոյսը, եւ սէրը: Անոր համար է որ Ան կ'ուզէ որ Իր զաւակները ձերբազատուին բոլոր մեղքերէ եւ ամէն տեսակ չարութիւններէ: Յիսուս, որ մարմնով եկաւ այս աշխարհը, որեւէ արատ կամ բիծ չունի, որովհետեւ Յիսուս Ինքնին Աստուած է: Ուստի ի՞նչ տեսակի անձ մը պէտք է ըլլաս դուն, որպէսզի դառնաս հարս մը՝ որուն Տէրը պիտի ընդունի:

Դառնալու համար Աստուծոյ ճշմարիտ զաւակը եւ Տէրոջը հարսը, որ ճշմարիտ սէր պիտի բաժնեկցի Աստուծոյ հետ յաւիտեան, դուն պէտք է նմանիս Աստուծոյ սուրբ սրտին եւ ինքզինքդ սրբագործես՝ ձերբազատուելով ամէն տեսակի չարութիւններէ:

Երկնքի Երրորդ Թագաւորութիւնը, որ Աստուծոյ այս տեսակ զաւակներու տեղն է, որոնք սուրբ են եւ կը նմանին Աստուծոյ սրտին, շատ աւելի տարբեր է Երկրորդ Թագաւորութենէն: Որովհետեւ Աստուած կ'ատէ չարութիւնը եւ չափէն աւելի կը սիրէ բարութիւնը, Ան Իր զաւակներուն հետ, որոնք սրբագործուած են, շատ մասնայատուկ ձեւով կը վերաբերի: Ուրեմն ի՞նչ տեսակ տեղ մըն է Երրորդ Թագաւորութիւնը, եւ դուն ո՞րքան պէտք է սիրես զԱստուած որպէսզի կարենաս հոն երթալ:

1. Հրեշտակները Կը Ծառայեն Ամէն Մէկ Աստուծոյ Զաւակի

Երրորդ Թագաւորութեան մէջ տուները բաղդատութենէ դուրս եւ շատ աւելի սքանչելի ու փայլուն են՝ քան Երկրորդ Թագաւորութեան մէջ եղող միայարկ տուները: Անոնք զարդարուած են շատ բազմատեսակ գոհարեղէններով եւ ունին այն բոլոր դիւիւթիւնները զոր անոնց տէրերը պիտի փափաքին ունենալ:

Անկէ զատ, Երրորդ Թագաւորութենէն սկսեալ, հրեշտակներ պիտի տրուին ամէն մէկ անձի, եւ անոնք պիտի սիրեն ու պաշտեն իրենց տէրը, եւ մեծապէս պիտի ծառայեն անոր՝ լաւագոյն բաներով միայն:

Հրեշտակներ՝ Անձնականօրէն Ծառայելով

Եբրայեցիս 1.14-ի մէջ գրուած է. *«Չէ՞ որ հրեշտակները սպասաւորող հոգիներ են, որոնք սպասաւորութեան կը ղրկուին անոնց համար՝ որ փրկութիւն պիտի ժառանգեն»:* Հրեշտակները ամբողջովին զուտ հոգեւոր էակներ են: Որպէս Աստուծոյ ստեղծագործութիւններէն մէկը, անոնք կազմուածքով կը նմանին մարդ արարածներու, բայց մարմին ու ոսկորներ չունին, եւ բնաւ կապ չունին ամուսնութեան եւ մահուան հետ: Անոնք մարդ արարածներու պէս իրենց անհատական անձնաւորութիւնը չունին, բայց իրենց գիտութիւնը եւ զօրութիւնը շատ աւելի մեծ է քան մարդ արարածներունը (Բ. Պետրոս 2.11):

Ինչպէս Եբրայեցիս 12.22 կը խօսի բիւրաւոր հրեշտակներու մասին, երկնքի մէջ անհամար թիւով հրեշտակներ կան: Աստուած է որ կարգած ու դասաւորած է հրեշտակներուն միջեւ, զանոնք տարբեր տեսակ աշխատանքներու վրայ նշանակելով, եւ տարբեր հեղինակութիւններ տալով անոնց՝ իրենց աշխատանքին համեմատ:

Ուրեմն տարբերութիւններ կան հրեշտակներուն

միջեւ, ինչպէս՝ հրեշտակ, երկնային զօրք, եւ հրեշտակապետ: Օրինակի համար, Գաբրիէլ, որ կը գործէ որպէս քաղաքային պաշտօնեայ, քեզի կու գայ պատասխաններով՝ քու աղօթքներուդ եւ Աստուծոյ ծրագիրներուն եւ յայտնութիւններուն մասին (Դանիէլ 9.21-23, Ղուկաս 1.19, 1.26-27): Միքայէլ հրեշտակապետը, որ զինուորական պաշտօնեայի մը նման է, երկնային բանակին նախարարն է: Ան կը կառավարէ չար ոգիներու դէմ եղող պատերազմները, եւ երբեմն ալ ինք ինքնին կը կտրէ խաւարի պատերազմի գիծերը (Դանիէլ 10.13-14, 10.21, Յուդա 1.9, Յայտնութիւն 12.7-8):

Այս հրեշտակներուն մէջ, կան հրեշտակներ որոնք իրենց տէրերուն առանձնաբար կը ծառայեն: Դրախտին, Առաջին Թագաւորութեան եւ Երկրորդ Թագաւորութեան մէջ կան հրեշտակներ որոնք երբեմն կ՚օգնեն Աստուծոյ զաւակներուն, բայց հոն որեւէ հրեշտակ չկայ որ իր տիրոջը առանձնաբար ծառայէ: Հոն կան հրեշտակներ որոնք միայն հոգ կը տանին խոտերուն, կամ ծաղիկներով ճամբաներուն, կամ հանրային դիւրիւթիւններուն, վստահ ըլլալու համար թէ որեւէ անպատշաճութիւն չկայ այնտեղ: Հոն կան նաեւ հրեշտակներ որոնք Աստուծոյ պատգամները կը փոխանցեն:

Բայց անոնք որոնք Երրորդ Թագաւորութիւն կամ Նոր Երուսաղէմ կը գտնուին՝ կը վարձատրուին՝ առանձնապէս հրեշտակներ ունենալով, որովհետեւ անոնք շատ սիրած են զԱստուած եւ չափազանց մեծ հաճոյք պատճառած են Իրեն: Նաեւ, հրեշտակներու թիւը որ կը տրուի՝ կը տարբերի նայած թէ մէկը ո՞ր չափով կը նմանի Աստուծոյ եւ թէ ո՞րքանով հաճեցուցած է Զինք՝ հնազանդելով Իրեն:

Եթէ մէկը Նոր Երուսաղէմի մէջ շատ մեծ տուն մը ունի, անհամար թիւով հրեշտակներ պիտի տրուին իրեն, որովհետեւ այդ կը նշանակէ թէ անոր տէրը շատ կը նմանի Աստուծոյ սրտին եւ բազմաթիւ ժողովուրդ փրկութեան առաջնորդած է: Այնտեղ պիտի ըլլան հրեշտակներ՝ որոնք հոգ կը տանին անոր տանը, ուրիշ հրեշտակներ՝ որոնք կը հոգան դիւրիւթիւններուն եւ այն բաներուն որոնք տրուած են որպէս վարձատրութիւններ, նաեւ ուրիշ հրեշտակներ՝ որոնք առանձնապէս կը ծառայեն իրենց տիրոջը: Պարզապէս հոն չափէն աւելի շատ հրեշտակներ պիտի ըլլան:

Եթէ դուն Երրորդ Թագաւորութիւն երթաս, դուն ոչ միայն հրեշտակներ պիտի ունենաս որոնք առանձնապէս կը ծառայեն քեզի, այլ նաեւ հրեշտակներ՝ որոնք հոգ կը տանին քու տունիդ, եւ ուրիշներ՝ որոնք հիւրամեծարութիւն կ՛ընեն եւ կ՛օգնեն այցելուներուն: Դուն մեծապէս շնորհակալութեամբ պիտի լեցուիս Աստուծոյ հանդէպ՝ Երրորդ Թագաւորութիւն կարենալ մտնելուդ համար, որովհետեւ Աստուած թոյլ կու տայ քեզի որ դուն յաւիտեան թագաւորես՝ միեւնոյն ատեն ծառայութիւն ստանալով հրեշտակներու կողմէ, որոնք Աստուած քեզի կու տայ որպէս յաւիտենական վարձատրութիւններ:

Սքանչելի Բազմայարկ Անձնական Տուն

Երրորդ Թագաւորութեան մէջ կան պարտէզներ եւ լիճեր, եւ այնտեղ տուները զարդարուած են հրաշալի անուշահոտ բոյրեր տուող գեղեցիկ ծաղիկներով եւ ծառերով: Լիճերուն մէջ կան բազմաթիւ ձուկեր, եւ մարդիկ կրնան խօսակցութիւններ ունենալ ու սէր բաժնեկցիլ անոնց հետ։ Նաեւ, հրեշտակներ գեղեցիկ երաժշտութիւն կը նուագեն եւ կամ մարդիկ կրնան անոնց հետ միասին զԱստուած՝ Հայրը փառաբանել։

Երկրորդ Թագաւորութենէն տարբեր, ուր բնակիչները արտօնուած են միայն մէկ նախասիրած առարկայ մը կամ դիւրիւթիւն մը ունենալ, Երրորդ Թագաւորութեան մէջ մարդիկ կրնան տիրանալ որեւէ բանի որ կը ցանկան, օրինակ՝ կոլֆի դաշտ մը, լողաւազան մը, լիճ մը, քալելու անցք մը, պարասրահ մը, եւայլն։ Ուրեմն, անոնք պէտք չունին դրացիներուն տուները երթալու որպէսզի վայելեն բան մը՝ որ իրենք չունին, եւ անոնք կրնան վայելել որեւէ ատեն որ կը փափաքին։

Երրորդ Թագաւորութեան մէջ տուները բազմայարկ շէնքեր են եւ անոնք սքանչելի, հոյակապ, ընդարձակ, շքեղ եւ շատ մեծ են չափով։ Անոնք այնքան գեղեցիկ ձեւով զարդարուած են որ այս աշխարհին մէջ ոչ մէկ միլիառատէր կրնայ անոնց նմանը ընել։

Ի միջի այլոց, Երրորդ Թագաւորութեան մէջ ոչ մէկ տուն դուռի փեղկի տախտակ ունի։ Մարդիկ պարզապէս գիտեն թէ որո՞ւ տունն է այդ՝ նոյնիսկ առանց դուռի փեղկի տախտակի, որովհետեւ այդ տունէն կը հոսի իւրայատուկ բոյր մը, որ կ՛արտայայտէ անոր տիրոջը գեղեցիկ սիրտը։

Երրորդ Թագաւորոթեան մէջ տուները տարբեր բոյրեր եւ տարբեր լոյսի փայլունութիւն ունին։ Մէկը որքան աւելի նմանի Աստուծոյ սրտին, այնքան աւելի գեղեցիկ եւ աւելի փայլուն կ՛ըլլան բոյրերը եւ լոյսերը։

Նաեւ, Երրորդ Թագաւորութեան մէջ, ընտանի կենդանիներ եւ թռչուններ կը տրուին, եւ անոնք շատ աւելի գեղեցիկ, փայլուն, եւ սիրուն են քան Առաջին եւ Երկրորդ Թագաւորութեան մէջ եղողները։ Աւելին, ամպէ ինքնաշարժները կը տրուին որպէսզի հանրային կերպով գործածուին, եւ մարդիկ կրնան անսահման երկնքին շուրջ ծայրէ ծայր ճամբորդել՝ որքան որ կ՛ուզեն:

Ինչպէս որ բացատրուած է, Երրորդ Թագաւորութեան մէջ մարդիկ կրնան ունենալ եւ ընել ամէն ինչ որ կը փափաքին: Երրորդ Թագաւորութեան մէջ կեանքը երեւակայութենէ դուրս է:

Կենաց Պսակը

Յայտնութիւն 2.10-ի մէջ, «կենաց պսակի» խոստումը կայ որ պիտի տրուի անոնց՝ որոնք մինչեւ մահ հաւատարիմ եղած են Աստուծոյ թագաւորութեան համար:

> *Բնաւ մի՛ վախնար այն բաներէն որոնք պիտի կրես. ահա Բանսարկուն ձեզմէ մէկ քանիները բանտը պիտի ձգէ, որպէս զի փորձուիք եւ տասը օր նեղութիւն պիտի ունենաք: Մինչեւ մահ հաւատարիմ եղէ՛ք ու ձեզի կենաց պսակը պիտի տամ:*

«Մինչեւ մահ հաւատարիմ եղէ՛ք» խօսքը այստեղ կ՛ակնարկէ հաւատարիմ ըլլալ ոչ միայն նահատակ մը դառնալու հաւատքով, այլ նաեւ աշխարհի հետ փոխզիջում չընել եւ բոլորովին սուրբ ըլլալ, բոլոր մեղքերէ հեռանալով, արիւն թափելու աստիճան: Աստուած կենաց պսակներով կը վարձատրէ բոլոր անոնց՝ որոնք Երրորդ Թագաւորութիւն կը մտնեն, որովհետեւ անոնք մահուան աստիճան հաւատարիմ եղած են եւ յաղթահարած են ամէն տեսակի փորձութիւններ եւ դժուարութիւններ (Յակոբու 1.12)։

Երբ Երրորդ Թագաւորութեան մէջ եղող մարդիկը Նոր Երուսաղէմ կ՚այցելեն, անոնք կլոր նշան մը կը դնեն կենաց պսակին աջ եզրին վրայ։ Երբ Դրախտի, Առաջին Թագաւորութեան եւ Երկրորդ Թագաւորութեան մէջ եղող մարդիկը կ՚այցելեն Նոր Երուսաղէմ, անոնք կուրծքին ձախ կողմը նշան մը կը դնեն։ Ահաւասիկ կը տեսնես թէ փառքը շատ տարբեր է Երրորդ Թագաւորութեան մէջ եղող մարդոց համար։

Ամէն պարագայի, Նոր Երուսաղէմ գտնուող մարդիկը Աստուծոյ յատուկ խնամքին տակ են, ուստի անոնք նշանի պէտք չունին որպէսզի ինքզինքնին զանազանեն։ Անոնց հետ շատ բացառիկ ձեւով կը վերաբերին՝ որպէս Աստուծոյ ճշմարիտ զաւակներ։

Տուներ՝ Նոր Երուսաղէմի մէջ

Երրորդ Թագաւորութեան մէջ տուները բաւական տարբեր են Նոր Երուսաղէմի մէջ եղող տուներէն՝ մեծութեան չափով, գեղեցկութեամբ, եւ փառքով։

Ամէն բանէ առաջ, ըսենք թէ, եթէ Նոր Երուսաղէմի մէջ ամենէն փոքր տունին մեծութիւնը 100 է, Երրորդ Թագաւորութեան մէջի տունին մեծութիւնը 60 է։ Օրինակի համար, եթէ Նոր Երուսաղէմի մէջ ամենէն փոքր տունը 100.000 քառակուսի ոտնաչափ է, Երրորդ Թագաւորութեան մէջ տուն մը 60.000 քառակուսի ոտնաչափ է։

Բայց եւ այնպէս, անհատական տուներու մեծութիւնը իրարմէ կը տարբերին, որովհետեւ որովհետեւ անիկա ամբողջովին կախեալ է այն իրողութենէն թէ անոր տէրը ո՞րքան աշխատած է որպէսզի կարելի եղածին չափ շատ հոգիներ փրկէ եւ Աստուծոյ եկեղեցին շինէ: Ինչպէս Յիսուս կ՚ըսէ Մատթէոս 5.5-ի մէջ. *«Երանի՜ հեզերուն, վասն զի անոնք պիտի ժառանգեն երկիրը»*, նայած թէ այդ տունին տէրը թիւով քանի՞ հոգիներ երկինք կ՚առաջնորդէ հեզ սրտով, անոր համեմատ է որ տունին մեծութեան չափը, ուր ինք պիտի բնակի, կը սահմանուի:

Ուրեմն, Երրորդ Թագաւորութեան եւ Նոր Երուսաղէմի մէջ բազմաթիւ տուներ կան որոնք մեծութեամբ աւելի քան տասնեակ հազարաւոր քառակուսի ոտնաչափ են: Այսուհանդերձ, Երրորդ Թագաւորութեան մէջ նոյնիսկ ամենէն մեծ տունը շատ աւելի փոքր է քան Նոր Երուսաղէմի տուները: Մեծութեան չափէն զատ, անոր կերպարանքը, գեղեցկութիւնը, եւ զարդարանքի գոհարեղէնները նոյնպէս մեծապէս կը տարբերին:

Նոր Երուսաղէմի մէջ, ոչ միայն տասներկու գոհարեղէնները կան հիմնարկին համար, այլ նաեւ այնտեղ կան շատ ուրիշ գեղեցիկ գոհարեղէններ: Հոն կան աներեւակայելիօրէն մեծ գոհարեղէններ՝ չափազանց գեղեցիկ գոյներով: Պարզապէս այնտեղ կան այնքան բազմատեսակ գոհարեղէններ որ չես կրնար անոնց բոլորին անունները տալ, եւ անոնցմէ մի քանին կրկնապատիկ անգամ կը փայլին կամ նոյնիսկ կ՚եռապատկեն իրենց վրայ մասնածածկող լոյսերուն փայլքը:

Անշուշտ բազմաթիւ գոհարեղէններ կան Երրորդ Թագաւորութեան մէջ: Այսուհանդերձ, հակառակ անոնց բազմազանութեան, Երրորդ Թագաւորութեան մէջի գոհարեղէնները չեն կրնար բաղդատուիլ Նոր Երուսաղէմի մէջ եղող գոհարեղէններուն: Երրորդ

Թագաւորութեան մէջ չկայ գոհարեղէն մը որ կը կրկնապատկէ կամ կ'եռապատկէ իր լոյսերու փայլքը։ Երրորդ Թագաւորութեան մէջ գոհարեղէնները շատ աւելի գեղեցիկ լոյսեր ունին բաղդատմամբ Առաջին կամ Երկրորդ Թագաւորութեան մէջ եղողներուն, բայց այնտեղ կան միայն պարզ ու հիմնական գոհարեղէններ, եւ նոյնիսկ նոյն տեսակի գոհարեղէնը շատ աւելի նուազ գեղեցիկ է քան Նոր Երուսաղէմի գոհարեղէնը։

Անոր համար է որ Երրորդ Թագաւորութեան մէջ եղող մարդիկը, որոնք Նոր Երուսաղէմէն դուրս կը մնան, որ այնքան շատ լեցուն է Աստուծոյ փառքով, կը նային Նոր Երուսաղէմի, եւ մեծ փափաքով կը ցանկան հոն ըլլալ աւելի եւս յաւիտեան։

«Եթէ միայն քիչ մը աւելի ուժով փորձէի
հաւատարիմ ըլլալ Աստուծոյ բոլոր տան մէջ»...
«Եթէ միայն Հայրը մէկ անգամ կանչէ իմ անունս»...
«Եթէ միայն անգամ մը եւս հրաւիրուիմ»...

Աներեւակայելի չափով մեծ ուրախութիւն եւ գեղեցկութիւն կայ Երրորդ Թագաւորութեան մէջ. այսուհանդերձ, այդ ուրախութիւնը եւ գեղեցկութիւնը չեն կրնար բաղդատուիլ Նոր Երուսաղէմի մէջ եղող ուրախութեան եւ գեղեցկութեան հետ։

2. Ի՞նչ Տեսակի մարդիկ Երրորդ Թագաւորութիւնը կ'երթան

Երբ քու սիրտդ բանաս եւ ընդունիս Յիսուս Քրիստոսը որպէս քու անձնական Փրկիչդ, Սուրբ Հոգին

225

կու գայ եւ քեզի կը սորվեցնէ մեղքի, արդարութեան ու դատաստանի մասին, եւ քեզ կը մղէ որ անդրադառաս ճշմարտութեան: Երբ դուն հնազանդիս Աստուծոյ Խօսքին, երբ ձերբազատուիս ամէն տեսակի չարութիւններէ եւ նուրագործուիս, այն ատեն կը հասնիս քու հոգիդ ամէն ձեւով լաւ ըլլալու վիճակին – հաւատքի չորրորդ մակարդակին:

Անոնք որոնք հաւատքի չորրորդ մակարդակը կը հասնին՝ չափազանց շատ կը սիրեն զԱստուած ու կը սիրուին Աստուծմէ, եւ Երրորդ Թագաւորութիւնը կը մտնեն: Ուրեմն, ի՞նչ տեսակի առանձնաշնորհեալ անձ մըն է ան՝ որ այն հաւատքը ունի՝ որով ան կրնայ Երրորդ Թագաւորութիւն մտնել:

Սրբագործուիլ՝ Ձերբազատուելով Ամէն Տեսակի Չարութիւններէ

Հին Կտակարանի ժամանակներուն, մարդիկ Սուրբ Հոգին չէին ստանար: Ուրեմն, անոնք իրենց անձնական ուժով կարող չէին ձերբազատուելու այն մեղքերէն որոնք իրենց սրտին ներսը՝ շատ խորունկը կը գտնուէին: Ասոր համար է որ անոնք մարմնաւոր թլփատումը կը կատարէին, եւ մինչեւ որ չարութիւնը գործով երեւան չելլէր, անոնք մեղք չէին նկատեր զանիկա: Նոյնիսկ եթէ մէկը կը մտածէր ուրիշի մը սպաննել, անիկա մեղք չէր սեպուեր այնքան ատեն որ այդ խորհուրդը գործով չէր յայտնուեր: Միայն երբ այդ խորհուրդը գործնականապէս կիրարկուէր, այն ատեն է որ անիկա մեղք կը սեպուէր:

Ամէն պարագայի, Նոր Կտակարանի ժամանակներու ընթացքին, եթէ դուն ընդունիս Տէր Յիսուս Քրիստոսը,

Սուրբ Հոգին կու գայ քու սրտիդ մէջ: Մինչեւ որ քու սիրտդ չսրբագործուի, դուն չես կրնար Երրորդ Թագաւորութիւնը մտնել: Պատճառը՝ որովհետեւ դուն կրնաս քու սիրտդ թլփատել միայն Սուրբ Հոգւոյն օգնութեամբ:

Ուրեմն, դուն կրնաս Երրորդ Թագաւորութիւնը մտնել միայն այն ատեն երբ բոլոր տեսակի չարութիւններէ կը ձերբազատուիս ինչպէս՝ ատելութիւն, պոռնկութիւն, ագահութիւն, եւ ասոնց նման բաներ, եւ յետոյ կը սրբագործուիս: Ուրեմն, ի՞նչ տեսակի անձն է որ սրբագործուած սիրտ մը ունի: Ասիկա այն անձն է որ ունի այնպիսի հոգեւոր սէր՝ որը նկարագրուած է Ա. Կորնթացիս 13-ի մէջ, որ ունի Սուրբ Հոգիին ինը պտուղները, որոնք նկարագրուած են Գաղատացիս 5-ի մէջ, եւ Մատթէոս 5-ի Երանելիները, եւ որ կը նմանի Տէրոջը սրբութեան:

Անշուշտ այս չի նշանակեր որ անիկա Տէրոջը հետ միասին նոյն մակարդակին վրայ կը գտնուի: Հոգ չէ թէ մարդ արարածը ո՛րքան շատ ձերբազատուի իր մեղքերէն եւ սրբագործուածի, տակաւին անոր մակարդակը չափէն աւելի շատ կը տարբերի Աստուծոյ մակարդակէն՝ որ Ինքնին լոյսի աղբիւրն է:

Ուրեմն, որպէսզի կարենաս քու սիրտդ մաքրագործել, ամէն բանէ առաջ դուն պէտք է լաւ հող մը պատրաստես սրտիդ մէջ: Այլ խօսքով, դուն պէտք է քու սիրտդ լաւ հող մը դարձնես, չընելով այն՝ ինչ որ Աստուածաշունչը քեզի կ՚ըսէ չընել, եւ ձերբազատուելով անկէ՝ որմէ Սուրբ Գիրքը քեզի կ՚ըսէ որ ձերբազատուիս: Միայն այն ատեն է որ դուն կարող պիտի ըլլաս լաւ պտուղներ կրել՝ մինչ սերմերը կը ցանուին: Ճիշդ ինչպէս որ պարտիզպան մը սերմեր կը ցանէ հողը մաքրելէ ետք, քու մէջդ ցանուած սերմերն ալ ծիլ կու տան, կը ծաղկին, եւ պտուղ կը կրեն՝ երբ կ'ընես այն՝ ինչ որ Աստուած քեզի կ'ըսէ ընել, եւ երբ կը պահես այն՝ ինչ որ Ան քեզի կ'ըսէ պահել:

Ուրեմն, սրբագործումը կ'ակնարկէ վիճակի մը՝ երբ մէկը կը մաքրուի իր նախնական ու անձնապէս-գործուած մեղքերէն՝ Սուրբ Հոգւոյն գործերուն միջոցաւ, վերստին ծնելէ ետք՝ ջուրէն ու Հոգիէն, հաւատալով Յիսուս Քրիստոսի փրկագործող զօրութեան: Յիսուս Քրիստոսի արեան հաւատալով քու մեղքերէդ ձերբազատուիլը տարբեր է քու մէջդ եղող մեղքի բնութենէն ձերբազատուելէն, որը տեղի կ'ունենայ Սուրբ Հոգւոյն օգնութեամբ՝ ջերմեռանդութեամբ աղօթելով եւ ատեն-ատեն ծոմապահութիւն ընելով:

Յիսուս Քրիստոսը ընդունիլ եւ Աստուծոյ զաւակ դառնալը չի նշանակեր որ քու բոլոր մեղքերդ ամբողջութեամբ կը վերցուին քու սրտիդ մէջէն: Դուն տակաւին սրտիդ մէջ չարութիւն կ'ունենաս, ինչպէս՝ ատելութիւն, հպարտութիւն, եւ ասոնց նման բաներ, եւ այս է պատճառը թէ ինչո՞ւ համար շատ կենսական է չարութիւնը մէջտեղ հանելու ընթացքը՝ Աստուծոյ Խօսքը լսելով եւ չարութեան դէմ պայքարելով՝ արիւն թափելու աստիճան (Եբրայեցիս 12.4):

Այս է թէ դուն ի՞նչպէս կրնաս ձերբազատուիլ մարմնին գործերէն եւ կը յառաջանաս դէպի սրբագործութիւն: Այն վիճակը որուն մէջ դուն դուրս նետած կ'ըլլաս ոչ միայն մարմնին գործերը, այլ նաեւ սրտիդ մէջ եղող մարմնին փափաքները՝ հաւատքի չորրորդ մակարդակն է, այսինքն՝ սրբագործման վիճակը:

Սրբագործուած՝ Բնաւորութեան մէջ Եղող Մեղքերէն Ձերբազատուելէ ետք Միայն

Ուրեմն ի՞նչ են մէկու մը բնաւորութեան մէջ եղող մեղքերը: Անոնք այն բոլոր մեղքերն են՝ որոնք կեանքի սերմերուն միջոցաւ փոխանցուած են մէկու մը ծնողներէն, Ադամի անհնազանդութենէն սկսեալ: Օրինակի համար, կը տեսնես թէ մանուկ մը, որ տակաւին նոյնիսկ մէկ տարեկան չէ եղած, չար միտք մը ունի: Հակառակ որ անոր մայրը երբե՛ք որեւէ չարութիւն չէ սորվեցուցած իրեն, ինչպէս՝ ատելութիւն կամ նախանձ, ան պիտի բարկանայ եւ չարութիւն պիտի ընէ եթէ իր մայրը դրացիին մանուկին իր ծիծը տայ: Ան կրնայ հրել դրացիին մանուկը, եւ սկսիլ լալ՝ բարկութեամբ լեցուած՝ եթէ այդ մանուկը չհեռանայ իր մօրմէն:

Նոյնպէս, պատճառը՝ որ նոյնիսկ մանուկ մը չարութեան գործեր կը ցուցնէ, այն է, հակառակ որ անկէ առաջ ան այդպիսի բան մը ընել սորված չէ, որովհետեւ մեղք կայ իր բնաւորութեան մէջ: Նաեւ, անձնականապէս գործուած մեղքերը այն մեղքերն են որոնք ֆիզիքական գործերով կը յայտնաբերուին, հետեւելով սրտին մեղսալից փափաքներուն:

Անշուշտ եթէ նախնական մեղքէն մաքրագործուած ըլլաս, վստահաբար քու անձնականապէս գործած մեղքերդ դուրս պիտի նետուին, որովհետեւ մեղքերու արմատը հանուած է: Ուրեմն, հոգեւոր վերածնունդը սրբագործման սկզբնաւորութիւնն է, իսկ սրբագործումը վերստին ծնունդի կատարելագործումն է: Ուրեմն, եթէ դուն վերստին ծնած ես, կը յուսամ որ յաջող Քրիստոնէական կեանք մը պիտի ապրիս, որպէսզի կատարեալ սրբագործութիւն իրագործես:

Եթէ դուն իսկապէս կ՚ուզես սրբագործուիլ եւ Աստուծոյ կորսուած պատկերը վերադարձնել քու մէջդ, եւ եթէ քու լաւագոյնդ փորձես ընել, այն ատեն, Աստուծոյ շնորհիքով ու Իր զօրութեամբ, եւ Սուրբ Հոգւոյն օգնութեամբ, դուն պիտի կարողանաս քու բնածին մեղքերէդ ձերբազատուիլ: Ես կը յուսամ որ դուն Աստուծոյ սրտին նմանիս, ինչպէս որ Ինք քեզ կը մղէ ըսելով. *«Սո՛ւրբ եղէք, քանզի Ես սուրբ եմ»* (Ա. Պետրոս 1.16):

Սրբագործուած Բայց Ոչ Լման Հաւատարիմ՝ Աստուծոյ Բոլոր Տան մէջ

Աստուած ինծի թոյլ տուաւ որ հոգեւոր հաղորդակցութիւն ունենամ անձի մը հետ որ արդէն մահացած է, եւ որակեալ է Երրորդ Թագաւորութիւն մտնելու: Անոր տան մուտքի դուռը զարդարուած է կամարաւոր մարգարիտներով, եւ ասոր պատճառը այն է՝ որովհետեւ ան երկրի վրայ եղած ժամանակ, շատ արցունքներ թափելով ու սգալով, յարատեւորէն կ՚աղօթէր: Ան հաւատարիմ հաւատացեալ մըն էր որ կ՚աղօթէր Աստուծոյ թագաւորութեան եւ արդարութեան համար, նաեւ ան մեծ յարտեւութեամբ եւ արցունքներով կ՚աղօթէր իր եկեղեցիին ու անոր հոգեւոր գործակատարներուն եւ անդամներուն համար:

Տէրոջը հանդիպելէն առաջ, անիկա այնքան աղքատ եւ դժբախտ էր, որ չէր կրնար տիրանալ նոյնիսկ կտոր մը ոսկիի: Տէրը ընդունելէն ետք, ան կրցաւ սրբագործուիլ որովհետեւ կրցաւ հնազանդիլ ճշմարտութեան՝ անդրադառնալով Աստուծոյ Խօսքին, զայն լսելէ ետք:

Նաեւ, ան իր պարտականութիւնը լաւ կրցաւ կատարել, որովհետեւ բազմաթիւ ուսուցմունքներ ստացաւ հոգեւոր ծառայէ մը՝ որուն Աստուած շատ կը սիրէ, եւ լաւ ծառայեց անոր: Այս պատճառաւ, անիկա վերջաւորութեան կրցաւ աւելի փայլուն եւ աւելի փառաւոր տեղ մը երթալ Երրորդ Թագաւորութեան մէջ:

Անկէ աւելին, շատ փայլուն գոհարեղէն մը, Նոր Երուսաղէմէն, պիտի դրուի անոր տան մուտքի դուռին վրայ: Ասիկա այն գոհարեղէնն է որ իրեն պիտի տրուի հոգեւոր ծառային կողմէ՝ որուն ինք ծառայած էր երկրի վրայ: Հոգեւոր հովիւը իր նստասենեակի գոհարեղէններէն մէկը պիտի հանէ եւ անոր տան մուտքի դրան վրայ պիտի դնէ՝ երբ հոն այցելէ: Այս գոհարեղէնը նշան մը պիտի ըլլայ թէ հոգեւոր հովիւը, որուն ինք կը ծառայէր երկրի վրայ, կը փնտռէ զինքը որովհետեւ ինք չկրցաւ Նոր Երուսաղէմ մտնել, հակառակ որ ինքը երկրի վրայ շատ օգտակար եղած էր այդ հովիւին: Երրորդ Թագաւորութեան մէջ շատ մարդիկ պիտի նախանձին այս գոհարեղէնին վրայ:

Այսուհանդերձ, ան տակաւին կը ցաւի Նոր Երուսաղէմ չկարենալ մտնելուն համար: Եթէ անիկա բաւարար չափով հաւատք ունեցած ըլլար Նոր Երուսաղէմ մտնելու համար, ապագային ինքը Տէրոջը հետ պիտի ըլլար, նաեւ հոգեւոր հովիւին հետ, որուն ինք կը ծառայէր երկրի վրայ, եւ ուրիշ ընկերակից սիրելի եկեղեցական անդամներու հետ: Եթէ քիչ մը աւելի հաւատարիմ եղած ըլլար երկրի վրայ, ինք կրնար Նոր Երուսաղէմ մտած ըլլալ, բայց անհնազանդութեան պատճառաւ անիկա իրեն տրուած այդ առիթը կորսնցուց:

Ամէն պարագայի, անիկա չափազանց մեծ շնորհակալութեամբ լեցուած է եւ խորապէս յուզուած է այն փառքին համար որ իրեն տրուած է Երրորդ Թագաւորութեան մէջ, եւ հետեւեալ ձեւով կը խոստովանի։ Ան միայն շնորհակալութեամբ լեցուած է, որովհետեւ թանկագին բաներ ստացած է որպէս վարձատրութիւններ, զոր ոչ մէկը կրնար իր անձնական արժանիքովը վաստկիլ։

«Հակառակ որ ես չկրցայ Նոր Երուսաղէմ երթալ, որ լեցուն է Հօրը փառքով, քանի որ ես կատարեալ չէի ամէն բանի մէջ, սակայն ես իմ տունս ունիմ այս գեղեցիկ Երրորդ Թագաւորութեան մէջ։ Իմ տունս շատ մեծ ու գեղեցիկ է։ Հակառակ որ անիկա իրապէս այդքան մեծ չէ՝ բաղդատմամբ Նոր Երուսաղէմի մէջ եղող տուներուն, ինծի այնքան մտացածին ու սքանչելի բաներ տրուած են, որ աշխարհը չկրնար նոյնիսկ երեւակայել զանոնք։

Ես որեւէ բան չեմ բրած։ Ես ոչ մէկ բան չեմ տուած։ Ես իսկապէս օգտակար բլլալիք որեւէ բան մը չեմ բրած։ Նաեւ ես ցնծութեամբ լեցուն որեւէ բան մը չեմ բրած Տէրոջը։ Տակաւին, այն փառքը որ ես այստեղ ունիմ՝ այնքան մեծ է որ ես կրնամ միայն զղջալ եւ շնորհակալութեամբ լեցուիլ։ Ես նաեւ շնորհակալութիւն կը յատնեմ Տէրոջը որ ինծի արտօնեց մնալու աւելի փառաւոր տեղ մը՝ Երրորդ Թագաւորութեան մէջ»։

Նախատակութեան Հաւատքով Մարդիկ

Ճիշդ ինչպէս մէկը, որ շատ կը սիրէ զԱստուած եւ իր սրտին մէջ կը սրբագործուի, կրնայ Երրորդ Թագաւորութիւն մտնել, դուն ալ կրնաս նուազագոյնը Երրորդ Թագաւորութիւն մտնել՝ եթէ դուն նախատակութեան հաւատքը ունիս՝ որով կրնաս ամէն բան զոհել, նոյնիսկ քու կեանքդ, Տէրոջը համար։

Նախնական Քրիստոնէական եկեղեցիներու անդամները, որոնք հաւատքը պահեցին մինչեւ որ գլխատուեցան, Հռովմի Հսկայ Կրկէսին մէջ յօշոտուեցան եւ կերուեցան առիւծներու կողմէ, եւ կամ այրուեցան, երկնքի մէջ նահատակի վարձատրութիւնը պիտի ստանան: Դիւրին չէ նահատակ մը դառնալ այսպիսի սաստիկ հալածանքներու եւ սպառնալիքներու տակ:

Ձեր շուրջը կան շատ մարդիկ որոնք Տէրոջը օրը սուրբ չեն պահեր կամ որոնք կ՛անտեսեն իրենց Աստուածատուր պարտականութիւնը՝ դրամի համար իրենց ունեցած ցանկութեան պատճառաւ: Այս տեսակի մարդիկ, որոնք չեն կրնար հնազանդիլ նոյնիսկ այսպիսի փոքր բանի մը, երբե՛ք չեն կրնար իրենց հաւատքը պահել կեանքի դէմ սպառնացող պարագայի մը մէջ, եւ շատ աւելի նուազ՝ նահատակ մը դառնալու մէջ:

Ի՞նչ տեսակի մարդիկ ունին նահատակներ դառնալու հաւատքը: Անոնք այն մարդիկն են՝ որոնք ուղիղ եւ անփոփոխ սրտեր ունին՝ Դանիէլի նման, Հին Կտակարանի մէջէն: Այսուհանդերձ, անոնք որոնք երկմիտ են եւ իրենց անձնական շահը կը փնտռեն, աշխարհի հետ փոխ-զիջում ընելով, շատ քիչ առիթ ունին նահատակներ դառնալու:

Անոնք որոնք ճշմարտապէս նահատակներ կրնան դառնալ, պէտք է Դանիէլի նման անփոփոխ սրտեր ունենան: Դանիէլ պահեց հաւատքի արդարութիւնը, լաւ գիտնալով որ ինք առիւծներու գուբը պիտի նետուէր: Ան իր հաւատքը պահեց մինչեւ նոյնիսկ վերջին վայրկեանը՝ երբ ինք առիւծներու գուբը նետուեցաւ վատ մարդոց նենգ խաղովը: Դանիէլ բնաւ չհեռացաւ ճշմարտութենէն, որովհետեւ իր սիրտը զուտ եւ մաքուր էր:

Նոյնն է պարագան Ստեփանոսի հետ՝ Նոր Կտակարանէն: Ստեփանոս մեռնելու աստիճան քարկոծուեցաւ՝ մինչ ինք Տէրոջը աւետարանը կը քարոզէր: Ան նաեւ նուիրուած ու սրբագործուած անձ մըն էր, որ կրնար աղօթել նոյնիսկ անոնց համար որոնք, հակառակ իր անմեղութեան, կը քարկոծէին զինքը: Ուրեմն Տէրը ո՜րքան շատ պիտի սիրէ զինքը: Անիկա յաւիտեան Տէրոջը հետ պիտի քալէ երկինքը, եւ իր գեղեցկութիւնն ու փառքը ահազին պիտի ըլլան: Ուրեմն, դուն պէտք է անդրադառնաս որ ամենէն կարեւոր բանը՝ սրտին արդարութիւնը եւ անոր սրբագործումը իրագործելն է:

Այսօր շատ քիչեր կան որոնք ճշմարիտ հաւատք ունին: Նոյնիսկ Յիսուս հարցուց. *«Բայց Որդին մարդոյ երբ գայ, արդեօք հաւատք պիտի գտնէ՞ երկրի վրայ»:* (Ղուկաս 18.8): Դուն ո՜րքան թանկագին պիտի ըլլաս Աստուծոյ աչքերուն՝ եթէ նուիրագործուած զաւակ մը դառնաս՝ հաւատքը պահելով եւ ամէն տեսակի չարութիւն մէկդի նետելով, նոյնիսկ այս մեղքերով լեցուն աշխարհին մէջ:

Ուրեմն, ես Տէրոջը անունով կ՛աղօթեմ որ դուն ջերմեռանդութեամբ աղօթես եւ քու սիրտդ շուտով սրբագործես, ակնկալութեամբ սպասելով այն փառքին եւ վարձատրութիւններուն որ Աստուած՝ Հայրը պիտի տայ քեզի երկնքի մէջ:

Գլուխ 10

Նոր Երուսաղէմ

1. Նոր Երուսաղէմի մէջ Մարդիկ Դէմ առ Դէմ Կը Տեսնեն զԱստուած
2. Ի՞նչ Տեսակի Մարդիկ Նոր Երուսաղէմ Կ'երթան

Սուրբ քաղաքը՝ Նոր Երուսաղէմը տեսայ,
Որ երկնքէն Աստուծմէ կ'իջնէր,
իր էրկանը համար զարդարուած
հարսի մը պէս պատրաստուած:
- Յայտնութիւն 21.2 -

Նոր Երուսաղէմի մէջ, որ երկնքի ամենէն գեղեցիկ տեղն է եւ Աստուծոյ փառքով լեցուած է, կայ Աստուծոյ Աթոռը, Տէրոջը եւ Սուրբ Հոգիին դղեակները, եւ տուները այն մարդոց՝ որոնք չափէ դուրս հաճեցուցին զԱստուած՝ հաւատքի ամենաբարձր մակարդակով:

Նոր Երուսաղէմի մէջ տուները ամենագեղեցիկ ձեւով կը պատրաստուին, ճիշդ այնպէս՝ ինչպէս որ այդ տուներուն ապագայի տէրերը պիտի փափաքէին: Նոր Երուսաղէմ մտնելու համար, որ բիւրեղի նման պայծառ ու գեղեցիկ է, եւ Աստուծոյ հետ յաւիտեան ճշմարիտ սէր բաժնեկցելու համար, պէտք է որ դուն ոչ միայն Աստուծոյ սուրբ սրտին նմանիս, այլ նաեւ պէտք է քու պարտականութիւնդ ամբողջութեամբ կատարես, ինչպէս որ Տէր Յիսուս ըրաւ:

Հիմա, ի՞նչ տեսակ տեղ մըն է Նոր Երուսաղէմը եւ ի՞նչ տեսակի մարդիկ հոն կ'երթան:

1. Նոր Երուսաղէմի մէջ Մարդիկ Դէմ առ Դէմ Կը Տեսնեն զԱստուած

Նոր Երուսաղէմը, որ նաեւ կը կոչուի երկնային Սուրբ Քաղաքը, այնքան գեղեցիկ է՝ հարսի մը նման՝ որ ինքզինք պատրաստած է իր ամուսնոյն համար: Այնտեղ մարդիկ առանձնաշնորհումը ունին դէմ առ դէմ հանդիպելու Աստուծոյ, որովհետեւ Աստուծոյ Աթոռը հոն է:

Նոր Երուսաղէմը նաեւ կը կոչուի «փառքի քաղաքը» որովհետեւ դուն յաւիտեան փառք պիտի ստանաս

Աստուծմէ՝ երբ Նոր Երուսաղէմ մտնես: Անոր պատը շինուած է յասպիս քարէ, իսկ քաղաքը՝ զուտ ոսկիէ, ապակիի նման զուտ: Անիկա երեքական դռներ ունի ամէն մէկ չորս կողմերէն – հիւսիս, հարաւ, արեւելք եւ արեւմուտք – եւ այնտեղ հրեշտակ մը կեցած է ամէն մէկ դուռի առջեւ՝ հսկելու համար: Քաղաքին տասներկու հիմերը շինուած են տասներկու տարբեր տեսակի գոհարեղէններով:

Նոր Երուսաղէմի Տասներկու Մարգարիտէ Դռները

Ուրեմն ինչո՞ւ համար Նոր Երուսաղէմի տասներկու դռները շինուած են մարգարիտներով: Խեցի մը երկար ժամանակ կը դիմանայ եւ իր ամբողջ հիւթը կը տրամադրէ որպէսզի մէկ հատիկ մարգարիտ մը շինէ: Նոյն ձեւով, դուն պէտք է բոլոր մեղքերէդ ձերբազատուիս, արիւն թափելու աստիճան պայքարելով անոնց դէմ, եւ պէտք է մահուան աստիճան հաւատարիմ ըլլաս Աստուծոյ առջեւ՝ համբերութեամբ եւ ժուժկալութեամբ: Աստուած այդ դռները մարգարիտերով շինած է, որ կը նշանակէ թէ դուն պէտք է ուրախութեամբ յաղթահարես քու պարագաներդ՝ որպէսզի կարենաս քու Աստուածատուր պարտականութիւններդ կատարել, հակառակ որ նեղ ճամբով կ՛երթաս:

Ուստի, երբ անձ մը, որ Նոր Երուսաղէմ կը մտնէ, մարգարիտէ դռնէն անցնի, անիկա ուրախութեան եւ խոր յուզումի արցունքներ կը թափէ: Ան իր բոլոր անարտայայտելի շնորհակալութիւնները եւ փառքը կը յայտնէ Աստուծոյ՝ որ զինք առաջնորդած է դէպի Նոր

Երուսաղէմ:

Նաեւ, ի՞նչ է պատճառը որ Աստուած տասներկու հիմերը շինած է տասներկու տարբեր գոհարեղէններով: Պատճառը՝ որովհետեւ տասներկու գոհարեղէններուն նշանակութեան միացումը՝ Տէրոջը եւ Հօրը սիրտն է:

Ուրեմն, դուն պէտք է ճանչնաս ամէն մէկ գոհարեղէնի հոգեւոր նշանակութիւնները եւ քու սրտիդ մէջ գտնուող հոգեւոր իմաստները կատարելագործես, որպէսզի Նոր Երուսաղէմ մտնես: Ես այդ իմաստները մանրամասնութեամբ պիտի բացատրեմ *Երկինք 2. Աստուծոյ Փառքով Լեցուն* գիրքին մէջ:

Նոր Երուսաղէմի մէջ Տուները՝ Կատարեալ Միասնականութեամբ եւ Զանազանութեամբ

Նոր Երուսաղէմի մէջ տուները դղեակներու կը նմանին իրենց չափով եւ փառաւորութեամբ: Ամէն մէկ տուն իւրայատուկ է՝ անոր տիրոջ նախընտրութիւններուն համաձայն, եւ կատարեալ միասնականութեամբ ու զանազանութեամբ: Նաեւ, զանազան գոյները եւ լոյսերը, որոնք գոհարեղէններէն դուրս կու գան, քեզ զգալ կու տան գեղեցկութիւնը եւ փառքը՝ արտայայտութենէ վեր:

Մարդիկ կրնան ճանչնալ թէ ամէն մէկ տուն որո՞ւ կը պատկանի՝ միայն նայելով անոր: Անոնք պարզապէս միայն նայելով փառքի լոյսին եւ գոհարեղէններուն, որոնք կը զարդարեէն այդ տունը, կրնան հասկնալ թէ անոր տէրը երկրի վրայ եղած ժամանակ ո՛րքան մեծ հաճոյք պատճառած է Աստուծոյ:

Օրինակի համար, անձի մը տունը, որ երկրի վրայ նահատակ դարձած է, զարդարանքներ եւ արձանագրութիւններ պիտի ունենայ անոր տիրոջ սրտին եւ իրագործումներուն մասին՝ մինչեւ իր նահատակուիլը: Արձանագրութիւնը քանդակուած է ոսկիէ պնակի մը վրայ եւ շողշողուն կերպով կը փայլի: Այնտեղ կը գրուի. «Այս տունին տէրը նահատակ դարձաւ եւ Հօրը կամքը կատարեց -------օրը, -------ամիսը, -------տարին»:

Նոյնիսկ դրան նայելով, մարդիկ կրնան տեսնել փայլուն լոյսը որ դուրս կու գայ ոսկիէ պնակէն՝ ուր անոր տիրոջը իրագործութիւնները արձանագրուած են, եւ անոնք որոնք կը տեսնեն զայն՝ պիտի խոնարհին: Նահատակութիւնը այնքան չափազանց մեծ փառք եւ վարձատրութիւն մըն է, որ անիկա Աստուծոյ հպարտութիւնը եւ ցնծութիւնն է:

Որովհետեւ երկնքի մէջ չարութիւն չկայ, մարդիկ ինքնաբերաբար կը խոնարհեցնեն իրենց գլուխները նայած՝ այդ անձին դիրքին եւ Աստուծմէ մեծապէս սիրուած ըլլալու խորութեան: Նաեւ, ճիշդ ինչպէս որ մարդիկ շնորհակալութեան յուշատախտակ կը նուիրեն եւ կամ գնահատութեան եւ արժանիքի արարողութիւն կը կատարեն որպէսզի տօնախմբեն մեծ իրագործումները, Աստուած ալ ամէն մէկուն յուշատախտակ մը կը նուիրէ՝ Իրեն փառք բերած ըլլալուն համար: Կրնաս տեսնել թէ անուշահոտ բոյրերը եւ լոյսերը կը տարբերին՝ յուշատախտակներու տեսակին համեմատ:

Ասկէ զատ, Աստուած մարդոց տուներուն մէջ բան մը կը հայթայթէ՝ որով անոնք կարող կ՝ըլլան երկրի վրայի իրենց կեանքերը յիշել: Անշուշտ, նոյնիսկ երկնքի մէջ դուն կրնաս երկրի վրայի անցեալի դէպքերը դիտել՝ հեռատեսիլի նման բանի մը վրայ:

Ոսկիէ կամ Արդարութեան Պսակը

Եթէ դուն Նոր Երուսաղէմ մտնես, հիմնականօրէն քեզի պիտի տրուի քու անձնական տունդ եւ ոսկիէ պսակը, իսկ արդարութեան պսակը քեզի պիտի հատուցուի՝ քու արարքներուդ համեմատ: Ասիկա ամենէն փառաւոր եւ ամենէն գեղեցիկ պսակն է երկնքի մէջ:

Աստուած Ինքը կը հատուցանէ ոսկիէ պսակները անոնց՝ որոնք Նոր Երուսաղէմ կը մտնեն, եւ Աստուծոյ Աթոռին շուրջ կան քսանըչորս երէցներ՝ ոսկիէ պսակներով:

> *Աթոռին շուրջը քահանաներ՝ զմրուխտի երեւոյթով եւ այդ աթոռին բոլորտիքը քսանըչորս աթոռներ եւ այն աթոռներուն վրայ քսանըչորս երէցներ նստեր էին՝ ճերմակ հանդերձներ հագած ու գլուխնին ոսկիէ պսակներ ունէին* (Յայտնութիւն 4.4):

«Երէցներ» ըսելով հոս չակնարկուիր այն տիտղոսին որ կը տրուի երկրաւոր եկեղեցիներու մէջ, այլ անոնց՝ որոնք արդար են Աստուծոյ աչքին եւ որոնք ճանչցուած են Աստուծմէ: Անոնք սրբագործուած են եւ իրագործած են սրբարանը իրենց սրտերուն մէջ, ինչպէս նաեւ տեսանելի սրբարանը: «Սրտին մէջ սրբարանը իրագործելը» կ՛ակնարկէ հոգիի անձ մը դառնալուն, ձերբազատուելով ամէն տեսակի չարութիւններէ: Տեսանելի սրբարանը իրագործելը կ՛ակնարկէ երկրի վրայ պարտականութիւնները ամբողջութեամբ կատարելուն:

«Քսանըչորս» թիւը կ՚ակնարկէ բոլոր այն մարդոց որոնք փրկութեան դռնէն ներս մտած են հաւատքով՝ Իսրայէլի տասներկու ցեղերուն նման, եւ սրբագործուած են Տէր Յիսուսի տասներկու առաքեալներուն նման: Ուրեմն, «քսանըչորս» երէցները կ՚ակնարկեն Աստուծոյ զաւակներուն որոնք ճանչցուած են Աստուծմէ եւ որոնք հաւատարիմ են Աստուծոյ բոլոր տան մէջ:

Ուրեմն, անոնք որոնք ոսկիի նման հաւատք ունին, որ բնաւ չփոխուիր, ոսկիէ պսակներ պիտի ստանան, եւ անոնք որոնք Տէրոջը յայտնուելուն կարօտը ունին, Պօղոս Առաքեալի նման, արդարութեան պսակը պիտի ստանան:

> *Բարի պատերազմը պատերազմեցայ, ընթացքը կատարեցի, հաւատքը պահեցի: Ասկէ յետոյ կայ ու կը մնայ ինծի արդարութեան պսակը, որ Տէրը՝ արդար Դատաւորը՝ պիտի հատուցանէ ինծի այն օրը: Ո՛չ միայն ինծի, հապա այն ամենուն ալ՝ որ սիրեցին Անոր յայտնուիլը* (Բ. Տիմոթէոս 4.7-8):

Անոնք որոնք կարօտը ունին Տէրոջը յայտնուելուն, յստակօրէն պիտի ապրին լոյսին եւ ճշմարտութեան մէջ, եւ պիտի ըլլան լաւ-պատրաստուած անօթներ ու Տէրոջը հարսերը: Ուրեմն, անոնք այդ համեմատութեամբ է որ պիտի ստանան պսակները:

Պօղոս Առաքեալ չնուաճուեցաւ որեւէ հալածանքէ կամ դժուարութենէ, այլ անիկա իր բոլոր արարքներուն մէջ փորձեց միայն Աստուծոյ թագաւորութիւնը ընդարձակել եւ Անոր արդարութիւնը իրագործել: Պօղոս Առաքեալ, աշխատանքով եւ յարատեւութեամբ, մեծապէս Աստուծոյ փառքը կը յայտնաբերէր, ուր որ երթար: Անոր համար է որ Աստուած արդարութեան պսակը պատրաստած է Պօղոս Առաքեալին համար: Եւ Աստուած զանիկա պիտի տայ նաեւ բոլոր անոնց՝ որոնք սիրեցին Տէրոջը յայտնուիլը, Պօղոս Առաքեալի նման:

Իրենց Սրտերուն Ամէն Մէկ Փափաքը Պիտի Իրագործուի

Ինչ որ երկրի վրայ ունէիր քու մտքիդ մէջ, ինչ որ կը սիրէիր ընել, բայց Տէրոջը համար լքեցիր զայն – այդ բոլորը Աստուած դարձեալ քեզի պիտի տայ որպէս գեղեցիկ վարձատրութիւններ՝ Նոր Երուսաղէմի մէջ:

Ուրեմն, Նոր Երուսաղէմի մէջ տուները ամէն բան ունին զոր դուն կ'ուզէիր ունենալ, այնպէս որ դուն կրնաս ընել ամէն ինչ որ կ'ուզէիր ընել: Կարգ մը տուներ լիճեր ունին, այնպէս որ անոնց տէրերը կրնան հոն նաւարկել, իսկ կարգ մը ուրիշներ ունին անտառ, ուր իրենք կրնան քալելու երթալ: Նաեւ մարդիկ կրնան վայելել՝ խօսակցելով իրենց սիրելիներուն հետ, սեղանի մը շուրջ նստած՝ գեղեցիկ պարտէզի մը անկիւնը: Հոն կան մարզագետիններով տուներ, ծածկուած՝ մարմանդով կամ յարդարուած խոտով եւ ծաղիկներով, այնպէս որ մարդիկ կրնան քալել կամ փառաբանութեան երգեր երգել՝ զանազան տեսակի թռչուններու եւ գեղեցիկ կենդանիներու հետ միասին:

Այսպէս, Աստուած երկնքի մէջ պատրաստած է ամէն բան՝ զոր դուն կը փափաքէիր ունենալ երկրի վրայ, առանց որեւէ մէկ առարկայի պակասով: Արդեօք դուն ո՞րքան խորապէս պիտի յուզուիս երբ տեսնես այն բոլոր բաները որոնք Աստուած քեզի համար հայթայթեր է՝ մեծ հոգատարութեամբ:

Իսկապէս, Նոր Երուսաղէմ մտնելը ինքնին ուրախութեան աղբիւր մըն է: Դուն անփոփոխ ուրախութեան, փառքի, եւ գեղեցկութեան մէջ պիտի ապրիս յաւիտեան: Դուն ցնծութեամբ եւ յուզումով պիտի լեցուիս երբ դիտես գետինը, երբ դիտես երկնակամարը, կամ ուրիշ ուր որ դիտես:

Մարդիկ կը զգան թէ իրենք խաղաղութեամբ լեցուած են, եւ թէ իրենք հանգիստ ու ապահով են՝ պարզապէս միայն Նոր Երուսաղէմի մէջ մնալով, որովհետեւ Աստուած Նոր Երուսաղէմը պատրաստած է Իր զաւակներուն համար, որոնց Ինք ճշմարտապէս կը սիրէ, եւ անոր ամէն մէկ անկիւնը լեցուած է Իր սիրով:

Ուստի, ինչ որ ալ ընես – հոգ չէ թէ կը քալես, կամ կը հանգչիս, կամ կը խաղաս, կամ կ՛ուտես, կամ ուրիշներու հետ կը խօսիս – դուն ուրախութեամբ եւ ցնծութեամբ պիտի լեցուիս: Ծառերը, ծաղիկները, խոտերը, եւ նոյնիսկ կենդանիները բոլորն ալ սիրուն են հոն, եւ դուն պիտի զգաս այդ փառքը դղեակին պատերէն, զարդարանքներէն, եւ տան մէջ գտնուող ուրիշ դիւրիւթիւններէն:

Նոր Երուսաղէմի մէջ Աստուծոյ հանդէպ սէրը կը նմանի ջուրի աղբիւրի մը, եւ այնտեղ դուն յաւիտենական ուրախութեամբ, գոհութեամբ, եւ ցնծութեամբ պիտի լեցուիս:

Աստուած Տեսնել Դէմ Առ Դէմ

Նոր Երուսաղէմի մէջ, ուր փառքի, գեղեցկութեան, եւ ուրախութաեան ամենէն բարձր մակարդակը կայ, դուն կրնաս դէմ առ դէմ հանդիպիլ Աստուծոյ եւ քալել Տէրոջ հետ, եւ կրնաս քու սիրելիներուդ հետ միասին ապրիլ յաւիտեանս յաւիտենից:

Նաեւ, դուն հիացումի պիտի արժանանաս ոչ միայն հրեշտակներու եւ երկնային զօրքերու կողմէ, այլ նաեւ երկնքի մէջ գտնուող բոլոր ժողովուրդին կողմէ: Ասկէ զատ, քու անձնական հրեշտակներդ քեզի պիտի ծառայեն ճիշդ ինչպէս որ թագաւորի մը կը ծառայեն, կատարելապէս հայթայթելով քու բոլոր փափաքներդ ու պէտքերդ: Եթէ դուն կ'ուզես երկնակամարին վրայ թռչիլ, քու անձնական ամպէ ինքնաշարժդ պիտի գայ եւ պիտի կենայ ճիշդ քու ոտքերուդ առջեւ: Անմիջապէս որ ամպէ ինքնաշարժին մէջ մտնես, դուն պիտի կարողանաս անոր մէջ թռչիլ երկնակամարին վրայ՝ որքան որ կ'ուզես, կամ կրնաս անոր մէջ գետնին վրայ քշել:

Ուրեմն, եթէ Նոր Երուսաղէմ մտնես, դուն կրնաս դէմ առ դէմ տեսնել զԱստուած, կրնաս քու սիրելիներուդ հետ միասին յաւիտեան ապրիլ, եւ քու բոլոր փափաքներդ երկվայրկեանի մը մէջ պիտի տրուին քեզի: Դուն կրնաս ամէն ուզած բանդ ունենալ, նաեւ հոն քեզի հետ կը վարուին հեքիաթի մը մէջ գտնուող իշխանի մը կամ իշխանուհիի մը նման:

Մասնակցելով Նոր Երուսաղէմի Խնճոյքներուն

Նոր Երուսաղէմի մէջ միշտ խնճոյքներ տեղի կ'ունենան: Երբեմն Հայրը կը հիւրընկալէ խնճոյքները, կամ երբեմն Տէր Յիսուսը կամ Սուրբ Հոգին կը հիւրընկալեն: Այդ խնճոյքներուն ընդմէջէն դուն կրնաս զգալ երկնային կեանքի ցնծութիւնն ու երջանկութիւնը: Ակնարկ մը նետելով այդ խնճոյքներուն վրայ, դուն կը զգաս առատութիւնը, ազատութիւնը, գեղեցկութիւնը, եւ հրճուանքը:

Երբ Հօրը կողմէ տեղի ունեցող խնճոյքներուն մասնակցիս, դուն քու լաւագոյն հագուստներդ պիտի հագնիս եւ լաւագոյն զարդարանքներդ պիտի կրես, ամենալաւ կերակուրը եւ ըմպելիքները պիտի ուտես եւ պիտի խմես: Նաեւ, հմայիչ ու գեղեցիկ երաժշտութիւն, փառաբանութեան երգեր եւ պարեր պիտի վայելես: Դուն կրնաս տեսնել հրեշտակներ՝ որ կը պարեն, կամ երբեմն դուն ալ կրնաս պարել եւ զԱստուած հաճեցնել:

Հրեշտակները շատ աւելի գեղեցիկ եւ կատարեալ են արհեստագիտութիւններու մէջ, բայց Աստուած աւելի կը հաճոյք կ՚առնէ այն անուշահոտ բոյրէն որ կու գայ Իր զաւակներէն, որոնք գիտեն Իր սիրտը եւ իրենց սրտերէն կը սիրեն Զինք:

Անոնք որոնք Աստուծոյ ընծայուած պաշտամունքի արարողութիւններուն մէջ կը ծառայէին երկրի վրայ, պիտի ծառայեն նաեւ այդ խնճոյքներուն մէջ, որպէսզի աւելի օրհնալից դարձնեն զայն. եւ անոնք որոնք զԱստուած կը փառաբանէին երգելով, պարելով ու նուագելով, նոյնը պիտի ընեն երկնային խնճոյքներուն մէջ:

Կակուղ աղուամազէ հագուստ մը պիտի հագնիս՝ բազմաթիւ կաղապարներով եւ օրինակներով, պիտի կրես հրաշալի պսակ մը եւ գոհարեղէններու զարդեր՝ շողշողուն լոյսերով փայլող: Նաեւ, ամպէ ինքնաշարժ մը կամ ոսկիէ վակոն մը պիտի հեծնես, հրեշտակներու ընկերակցութեամբ, որպէսզի խնճոյքները յաճախես: Արդեօք քու սիրտդ չի՞ բաբախեր ուրախութեամբ եւ ակնկալութեամբ, պարզապէս այս բոլորը երեւակայելով միայն:

Ապակեղէն Ծովուն վրայ Պտտոյտ Ընող Փառատօն

Երկնքի գեղեցիկ ծովուն վրայ կը ծփայ պայծառ ու մաքուր ջրակոյտ մը՝ որ բիւրեղի մը նման է, առանց որեւէ արատի կամ բիծի: Կապոյտ ծովուն ջուրը մեղմ զեփիւռի ալիքներ ունի, եւ անիկա շողշողուն կերպով կը փայլի: Բազմատեսակ ձուկեր կը լողան ջուրին մէջ որ չափէն աւելի թափանցիկ է, եւ երբ մարդիկ կը մօտենան անոնց, անոնք սիրալիր ընդունելութիւն ցոյց կու տան՝ իրենց լողակները շարժելով, եւ իրենց սէրը կը դաւանին անոնց:

Նաեւ, բազմազան գոյներով ովկեանոսային բուստեր խումբեր կը կազմեն եւ ճօճին: Ամէն անգամ որ շարժին, անոնք այդ գեղեցիկ գոյներէն լոյսեր կը ցոլացնեն: Որքան հրաշալի է այդ տեսարանը... Այնտեղ՝ ծովուն մէջ կան բազմաթիւ փոքր կղզիներ, որոնք սքանչելի կ'երեւին: Աւելին, ծովային ճամբորդութիւն կատարող «Թայթանիք»ի նման նաւեր շրջան ընելով կը նաւարկեն, եւ հոն, նաւերուն մէջ ալ խնճոյքներ տեղի կ'ունենան:

Այս նաւերը օժտուած են ամէն տեսակի դիւրիւթիւններով, ներառեալ՝ հանգստաւէտ կեցութիւններով, փլչախաղի գնդակներով, լողաւազաններով, եւ պարասրահներով, որպէսզի մարդիկ կարենան վայելել ամէն ինչ որ կ'ուզեն:

Պարզապէս միայն երեւակայելու համար բոլոր փառատօնները որոնք կը կատարուին այդ նաւերուն վրայ, որոնք շատ աւելի հոյակապ եւ հրաշալի ձեւով զարդարուած են քան երկրի վրայ գտնուող որեւէ պտոյտ կատարող փարթամ նաւ մը, չափազանց մեծ երջանկութիւն պիտի պատճառէ քեզի, հոն ներկայ ըլլալով Տէրոջը հետ եւ սիրելիներուդ հետ միասին:

2. Ի՞նչ Տեսակի Մարդիկ Նոր Երուսաղէմ Կ'երթան

Անոնք որոնք ոսկիի նման հաւատք ունին, որոնք Տէրոջը յայտնուելուն կարօտը ունին, եւ որոնք ինքզինքնին կը պատրաստեն որպէս Տէրոջը հարսերը, պիտի մտնեն Նոր Երուսաղէմ: Ուրեմն, ի՞նչ տեսակի անձ մը պէտք է ըլլաս, որպէսզի կարենաս մտնել Նոր Երուսաղէմ, որ բիւրեղի նման պայծառ ու գեղեցիկ է, եւ լեցուն է Աստուծոյ շնորհիքով:

Աստուած Հաճեցնող Հաւատքի Մարդիկ

Նոր Երուսաղէմը տեղն է անոնց՝ որոնք հաւատքի հինգերորդ մակարդակին վրայ կը գտնուին – անոնք որոնք ոչ միայն ամբողջութեամբ նուիրագործած են իրենց սրտերը, այլ նաեւ հաւատարիմ եղած են Աստուծոյ բոլոր տան մէջ:

Հաւատքը՝ որուն Աստուած կը հաճի, այն տեսակի հաւատքն է՝ որով Աստուած ամբողջովին կը գոհանայ, այնպէս որ Ան կ'ուզէ կատարել Իր զաւակներուն պահանջքները եւ իրականացնել անոնց փափաքները:

Ուրեմն ի՞նչպէս կրնաս հաճեցնել զԱստուած: Ես քեզի օրինակ մը պիտի տամ: Ըսենք թէ հայր մը գործէն տուն կու գայ, եւ իր երկու որդիներուն կ'ըսէ թէ ինք ծարաւ է: Առաջին որդին, որ գիտէ թէ իր հայրը սոտա կը սիրէ, գաւաթ մը Coke կամ Sprite կը բերէ իր հօրը համար: Նաեւ, ան իր հօրը հանգստութեան համար իւղով կը շփէ զինքը, հակառակ որ իր հայրը այդ բանը չէր խնդրած իրմէ:

Միւս կողմէն, երկրորդ որդին պարզապէս գաւաթ մը ջուր կը բերէ իր հօրը եւ դարձեալ իր սենեակը կ'երթայ: Հիմա, այդ երկու որդիներէն ո՞ր մէկը աւելի հաճեցուցած կ'ըլլայ հայրը, հասկնալով իր հօրը սիրտը:

Փոխան այն որդիին, որ միայն գաւաթ մը ջուր բերաւ պարզապէս հօրը խօսքին հնազանդելու համար, հայրը շատ աւելի հաճոյք առած պիտի ըլլար իր միւս որդիէն՝ որ գաւաթ մը Coke բերաւ, զոր ինք կը սիրէր, եւ մարձում մը տուաւ իրեն, զոր ինք չէր խնդրած:

Նոյն ձեւով, տարբերութիւնը անոնց՝ որոնք Երրորդ Թագաւորութիւն եւ Նոր Երուսաղէմ կը մտնեն, այն իրողութեան մէջ է թէ մարդիկ ո՞ր աստիճան հաճեցուցած են Հայր Աստուծոյ սիրտը, եւ հաւատարիմ մնացած են՝ Հօրը կամքին համեմատ:

Լման Հոգիի Մարդիկ՝ Աստուծոյ Սրտին Համեմատ

Անոնք որոնք Աստուածահաճոյ հաւատք ունին, իրենց սրտերը միայն ճշմարտութեամբ կը լեցնեն, եւ հաւատարիմ են Աստուծոյ բոլոր տան մէջ: Աստուծոյ բոլոր տան մէջ հաւատարիմ ըլլալ կը նշանակէ իրմէ ակնկալուածէն աւելի կատարել պարտականութիւնները, հոգ չընելով իր անձնական կեանքին մասին. Ինքնին Քրիստոսի հաւատքով, որ մահուան աստիճան հնազանդեցաւ Աստուծոյ կամքին:

Ուրեմն, անոնք որոնք հաւատարիմ են Աստուծոյ բոլոր տան մէջ, իրենց անձնական մտքով ու խորհուրդներով չէ որ կը կատարեն այդ արարքները, այլ միայն Տէրոջը սրտով կ'ընեն զանոնք՝ հոգեւոր սրտով: Պօղոս Տէր Յիսուսի սիրտը կը նկարագրէ Փիլիպպեցիս 2.6-8-ի մէջ.

> *[Յիսուս Քրիստոս], որ Աստուծոյ կերպարանքը ունենալով, յափշտակութիւն մը չսեպեց Աստուծոյ հաւասար ըլլալը. Հապա անձը ունայնացուց ծառայի կերպարանք առնելով՝ մարդոց նման ըլլալով եւ մարդու կերպարանքովը Ինքզինք խոնարհեցուց, մինչեւ իսկ մեռնելու յօժարեցաւ ու այն ալ խաչի մահուամբ:*

Իր կարգին, Աստուած Զինք խիստ բարձրացուց, Անոր անուն մը տուաւ՝ բոլոր անուններէն վեր, թոյլ տուաւ որ Ան Աստուծոյ Աթոռին աջ կողմը նստի, փառքով միասին, եւ Անոր իշխանութիւն տուաւ որպէս «Թագաւոր Թագաւորաց» եւ «Տէր Տէրանց»:

Այսպէս ուրեմն, ճիշդ ինչպէս Յիսուս ըրաւ, դուն ալ պէտք է կարողանաս առանց պայմանի հնազանդիլ Աստուծոյ կամքին, որպէսզի հաւատքը ունենաս Նոր Երուսաղէմ մտնելու: Ուստի ան որ կրնայ Նոր Երուսաղէմ մտնել, պէտք է կարողանայ հասկնալու նոյնիսկ Աստուծոյ սրտին խորը: Այս տեսակի անձ մը կը հաճեցնէ զԱստուած, որովհետեւ անիկա մեռնելու աստիճան հաւատարիմ է՝ հետեւելու Աստուծոյ կամքին:

Աստուած Իր զաւակները կը զտէ ու կը մաքրէ, որ զիրենք առաջնորդէ ոսկիի նման հաւատք ունենալու, որպէսզի անոնք կարող ըլլան Նոր Երուսաղէմ մտնելու: Ճիշդ ինչպէս որ հանքագործ մը երկար ժամանակ կը լուայ ու կը զտէ՝ ոսկի գտնելու համար, Աստուած ալ ուշադրութեամբ կը քննէ Իր զաւակները, Իր աչքերը սեւեռելով անոնց վրայ, մինչ անոնք կը փոխուին, դառնալով գեղեցիկ հոգիներ, եւ Իր խօսքով կը լուայ անոնց մեղքերը: Երբ Ան գտնէ զաւակներ՝ որոնք ոսկիի նման հաւատք ունին, Աստուած կը ցնծայ Իր կրած բոլոր ցաւերուն, տագնապին, եւ վիշտին համար, զոր Ինք տոկաց, որպէսզի կատարելագործէ մարդ արարածի մշակման նպատակը:

Անոնք որոնք Նոր Երուսաղէմ կը մտնեն՝ ճշմարիտ զաւակներ են, զոր Աստուած շահած է սպասելով երկար ժամանակ, մինչեւ որ անոնք իրենց սրտերը փոխած են՝ դառնալով Տէրոջը սրտին, եւ կարողացած են կատարելագործել լման հոգին: Անոնք թանկագին են Աստուծոյ համար եւ Անիկա չափազանց շատ պիտի սիրէ զանոնք: Ասոր համար է որ Ան մեզ կը ստիպէ ըսելով. *«Եւ Ինքը՝ խաղաղութեան Աստուածը ձեզ բոլորովին սուրբ ընէ ու ձեր բոլոր հոգին եւ շունչը ու մարմինը անարատ պահուի մինչեւ մեր Տէր Յիսուս Քրիստոսի գալու ատենը»* (Ա. Թեսաղոնիկեցիս 5.23):

Մարդիկ որոնք Ուրախութեամբ Կը Կատարեն Նահատակութեան Պարտականութիւնը

Նահատակութիւն կը նշանակէ մէկու մը իր կեանքը զոհելը: Այսպէս ուրեմն, անիկա հաստատ վճռակամութիւն եւ մեծ նուիրում կը պահանջէ: Այն փառքը եւ հանգստութիւնը որ մէկը կը ստանայ իր կեանքը նուիրելէն ետք՝ Աստուծոյ կամքը կատարելու համար, ճիշդ ինչպէս որ Յիսուս ըրաւ, երեւակայութենէ դուրս են:

Անշուշտ ամէն մարդ որ Երրորդ Թագաւորութիւն կամ Նոր Երուսաղէմ կը մտնէ՝ նահատակ դառնալու հաւատքը ունի, բայց այն մէկը որ իսկապէս նահատակ կը դառնայ՝ շատ աւելի մեծ փառք կը ստանայ: Եթէ դուն նահատակ մը դառնալու վիճակին մէջ չես, դուն պէտք է նահատակի մը սիրտը ունենաս, սրբութիւն իրագործես, քու պարտականութիւններդ ամբողջութեամբ կատարես, որպէսզի նահատակի մը վարձատրութիւնը ստանաս:

Անգամ մը Աստուած ինծի ցոյց տուաւ իմ եկեղեցւոյս մէջ գտնուող հոգեւոր ծառայի մը փառքը՝ զոր ինք պիտի ստանայ Նոր Երուսաղէմի մէջ, երբ իր նահատակութեան պարտականութիւնը կատարէ:

Երբ ան երկինք հասնի իր պարտականութիւնը ամբողջացնելէ ետք, նայելով իր տունին՝ անվերջանալի արցունքներ պիտի թափէ՝ շնորհակալ ըլլալով Աստուծոյ մեծ սիրոյն համար: Անոր տան մուտքի դրան առջեւ կայ չափազանց մեծ պարտէզ մը, այնքան բազմատեսակ ծաղիկներով, ծառերով եւ ուրիշ զարդարանքներով լեցուն: Պարտէզէն մինչեւ հիմնական շէնքը հասնիլը կայ ոսկիէ ճամբայ մը, եւ ծաղիկները կը փառաբանեն իրենց տիրոջ կատարած իրագործումները եւ կը հանգստացնեն զինք՝ իրենց գեղեցիկ անուշահոտ բոյրերով:

Աւելին, ոսկիէ փետուրներով թռչուններ կը փայլեցնեն լոյսերը եւ գեղեցիկ ծառեր կը կենան պարտէզին մէջ: Անհամար թիւով հրեշտակներ, բոլոր տեսակի կենդանիներ, եւ նոյնիսկ թռչունները կը փառաբանեն անոր նահատակութեան իրագործումը եւ սիրալիր ընդունելութիւն ցոյց կու տան անոր, եւ երբ անիկա ծաղիկներու ճամբուն վրայէն քալէ, Տէրոջը հանդէպ իր սէրը կը վերածուի գեղեցիկ անուշահոտ բոյրի մը: Ան իր սրտին խորերէն շարունակ իր շնորհակալութիւնները պիտի դաւանի:

> «Տէրը ճշմարտապէս զիս շատ սիրեց եւ թանկագին պարտականութիւն մը տուաւ ինծի... Անոր համար է որ ես կրնամ Հօրը սիրոյն մէջ մնալ...»:

Տունին ներսը, պատերը զարդարուած են բազմաթիւ թանկագին գոհարեղէններով, եւ արիւնի պէս քարնէլիան կարմիր լոյսը եւ շափիւղայէ լոյսը արտաասովոր են: Քարնէլիանը ցոյց կու տայ թէ ինք կատարելագործած էր իր կեանքը զոհելու տրփանքը եւ իր խանդոտ սէրը, ինչպէս որ Պօղոս Առաքեալ բրաւ: Շափիւղան կը ներկայացնէ իր անփոփոխ, ուղիղ սիրտը եւ իր պարկեշտութիւնը՝ ճշմարտութիւնը պահելու մէջ, մեռնելու աստիճան: Շափիւղան իր նահատակութիւնը յիշատակելու համար է:

Դուրսի պատերուն վրայ փորագրուած արձանագրութիւն մը կայ որ գրուած է Ինքնին Աստուծոյ կողմէ: Անիկա կ՚արձանագրէ այդ տունին տիրոջը փորձութիւններու ատենները, ե՞րբ եւ ի՞նչպէս ան նահատակ դարձաւ, եւ անիկա ի՞նչ տեսակ պարագաներու մէջ Աստուծոյ կամքը կատարելագործեց: Երբ հաւատքի մարդիկ նահատակներ դառնան, անոնք զԱստուած կը փառաբանեն կամ երբեմն խօսքեր կ՚ըսեն Զինք փառաւորելու համար: Այդպիսի նկատողութիւններ գրուած են այս պատին վրայ: Այդ արձանագրութիւնը այնքան փայլուն կերպով կը փայլի որ դուն ամբողջութեամբ կը զգացուիս եւ ուրախութեամբ կը լեցուիս զայն կարդալով ու նայելով լոյսերուն որոնք դուրս կ՚ելլեն անկէ: Անիկա ո՛րքան ազդեցիկ պիտի ըլլայ, որովհետեւ Աստուած, լոյսը, Ինքը գրած է զայն... Ուրեմն, ով որ անոր տունը այցելէ, պիտի խոնարհի այդ գրութիւններուն առջեւ, որոնք Ինքնին Աստուծոյ կողմէ գրուած են...

Նստասենեակին ներքին պատերուն վրայ բազմաթիւ մեծ պաստառներ կան՝ տեսակաւոր որմնանկարներով: Գծագրութիւնները կը բացատրեն թէ ինք ինչպէս գործած էր այն ժամանակէն սկսեալ որ առաջին անգամ հանդիպեցաւ Տէրոջը – թէ որքան շատ սիրած էր Տէրը, եւ այն տեսակի գործերը որ կատարած էր որոշ ժամանակ մը, եւ ինչ տեսակ սրտով:

Նաեւ, պարտէզին մէկ անկիւնը զանազան տեսակի մարզասիրական սարքեր կան որոնք հրաշալի ատաղձներով շինուած են եւ որոնք այնպիսի զարդարանքներ ունին զոր անկարելի է երեւակայել երկրի վրայ: Աստուած զանոնք պատրաստած է զինք հանգստացնելու համար, որովհետեւ ան շատ կը սիրէր մարմնամարզութիւնը, բայց հոգեւոր ծառայութեան համար լքած էր զայն: Բազուկի մարզանքի կցազուռները որեւէ տեսակի մետաղէ կամ պողպատէ շինուած չեն, ինչպէս երկրի վրայ, այլ անոնք Աստուծոյ կողմէ շինուած են, յատուկ զարդարանքերով: Անոնք կը նմանին թանկագին քարերու՝ որոնք գեղեցիկութեամբ կը փայլին: Սքանչելիօրէն, անոնք տարբեր կը կշռեն՝ անձին համեմատ, որ անոնց հետ մարմնամարզութիւն կ՛ընէ: Այդ սարքերը մարմնի լաւ կազմուածք պահելու համար չէ որ կը գործածուին, այլ անոնք կը պահուին յուշանուէրներու նման՝ որպէս հանգստութեան աղբիւր:

Արդեօք ինքի ի՞նչպէս պիտի զգայ դիտելով այս բոլոր բաները որ Աստուած պատրաստեր է իրեն համար:

Անիկա պէտք էր իր փափաքներէն ձերբազատուէր Տէրոջը համար, բայց հիմա իր սիրտը հանգստացած է, եւ ինքը չափէն աւելի շնորհակալ է Հայր Աստուծոյ սիրոյն համար:

Ինք պարզապէս չկրնար դադրիլ շնորհակալ ըլլալէ եւ արցունքներով զԱստուած փառաբանելէ, որովհետեւ Աստուծոյ հոգատար եւ քնքուշ սիրտը պատրաստեր էր ամէն բան՝ որ ինք երբեւիցէ կ՚ուզէր ունենալ, չմոռնալով նոյնիսկ իր սրտին մէջ գտնուող ամենաչնչին ցանկութիւնը:

Ժողովուրդը Ամբողջութեամբ Միացած՝ Տէրոջը եւ Աստուծոյ հետ

Աստուած ինծի ցոյց տուաւ Նոր Երուսաղէմի մէջ տուն մը՝ որ այնքան մեծ էր՝ որքան մեծ քաղաք մը: Անիկա այնքան սքանչելի էր, որ ես չկրցայ ինքզինքս զսպել՝ հիանալով անոր մեծութեան, գեղեցկութեան եւ շքեղութեան վրայ:

Այդ շատ հսկայական մեծութեամբ տունը ունի տասներկու դռներ – երեքական դռներ՝ հիւսիսէն, հարաւէն, արեւելքէն, եւ արեւմուտքէն: Անոր կեդրոնը կայ մեծ, երեք-յարկանի դղեակ մը, զարդարուած՝ զուտ մաքուր ոսկիով եւ ամէն տեսակի թանկարժէք գոհարեղէններով:

Առաջին յարկին վրայ կայ այնպիսի ընդարձակ սրահ մը՝ ուր չես կրնար մէկ ծայրէն միւսը տեսնել, եւ հոն բազմաթիւ նստասենեակներ կան: Անոնք կը գործածուին խնճոյքներու համար, եւ կամ որպէս հանդիպման վայրեր: Երկրորդ յարկին վրայ սենեակներ կան՝ պսակները, հագուստները եւ յուշանուէրները պահելու եւ զանոնք ցուցադրելու համար. նաեւ այնտեղ կան տեղեր՝ մարգարէներ ընդունելու համար: Երրորդ յարկը մասնայատուկ կերպով կը գործածուի Տէրը ընդունելու եւ Անոր հետ սէր բաժնեկցելու համար:

Դղեակին շուրջը կան պատեր՝ որոնք ծածկուած են գեղեցիկ անուշահոտ բոյրեր տուող ծաղիկներով: Կենաց Ջուրի Գետը խաղաղութեամբ կը հոսի դղեակին շուրջ, եւ գետին վրայ կան կամարաձեւ ամպէ կամուրջներ՝ ծիածանի գոյներով:

Պարտէզին մէջ բազմատեսակ ծաղիկները, ծառերը, եւ խոտերը գեղեցկութեան կատարելութիւնը կ'ընեն: Գետին միւս կողմը հսկայ անտառ մըն է՝ երեւակայութենէ դուրս:

Այնտեղ կայ նաեւ զուարճութեան զբօսավայր մը՝ բազմաթիւ հեծելակառքերով, ինչպէս՝ բիւրեղեայ հանրակառքը, ոսկիէ շինուած Վայքինկ-կառքը, եւ ուրիշ դիւրիւթեան սարքեր՝ գոհարեղէններով զարդարուած: Անոնք բերկրալի լոյսեր դուրս կու տան ամէն անգամ որ աշխատանքի լուծուին: Զուարճալի զբօսավայրէն զատ կայ ծաղիկներով պատուած ընդարձակ ճամբայ մը, եւ այդ ճամբուն վերեւը կայ տափարակ դաշտ մը՝ որուն շուրջ կենդանիները կը խաղան եւ խաղաղութեամբ կը հանգչին՝ ինչպէս երկրի վրայ գտնուող արեւադարձային տափաստաններու վրայ:

Ասոնցմէ զատ, կան նաեւ բազմաթիւ տուներ եւ շէնքեր, որոնք բազմատեսակ գոհարեղէններով զարդարուած են՝ փայլուն, գեղեցիկ եւ խորհրդաւոր լոյսերով շողշողալու համար ամբողջ այդ շրջանին շուրջ: Պարտէզին քով կայ նաեւ ջրվէժ մը, եւ բլուրին ետեւը կայ ծով մը՝ որուն վրայ պտոյտի հսկայ՝

«Թայթանիքի» նման նաւեր կը շրջին նաւարկելով: Այս բոլորը՝ մէկու մը տունին մաս կը կազմեն, ուստի հիմա դուն կրնաս ձեւով մը՝ քիչ մը երեւակայել թէ որքան մեծ եւ ընդարձակ է այս տունը:

Այս տունը, որ հսկայ քաղաքի մը կը նմանի, երկնքի մէջ զբօսաշրջիկութեան վայր մըն է, եւ անիկա շատ մարդիկ կը հրապուրէ ոչ միայն Նոր Երուսաղէմէն, այլ նաեւ երկնքի բոլոր կողմերէն: Մարդիկ հաճոյք կ՛առնեն ու կը վայելեն, եւ Աստուծոյ հետ սէր կը բաժնեկցին հոն: Նաեւ, անհամար թիւով հրեշտակներ կը ծառայեն անոր տիրոջը, եւ հոգ կը տանին շէնքերուն եւ դիւրիութեան սարքերուն, կ՛ընկերակցին ամպէ ինքնաշարժին, եւ զԱստուած կը փառաբանեն պարերով եւ երաժշտական գործիքներ նուագելով: Հոն ամէն բան պատրաստուած է ծայրագոյն ուրախութեան եւ հանգիստի համար:

Աստուած այս տունը պատրաստած է որովհետեւ անոր տէրը հաւատքով, յոյսով եւ սիրով յաղթահարած է ամէն տեսակի քննութիւններ եւ փորձութիւններ, եւ չափազանց մեծ թիւով մարդիկ փրկութեան առաջնորդած է՝ կեանքի խօսքով եւ Աստուծոյ զօրութեամբ, սիրելով զԱստուած ամէն բանէ առաջ, եւ ուրիշ որեւէ մէկ բանէ աւելի:

Սիրոյ Աստուածը կը յիշէ քու կատարած բոլոր ջանքերդ ու կը տեսնէ քու բոլոր թափած արցունքներդ, եւ քու ըրածիդ համեմատ կը վարձատրէ քեզ: Ան կ՛ուզէ նաեւ որ ամէն ոք միանայ Իրեն եւ Տէրոջ հետ՝ կենսատու սիրով, դառնալու համար հոգեւոր գործաւորներ, անհամար թիւով մարդիկ առաջնորդելու՝ դէպի փրկութեան ճամբան:

Անոնք որոնք ունին այնպիսի հաւատք՝ որ կրնայ զԱստուած հաճեցնել, կրնան Իրեն հետ եւ Տէրոջը հետ միանալ՝ իրենց կենսատու սիրով, որովհետեւ անոնք ոչ միայն Տէրոջը սրտին կը նմանին եւ լման հոգիի մարդիկ կը դառնան, այլ նաեւ իրենց կեանքերը կը զոհեն եւ նահատակներ կը դառնան: Այս մարդիկը ճշմարտապէս կը սիրեն զԱստուած եւ Տէր Յիսուսը: Նոյնիսկ եթէ երկինք եղած չըլլար, անոնք ոչ պիտի նեղուէին եւ ոչ ալ կորսուած պիտի զգային՝ այն բանին համար որ իրենք կրնային վայելել եւ առնել երկրի վրայ: Աստուծոյ Խօսքին համեմատ ապրիլը եւ Տէրոջը համար գործելը ինքնին չափազանց ուրախալի եւ ցնծալի զգացում մըն է իրենց սրտերուն:

Անշուշտ, ճշմարիտ հաւատքով մարդիկ կ՛ապրին Տէրոջը կողմէ երկնքի մէջ իրենց տրուելիք վարձատրութիւններու յոյսով, ճիշդ ինչպէս որ գրուած է Եբրայեցիս 11.6-ի մէջ. *«Բայց առանց հաւատքի անհնար է Աստուծոյ հաճելի ըլլալ. վասն զի ան որ Աստուծոյ կը մօտենայ, պէտք է հաւատայ թէ Աստուած կայ եւ թէ վարձահատոյց կ՛ըլլայ անոնց, որ Զինք կը փնտռեն»:*

Այսուհանդերձ, իրենց համար հարց չէ թէ երկինք կայ թէ ոչ, եւ կամ եթէ վարձատրութիւններ կան թէ ոչ, որովհետեւ աւելի թանկագին բան մը կայ: Անոնք ուրիշ որեւէ բանէ աւելի ուրախ կը զգան հանդիպելու Հայր Աստուծոյն եւ Տէր Յիսուսին, որոնց այնքան անկեղծութեամբ կը սիրեն: Ուրեմն, չկարենալ Հայր Աստուծոյ եւ Տէրոջը հանդիպիլ՝ շատ աւելի մեծ դժբախտութիւն եւ տխրալի բան մըն է քան թէ վարձատրութիւններ չստանալը կամ երկնքի մէջ չապրիլը:

Անոնք որոնք իրենց չմեռնող սէրը ցոյց կու տան

Աստուծոյ եւ Տէրոջը հանդէպ, իրենց կեանքերը զոհելով, նոյնիսկ եթէ պիտի չըլլար ուրախ երկնային կեանք մը, անոնք արդէն միացած են Հօրը եւ Տէրոջը՝ իրենց փեսային հետ, իրենց անձնազոհ սիրով: Ո՜րքան մեծ պիտի ըլլայ փառքը եւ վարձատրութիւնները զոր Աստուած պատրաստած է իրենց համար...

Պօղոս Առաքեալ, որ կարօտը ունէր Տէրոջը յայտնուելուն, որ մեծ ճիգ թափեց Տէրոջը գործերուն համար եւ անհամար թիւով մարդիկ առաջնորդեց փրկութեան, հետեւեալը խոստովանեցաւ ըսելով.

> *«Վասն զի ես հաստատ գիտեմ թէ ո՛չ մահը, ո՛չ կեանքը, ո՛չ հրեշտակները, ո՛չ իշխանութիւնները, ո՛չ զօրութիւնները, ո՛չ ներկայ բաները, ո՛չ գալու բաները, ո՛չ բարձրութիւնը, ո՛չ խորունկութիւնը, եւ ո՛չ ուրիշ արարած կրնայ մեզ զատել Աստուծոյ սէրէն՝ որ Քրիստոս Յիսուս մեր Տէրոջմով է»* (Հռովմայեցիս 8.38-39):

Նոր Երուսաղէմը տեղն է Աստուծոյ այն զաւակներուն որոնք Հայր Աստուծոյ հետ միացած են՝ այս տեսակի սիրով: Նոր Երուսաղէմը որ բիւրեղի նման չափազանց պայծառ եւ գեղեցիկ է, ուր աներեւակայելի, յորդառատ ուրախութիւն եւ ցնծութիւն պիտի ըլլայ, այս ձեւով է որ կը պատրաստուի:

Մեր սիրոյ Հայր Աստուածը կ՚ուզէ որ ամէն անձ, ոչ միայն փրկուի, այլ նաեւ նմանի Իր սրբութեան եւ Իր կատարելութեան, որպէսզի անոնք կարենան Նոր Երուսաղէմ երթալ:

Ուրեմն, ես Տէրոջը անունով կ՚աղօթեմ որ դուն անդրադառնաս թէ Տէրը՝ որ երկինք գնաց, որպէսզի մեզի համար տեղ պատրաստէ, դարձեալ շուտով պիտի գայ եւ ամբողջական լման հոգին իրագործելու համար. ուստի ինքզինքդ անարատ պահէ, որպէսզի դառնաս գեղեցիկ հարս մը՝ որ կրնայ խոստովանիլ ըսելով. «Շո՛ւտ եկուր, Տէր Յիսուս»:

Հեղինակը:

Դոկտ. Ճէյրոք Լիի

Դոկտ. Ճէյրոք Լիի ծնած է Մուանի մէջ, Ճէօննամ Նահանգ, Քորէայի Հանրապետութիւն, 1943-ին: Իր քսանական տարիքներուն, Դոկտ. Լի եօթը տարի շարունակ տառապած է զանազան տեսակի անբուժելի հիւանդութիւններէ, սպասելով մահուան առանց ապաքինման որեւէ յոյս ունենալու: Սակայն օր մը, 1974-ի գարնան, իր քրոջ կողմէ կ'առաջնորդուի եկեղեցի մը, եւ երբ ծունկի կու գայ աղօթելու համար, Կենդանի Աստուած անմիջապէս կը բժշկէ զինք իր բոլոր հիւանդութիւններէն:

Այն վայրկեանէն որ Դոկտ. Լի այդ սքանչելի փորձառութեամբ հանդիպեցաւ Կենդանի Աստուծոյ, ան իր ամբողջ սրտով եւ անկեղծութեամբ սիրեց զԱստուած, եւ 1978-ին կանչուեցաւ ըլլալու Աստուծոյ ծառայ մը: Դոկտ. Լի ջերմեռանդութեամբ աղօթեց որպէսզի կարենար յստակօրէն հասկնալ Աստուծոյ կամքը, ամբողջութեամբ իրագործէր զայն, եւ հնազանդէր Աստուծոյ բոլոր Խօսքերուն: 1982-ին, Դոկտ. Լի հիմնեց Մէնմին Կեդրոնական Եկեղեցին Սէուլի մէջ, Քորէա, եւ անհամար թիւով Աստուածային գործեր, ներառեալ հրաշագործ բժշկութիւններ եւ սքանչելիքներ, տեղի կ'ունենան իր եկեղեցիին մէջ:

1986-ին, Դոկտ. Լի օծուեցաւ որպէս հովիւ՝ Քորէայի Սանկքյուլ Եկեղեցւոյ Յիսուսի Տարեկան Հաւաքոյթին ընթացքին, եւ չորս տարիներ ետք, 1990-ին, իր պատգամները սկսան հեռասփռուիլ դէպի Աւստրալիա, Ռուսիա, Ֆիլիփփին, եւ շատ ուրիշ երկիրներ Ծայրագոյն Արեւելքի Հեռուստակայանի Ընկերութեան, Ասիոյ Հեռուստակայանի, եւ Ուաշինկթընի Քրիստոնէական Ձայնասփիւռի Համակարգի միջոցներով:

Երեք տարիներ ետք, 1993-ին, Մէնմին Կեդրոնական Եկեղեցին ընտրուեցաւ որպէս «Աշխարհի 50 Լաւագոյն Եկեղեցիներէն մէկը» *Քրիստոնեայ Աշխարհ* կոչուած պարբերաթերթին կողմէ (ԱՄՆ), եւ Արժ. Ճէյրոք Լի ստացաւ Աստուածաբանութեան Պատուոյ Դոկտորի տիտղոս՝ Քրիստոնէական Հաւատքի Գոլէճէն, Ֆլորիտա, ԱՄՆ, իսկ 1996-ին ան ստացաւ Դոկտորի տիտղոս՝ Հոգեւոր Ծառայութեան մէջ, Քինկսուէյ Աստուածաբանական Դպրեվանքէն, Այօուա, Ամերիկեան Միացեալ Նահանգներ:

1993-էն սկսեալ, Դոկտ. Լի առաջնորդ դեր կատարած է աշխարհի առաքելութեան մէջ, արտնին բազմաթիւ հոգեւոր արշաւներու ընդմէջէն՝ Թանզանիայի, Արժանթինի, Լոս Անճելըսի, Պալթիմոր

Քաղաքի, Հաւայայի, եւ Նիւ Եորքի (ԱՄՆ), Ուկանտայի, Ճաբոնի, Փաքիստանի, Քէնիայի, Ֆիլիփփինի, Հոնտուրասի, Հնդկաստանի, Ռուսիոյ, Գերմանիոյ, Բերուի, Գոնկոյի Դեմոկրատական Հանրապետութեան, եւ Իսրայէլի մէջ: 2002 թուականին Դոկտ. Ճէյրոք Լի կոչուեցաւ «համաշխարհային հովիւ» Քորէայի մէջ գտնուող Քրիստոնէական հռչակաւոր օրաթերթերու կողմէ, արտասահմանեան զանազան Հսկայական Միացեալ Արշաւներու մէջ իր կատարած գործին համար:

Մայիս 2016-էն իվեր, Մէնմին Կեդրոնական Եկեղեցին ունի թիւով 120.000-է աւելի անդամներ կամ հաւատացեալներու խումբ, 10.000 տեղական եւ արտնին մասնաճիւղ եկեղեցիներ ամբողջ աշխարհի վրայով, եւ մինչեւ այսօրս աւելի քան 102 միսիոնարներ յանձնառարուած են 23 երկիրներու մէջ, ներառեալ Միացեալ Նահանգներ, Ռուսիա, Գերմանիա, Գանատա, Ճաբոն, Չինաստան, Ֆրանսա, Հնդկաստան, Քէնիա, եւ շատ ուրիշ երկիրներ:

Այս գրքին հրատարակութեան թուականէն իվեր, Դոկտ. Լի գրած է 102 գիրքեր, ներառեալ իր շատ ծախուած գիրքերէն *Համտեսել Յաւիտենական Կեանքը Մահուընէ Առաջ, Իմ Կեանքս Իմ Հաւատքս Ա. եւ Բ., Խաչին Պատգամը, Հաւատքի Չափը, Երկինք Ա. եւ Բ., Դժոխք,* եւ *Աստուծոյ Զօրութիւնը:* Իր գործերը թարգմանուած են աւելի քան 76 լեզուներու:

Իր Քրիստոնէական սիւնակները կ'երեւնան *Հէնքուք Իլպօյի, ՃունկԱնկ Տէյլիի, Տօնկ-Ա Իլպօյի, Մունհուա Իլպօյի, Սէուլ Շինմանի, Քեունկհեանկ Շինմանի, Հէնքեօրէհ Շինմանի, Տը Քորէա Էքոնոմիք Տէյլիի (The Korea Economic Daily), Տը Քորէա Հէրըլտի (The Korea Herald), Տը Շիսա Նիյուզի (The Sisa News),* եւ *Տը Քրիսչըն Փրէս (The Christian Press)* օրաթերթերուն մէջ:

Արժ. Դոկտ. Լի ներկայիս կ'առաջնորդէ բազմաթիւ միսիոնարական հաստատութիւններ եւ ընկերակցութիւններ. ներառեալ Ատենապետ Յիսուս Քրիստոսի Միացեալ Սրբութիւն Եկեղեցւոյ, Տեւական Նախագահ Քրիստոնէական Արթնութեան Համաշխարհային Առաքելութիւն Ընկերակցութեան, Հիմնադիր եւ Յանձնախումբի Ատենապետ Քրիստոնէական Համաշխարհային Համացանցին (GCN), Հիմնադիր եւ Յանձնախումբի Ատենապետ Քրիստոնեայ Բժիշկներու Համաշխարհային Համացանցին (WCDN), ինչպէս նաեւ Հիմնադիր եւ Յանձնախումբի Ատենապետ Մէնմին Միջազգային Դպրեվանքին (MIS):

Ուրիշ ազդեցիկ գիրքեր՝ նոյն հեղինակին կողմէ

Երկինք (Բ.)

Հրաւէր՝ դէպի Նոր Երուսաղէմ Սուրբ Քաղաքը, որուն տասներկու մեծ դռները շինուած են փայլփլող մարգարիտներով, եւ որ կը գտնուի ընդարձակ երկինքի մը մէջտեղը, շողշողուն կերպով փայլելով՝ շատ թանկագին գոհարեղէններու նման:

Խաչին Պատգամը

Արթնութեան հզօր եւ ազդեցիկ պատգամ մը՝ այն բոլոր մարդոց համար որոնք հոգեւորապէս քնացած են: Այս գիրքին մէջ դուն պիտի գտնես պատճառը՝ թէ ինչո՞ւ համար Յիսուս մեր միակ Փրկիչն է, ինչպէս նաեւ դուն պիտի ճանչնաս Աստուծոյ ճշմարիտ սէրը:

Դժոխք

Ջերմեռանդ պատգամ մը բոլոր մարդկութեան՝ ուղղուած Աստուծոյ կողմէ, որ կը փափաքի որ նոյնիսկ մէկ հոգի չիյնայ Դժոխքի խորերը... Դուն երեւան պիտի հանես նախապէս բնաւ չյայտնաբերուած հաշուեցոյցը՝ Աւելի Յած Գերեզմանին եւ Դժոխքին անգութ իրականութեան մասին:

Իմ Կեանքս Իմ Հաւատքս Ա. եւ Բ.

Ամենէն անուշահոտ բոյրը՝ քաղուած կեանքէ մը՝ որ ծաղկեցաւ Աստուծոյ հանդէպ ունեցած իր սիրոյ անմրցելի հոգիէն, անցնելով մութ ալիքներու ընդմէջէն, ցուրտ լուծէն, եւ ամենախորունկ յուսահատութենէն:

Հաւատքի Չափը

Ի՞նչ տեսակի բնակավայր մը, թագինեպսակ եւ վարձատրութիւններ պատրաստուած են քեզի համար երկինքի մէջ: Այս գիրքը իմաստութիւն եւ առաջնորդութիւն կու տայ քեզի, որպէսզի կարենաս քու հաւատքդ չափել եւ մշակել լաւագոյն ու ամենէն հասուն հաւատքը:

www.ingramcontent.com/pod-product-compliance
Lightning Source LLC
LaVergne TN
LVHW041754060526
838201LV00046B/1001